Das Einsteigerseminar

Adobe After Effects 6/6.5

Camilo Torres

Das Einsteigerseminar
Adobe After Effects 6/6.5

Die Informationen im vorliegenden Buch werden ohne Rücksicht auf einen eventuellen Patentschutz veröffentlicht.

Warennamen werden ohne Gewährleistung der freien Verwendbarkeit benutzt.

Bei der Zusammenstellung von Texten und Abbildungen wurde mit größter Sorgfalt vorgegangen. Trotzdem können Fehler nicht vollständig ausgeschlossen werden. Verlag, Herausgeber und Autoren können für fehlerhafte Angaben und deren Folgen weder eine juristische Verantwortung noch irgendeine Haftung übernehmen.

Für Verbesserungsvorschläge und Hinweise auf Fehler sind Verleger und Herausgeber dankbar.

Alle Rechte vorbehalten, auch die der fotomechanischen Wiedergabe und der Speicherung in elektronischen Medien.

Die gewerbliche Nutzung der in diesem Buch gezeigten Modelle und Arbeiten ist nicht zulässig.

Dieses Buch wurde der Umwelt zuliebe auf chlorfrei gebleichtem Papier gedruckt.

Titelcovergestaltung mit freundlicher Genehmigung von Adobe Systems.

Copyright © 2004 by
verlag moderne industrie Buch AG & Co. KG, Landsberg
Königswinterer Straße 418
D–53227 Bonn
www.vmi-Buch.de

06 05 04

10 9 8 7 6 5 4 3 2 1

1. Auflage

ISBN 3-8266-7296-8

Printed in Germany

Inhalt

Vorwort 13

1 Installation und erster Überblick 17

1.1	Systemanforderungen	18
1.2	Installation	19
	Sprache auswählen	19
	Die Installationstypen	22
1.3	Update von einer Vorgängerversion	26
1.4	Die Arbeitsoberfläche	26
1.5	Fenster	27
	Projektfenster	27
	Werkzeuge	29
	Fenster Info	32
	Fenster Audio	32
	Zeitsteuerungen	33
	Effekte und Vorgaben-Palette	35
	Zeichen-Palette	35
	Absatz-Palette	36
	Malen-Palette	37
	Pinselspitzen-Palette	40
	Bewegung-skizzieren-Palette	41
	Glätten-Palette	41
	Ausrichten-Palette	42
	Renderliste	43
	Mehrere Ansichten	44
	Fenster anordnen	44
1.6	Voreinstellungen	44
	Allgemein	45
	Vorschau	48

	Anzeige	49
	Importieren	50
	Ausgabe	51
	Raster und Hilfslinien	53
	Etikettenfarben	53
	Standardetiketten	54
	Speicher und Cache	54
	Videovorschau	56
	GUI-Farben	57
1.7	Zusammenfassung, Fragen und Übungen	59

2 Footage importieren – Material wird gesammelt 63

2.1	Footage-Fenster	67
	Standbilder	67
	Videos	69
2.2	Platzhalter und Stellvertreter	70
	Platzhalter	70
	Stellvertreter	71
2.3	Footage ersetzen	72
2.4	Die richtige Wahl der Elemente	73
	Die richtige Vorbereitung der Elemente	73
2.5	Dateien sammeln	75
2.6	Importformate	78
	Standbild-Formate	78
	Video/Animation-Formate	80
	Audio-Formate	81
	Programm-Formate	81
	Footage mit 3D-Information	82
	Footage mit Alpha-Kanal	83
	Standbild-Sequenz	84
	Footage interpretieren	86

2.7	Zusammenarbeit mit anderen Adobe-Programmen	88
	Adobe Photoshop	88
	Adobe Illustrator	90
	Adobe Premiere	91
	Adobe After Effects	91
2.8	Zusammenfassung, Fragen und Übungen	93

3   Erste Komposition   97

3.1	Kompositionseinstellung	97
	Registerkarte Einfach	98
	Registerkarte Erweitert	100
	Hintergrundfarbe der Komposition	103
	Kompositionsfenster	104
	Mehrere Kompositionsansichten öffnen	109
	Flussdiagrammansicht	111
	Zeitleiste	112
	Standardsteuerelemente und -spalten	118
	Optionale Spalten	121
3.2	Das Zeitdiagramm	122
3.3	Footage-Elemente in die Komposition ziehen	124
	Footage im Projektfenster organisieren	126
3.4	Kompositionen verschachteln	128
	Unterkompositionen	131
3.5	Zusammenfassung, Fragen und Übungen	134

4   Mit Ebenen arbeiten   139

4.1	Ebenenfenster	153
4.2	Text einfügen	156
4.3	Farbflächen	161
4.4	Einstellungsebene	164
4.5	Ungültiges Objekt	165

4.6	3D-Ebenen	165
	Kamera	167
	Licht	169
4.7	In Version 6.5 Adobe Encore DVD	174
4.8	Zusammenfassung, Fragen und Übungen	174

5 Masken — 179

5.1	Neue Maske erstellen	179
	RotoBézier-Maske	186
	Ebeneneigenschaften der Masken	186
	Maskenmodi	192
	Maskennamen	194
5.2	Andere Ebenen als Maske verwenden	196
5.3	Pausstift	199
5.4	Masken aus Text erstellen	202
	Masken kopieren	204
5.5	Masken aus Adobe Illustrator oder Adobe Photoshop kopieren	206
5.6	Masken mehrmals verwenden	209
5.7	Maske mit dem Ausschnitt-Werkzeug verschieben	210
5.8	Zusammenfassung, Fragen und Übungen	212

6 Animation — 215

6.1	Stoppuhr aktivieren	216
6.2	Erste Animation erstellen	217
	Storyboard	217
	Bewegungspfad	222
	Keyframes kopieren	225
	Keyframes mit Zeitdehnung gleichmäßig verteilen	227
	Zeitverzerrung aktivieren	228
	Bewegung skizzieren	231

	Animation glätten	232
	Vorschau	233
6.3	Text animieren	236
	Text entlang eines Pfades animieren	241
6.4	Masken animieren	246
6.5	Interpolation	255
6.6	Animationsvorgaben	260
6.7	Zusammenfassung, Fragen und Übungen	262

7 Effekte 267

7.1	Favoriten in Version 6	268
7.2	Animationsvorgaben speichern in Version 6.5	269
7.3	Effekte hinzufügen	270
	Effektfenster	270
	In Version 6 Effekt als Favorit speichern	272
	In Version 6.5 Effekt als Animationsvorgabe speichern	274
	Effekte über die Ebeneneigenschaften ändern	275
7.4	Effekte auf Masken anwenden	277
7.5	Photoshop-Effekte anwenden	277
7.6	Effekte auf andere Ebenen übertragen	279
	Über die Zwischenablage	279
	In Version 6 über die Favoriten	280
	In Version 6.5 über Animationsvorgaben	282
7.7	Effekte animieren	284
	Effekte auf der Einstellungsebene	284
7.8	Text als Effekt einfügen	288
7.9	Audio-Effekt anwenden und animieren	294
7.10	Zusammenfassung, Fragen und Übungen	296

8	**Film erstellen**	**299**
8.1	Video rendern	300
8.2	Rendereinstellungen	303
	Vorlage für Rendereinstellungen	307
8.3	Ausgabemodul	309
	Vorlage für das Ausgabemodul	313
8.4	Weitere Ausgabemöglichkeiten	314
	Einzelne Frames rendern	314
	Komposition ersetzen mit Vor-Rendern	315
8.5	Filme exportieren	316
	Flash-Animationen erstellen	317
8.6	Zusammenfassung, Fragen und Übungen	319

A	**Anhang**	**323**
A.1	Weitere Effekte	323
	Anpassen	323
	Audio	327
	Bild einstellen	328
	Kanäle	331
	Keying	335
	Maleffekte	336
	Perspektive	336
	In Version 6 Rauschen	338
	Rendering-Filter	340
	Simulation	347
	Stilisieren	348
	In Version 6.5 Störung und Körnung	351
	Text	354
	Überblenden	355
	Verzerren	357

Video	363
Weich- und Scharfzeichnen	363
Zeit	366

Lösungen 367

Glossar 373

Index 379

Vorwort

Compositing ist das tricktechnische Zusammenfügen verschiedener Elemente in ein Bild, es bietet heutzutage schier unendliche Möglichkeiten. Heute kommen Filme ohne Compositing kaum mehr aus.

In vielen Filmen sind die Darsteller in den gefährlichen und aufwendigen Szenen natürlich nicht dabei. Sie sind vielmehr in einem Keying-Studio (Grün oder Blau) und bewegen sich, als wären sie mittendrin. Die digital ausgestanzten Aufnahmen werden dann im Compositing mit separaten Vorder- und Hintergründen (Multilayer bzw. Ebenen) kombiniert. So sitzt der Tagesschausprecher vor einem so genannten Bluescreen (einem leuchtend uniform blauen Hintergrund), der dann im ausgestrahlten Fernsehbild durch andere Bilder (etwa Grafiken, Fotos, Karten) ersetzt wird.

After Effects ist weltweit das bekannteste Compositing-Programm und wird in vielen Filmen und Fernsehstudios verwendet. Die Möglichkeiten des Programms sind wegen der installierten Effekte fast unbegrenzt und Sie werden sehen, wie schnell Sie mit diesem Programm zurechtkommen.

Vor nicht allzu langer Zeit brachte die Firma Adobe die Version 6.0 seines Programms After Effects auf den Markt; jetzt halten Sie die Version 6.5 in Ihren Händen und fragen sich sicher, ob es große Unterschiede zwischen der neuen und der vorigen Version gibt und ob sich die Anschaffung der Version 6.5 lohnt.

Ich kann Ihnen versichern, dass die Version 6.5 nicht nur eine verbesserte Stabilität bietet, sondern auch einige neue Funktionen, um Ihnen die Arbeit mit After Effects zu erleichtern.

Auch die Zusammenarbeit mit den neuen Creative-Suite-Versionen von Adobe ist sehr gut geworden.

Um Ihnen einen leichteren Einstieg in das Programm zu ermöglichen, habe ich einige Projekte zusammengestellt, die teilweise über das gesamte Buch fortgesetzt werden. In anderen Übungen dagegen werden Sie aufgefordert, immer wieder ein neues Projekt und eine neue Komposition zu erstellen.

Alle Projekte mitsamt Material, Kompositionen und Animationen stehen Ihnen zur Verfügung, damit Sie die Übungen verfolgen und am Ende vergleichen können. Die hier verwendeten Größen sollen nur als Anhaltspunkt dienen, Sie können selbstverständlich ihre eigenen Eingaben bestimmen.

Das Material (*Footage*) für die Übungen können Sie unter der Webadresse www.vmi-buch.de (bhv) downloaden. Die Schriften für die Übungen dienen nur als Anhaltspunkt, Sie können also jede ähnliche Schrift wählen, die Sie in Ihrem Betriebssystem installiert haben.

Dieses Buch können Sie sowohl für die Version 6.0 als auch für die Version 6.5 benutzen. Sie werden darauf hingewiesen, wenn ein bestimmter Bereich nur für eine der beiden Versionen gilt, ansonsten sind die Informationen für beide Versionen zu verwenden.

Camilo Torres

1 Installation und erster Überblick

Adobe After Effects 6/6.5

1 Installation und erster Überblick

After Effects gilt als eines der wichtigsten Programme für die professionelle Gestaltung animierter Grafiken und visueller Effekte in den Bereichen Film, Video, Multimedia und auch für das Internet. Sie müssen jedoch kein „Profi" sein, um mit After Effects arbeiten zu können. Das Ziel dieses Buches ist, Sie zu einem routinierten Anwender dieses Programms zu machen; und Sie werden sehr schnell feststellen, dass der Unterschied zwischen Anfänger und Profi nur die Zeit ist, die Sie in dieses Programm investieren. After Effects ist aus dem gleichen Hause wie Photoshop, Illustrator und Premiere und hat deswegen in vieler Hinsicht einen sehr ähnlichen Programmaufbau, was für den Anwender eine hervorragende Abstimmung zwischen den Programmen bringt.

After Effects wird als *Compositing-Programm* definiert. Hier werden ähnlich wie in einem Bildbearbeitungsprogramm mehrere Ebenen miteinander kombiniert, jedoch mit der Möglichkeit, sie entlang einer Zeitleiste zu animieren.

Zwar können Sie in After Effects Farbflächen und Text selber erstellen, aber zusätzliches Material wie Videoclips (Videomaterial), Audioclips (Audiomaterial), Grafiken oder Standbilder müssen importiert werden. Sie können diese selber herstellen oder aus verschiedenen Quellen nehmen, wie Bild-Agenturen (Bild-Agenturen sind Firmen, die sich mit dem Archivieren und Vermarkten von Bildern, Audio-Daten und Filmmaterial beschäftigen. Sie können bei diesen Firmen für eine bestimmte Zeit eine Lizenz für das Verwenden von Bildern, Audio-Daten oder Filmmaterial erwerben) oder dem Internet.

1.1 Systemanforderungen

Windows

- Intel®-Prozessor Pentium® III oder 4 (*Multiprozessor-System empfohlen*)
- Microsoft® Windows® 2000 oder Windows XP Professional oder Home
- 128 MB RAM (mind. 256 MB empfohlen)
- 150 MB freier Festplattenspeicher für die Installation (mind. 500 MB oder Festplatten-Array für die weitere Arbeit empfohlen)
- CD-ROM-Laufwerk
- 24-Bit-Grafikkarte
- Apple QuickTime™ 6.1 (empfohlen)
- Microsoft DirectX 8.1 (empfohlen)
- Für die Unterstützung von OpenGL: After Effects-kompatible OpenGL-Karte

Macintosh

- PowerPC®-Prozessor (G4 mit Multiprozessor empfohlen)
- Mac OS X Version 10.2.6
- 128 MB RAM (mind. 256 MB empfohlen)
- 150 MB freier Festplattenspeicher für die Installation (mind. 500 MB oder Festplatten-Array für die weitere Arbeit empfohlen)
- CD-ROM-Laufwerk
- 24-Bit-Grafikkarte
- Für die Unterstützung von OpenGL: After Effects-kompatible OpenGL-Karte

1.2 Installation

Im Folgenden soll die Installation unter Windows 2000 in der klassischen Desktopansicht durchgeführt werden.

Bevor Sie aber loslegen, empfiehlt der Hersteller Adobe, alle anderen Programme unter Windows zu beenden. Legen Sie die CD-ROM ins Laufwerk, und die *AutoPlay*-Funktion startet das Installationsprogramm automatisch, falls nicht, doppelklicken Sie auf dem „Arbeitsplatz" vom Desktop aus und öffnen Sie das CD-ROM-Laufwerk, hier befindet sich das Installationsprogramm (*Setup.exe*), auf das Sie doppelklicken sollen, um es zu starten.

Sprache auswählen

Zu Beginn der Installation wählen Sie die Sprache aus, die Sie im Programm später nutzen.

Abb. 1.1: Sprache für die Installation auswählen

Bei der Installation haben Sie die Möglichkeit, das Programm in vier verschiedenen Sprachen zu installieren: Englisch (USA), Deutsch (Deutschland), Französisch und Japanisch. Einige Anwender wählen gerne die Originalsprache Englisch (USA), in der das Programm geschrieben worden ist. Das ist für viele erfahrene Anwender praktisch, da die meisten Begriffe aus der Video- und Compositing-Branche aus dem Englischen kommen.

Abb. 1.2: Ihr Rechner wird überprüft

Je nach Prozessorleistung werden die Vorbereitungen für die Installation einige Minuten in Anspruch nehmen. Deswegen wird bei jeder Art von Installation dringend empfohlen, andere Programme zu beenden, da diese sowohl Arbeitsspeicher als auch Prozessorleistung in Anspruch nehmen.

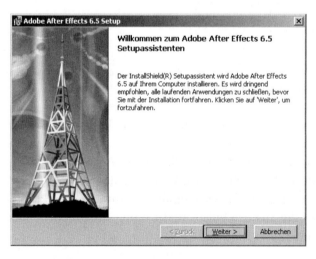

Abb. 1.3: Andere Programme bitte beenden

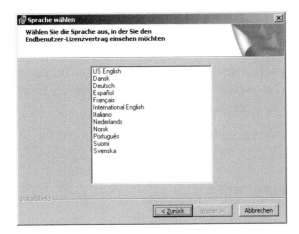

Abb. 1.4: Sprache für den Lizenzvertrag auswählen

Am Anfang der Installation haben Sie eine Sprache gewählt. Das ist die Sprache für die Installation und die spätere Arbeit mit dem Programm. In der Vergangenheit waren die Lizenzbestimmungen meist nur in englischer Sprache vorhanden. Unter Adobe After Effects können Sie nun den Lizenzvertrag in Ihrer gewünschten Sprache wählen. Dabei wird die Sprache meistens *Deutsch* sein.

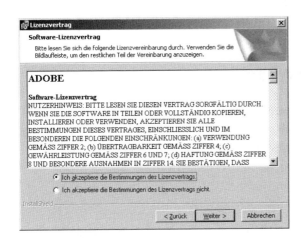

Abb. 1.5: Lizenzvertrag

In der Lizenzvereinbarung akzeptieren Sie die Bestimmungen, unter denen Sie Adobe After Effects verwenden dürfen. Sobald Sie die Lizenzvereinbarungen akzeptieren, indem Sie den Markierungspunkt setzen, dürfen Sie mit der Installation weitermachen, falls Sie es nicht akzeptieren, wird die Installation abgebrochen, Sie können sie jedoch zu jedem beliebigen Zeitpunkt wieder starten.

Haben Sie die Bestimmungen akzeptiert, werden Ihre Daten und die Seriennummer verlangt.

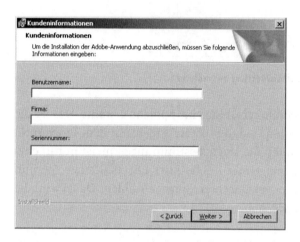

Abb. 1.6: Benutzerdaten eingeben

Die Installationstypen

Das Installationsprogramm bietet Ihnen drei Setuptypen zur Auswahl. Egal ob Sie Anfänger oder ein erfahrener Anwender sind, Sie werden meistens mit der ersten Möglichkeit, *Vollständig*, richtig liegen.

Vollständig

Dieser Installationstyp wird meistens empfohlen, um dem Benutzer alle Möglichkeiten des Programms zur Verfügung zu stellen.

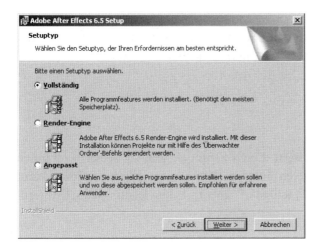

Abb. 1.7: **Vollständig als Setuptyp empfohlen**

Render Engine

Bei größeren Projekten können Sie mehrere Rechner einsetzen, um die gewaltige Datenmenge, die entstehen kann, schneller zu bewältigen. Um andere vernetzte Rechner für das *Rendern*, also das Zusammenrechnen von Einzelbildern zu einer Videosequenz, benutzen zu können, müssen Sie nicht das gesamte Programm auf jedem Rechner installieren, sondern nur das *Render Engine*. Einzige Voraussetzung dafür ist, dass alle Rechner miteinander vernetzt sind.

HINWEIS
Um das Render Engine auf einem Rechner zu installieren, gehen Sie genauso vor wie bei einer normalen Installation, aber bei dem Setuptyp wählen Sie Render Engine, es wird wie ein normales Programm installiert. Für die Arbeit mit diesem Render Engine müssen Sie einen Ordner namens „AE Überwachter Ordner" erstellen. Dieser Ordner muss von allen Rechnern im Netzwerk zugänglich sein.

HINWEIS Sie können mit mehreren Rechnern nur eine Sequenz aus einzelnen Standbildern rendern, jedoch keinen Film.

Angepasst

Viele „Profis" bevorzugen diesen Setuptyp, weil sie selber bestimmen können, welche Dateien auf dem Rechner installiert werden. Damit schaffen sie eine sehr „schlanke", aber trotzdem leistungsfähige Anwendung.

Zielordner auswählen

Die notwendigen Programmdateien werden in einen Zielordner kopiert, dafür erstellt das Installationsprogramm einen Ordner auf der *C-Festplatte*.

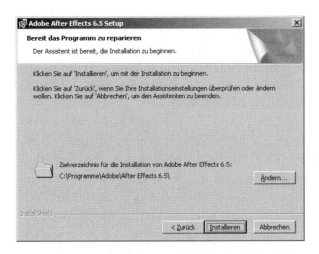

Abb. 1.8: Wo soll das Programm installiert werden?

Falls Sie einen anderen Ordner auswählen wollen, klicken Sie auf die Schaltfläche *Ändern...* und wählen selber einen Zielordner. Viele Anwender bevorzugen, alle Programme auf einem anderen Laufwerk oder sogar auf einer eigenen Partition zu installieren, um eine Trennung von Betriebssystem und Anwenderprogrammen zu erreichen.

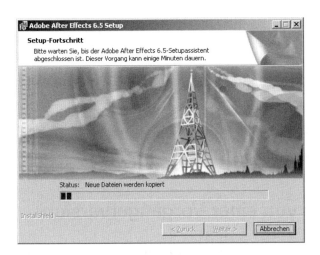

Abb. 1.9: Die Installation braucht einige Minuten

Nachdem Sie alle notwendigen Schritte bei der Installation durchlaufen haben, wird die Installation automatisch fertig gestellt. Die Dauer der Installation ist abhängig davon, welchen Setuptyp Sie gewählt haben.

Sobald alle notwendigen Dateien auf dem entsprechenden Laufwerk liegen, meldet das letzte Installationsfenster von Adobe After Effects, dass der Setupassistent abgeschlossen wird; Sie müssen lediglich auf die Schaltfläche *Fertig stellen* klicken.

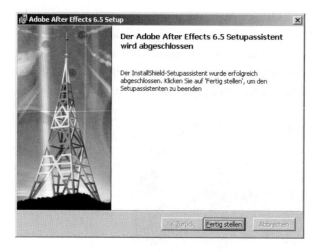

Abb. 1.10: Die Installation ist fertig

1.3 Update von einer Vorgängerversion

Wenn Sie eine ältere Version von After Effects haben, wird die Version 6.0 als eigenständiges Programm installiert, die ältere Version wird beibehalten. Sie können alle älteren Projekte mit der neuen Version öffnen, weiter bearbeiten und speichern. Sie können aber kein mit der neueren Version gespeichertes Projekt mit einer älteren Version öffnen.

1.4 Die Arbeitsoberfläche

Im Allgemeinen sind alle Programme der Firma Adobe sehr ähnlich aufgebaut, aber selbstverständlich ist die Oberfläche an das Programm angepasst.

Wenn Sie After Effects zum ersten Mal starten, finden Sie nur vier Fenster. Lassen Sie sich nicht davon irritieren, denn die fast unbegrenzten Möglichkeiten von After Effects sind beim ersten Blick auf der Oberfläche nicht zu erkennen, aber sobald Sie anfangen, mit dem Programm zu arbeiten, und mehr ins Detail gehen, werden Sie staunen, was Sie alles damit erstellen können, und feststellen, dass Sie kein „Profi" sein müssen, um erstaunliche Animationen mit After Effects zu erstellen.

1.5 Fenster

Es sind vier Fenster, die beim ersten Start des Programms angezeigt werden.

- ▶ Projektfenster
- ▶ Werkzeuge
- ▶ Info bzw. Audio
- ▶ Zeitsteuerung bzw. Effektpalette in Version 6
- ▶ Zeitsteuerung bzw. Effekte und Vorgabenpalette in Version 6.5

Alle anderen Fenster können über *Fenster* in die obere Menüleiste geöffnet werden. Die Paletten, die Sie nicht wieder schließen, werden beim nächsten Starten von After Effects wieder in ihrer letzten Position erscheinen.

Sie können mehrere Paletten mit Hilfe der Registerkarte zusammenfügen, Sie brauchen nur den Namen der Palette mit der Maus anzuklicken und in die gewünschte Palette zu verschieben. Auf die gleiche Art können Sie zusammengelegte Paletten wieder auseinander ziehen.

Projektfenster

Das wichtigste Fenster in After Effects ist das Projektfenster, denn hier werden alle Elemente gesammelt, die für Ihre Arbeit in einem Projekt notwendig sind, wie Kompositionen, Videos, Audio-Elemente, Standbilder, Standbildersequenzen, Farbflächen und Ordner.

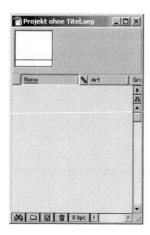

Abb. 1.11: Projektfenster

Bevor Sie mit der Arbeit anfangen, sollten Sie die Projekteinstellungen festlegen. Diese rufen Sie über *Datei / Projekteinstellungen* auf.

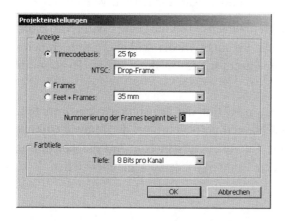

Abb. 1.12: Standard-Projekteinstellungen

▶ *Timecodebasis:* Die Zeit in der Zeitleiste wird auf der *Timecodebasis* unterteilt, *25fps*; das heißt 25 *frames per second*, also 25 Bilder in der Sekunde. Andere Timecodebasen sind 24, 30 (*bei NTSC*), 48,

50, 60 und 100 *fps*. *Frames:* Die Länge der Kompositionen wird in einzelnen Frames gezeigt.

▶ *Feet + Frames:* In der Filmbranche können Sie Filme in 16 mm oder 35 mm drehen. Bei 16 mm haben Sie 40 Frames pro Foot, bei 35 mm haben Sie 16 Frames pro Foot.

▶ *Nummerierung der Frames beginnt bei:* Wenn Sie auf *Frames* oder *Feet + Frames* einstellen, können Sie bestimmen, mit welchem Frame die Kompositionen zu zählen anfangen.

▶ *Farbtiefe:* Bei der Farbtiefe können Sie zwischen 8 Bits pro Kanal oder 16 Bits pro Kanal wählen. (In der Standard-Version können Sie nur mit 8 Bits pro Kanal arbeiten.)

> **HINWEIS** Sie können in After Effects jeweils nur ein Projekt auf einmal öffnen. Wenn Sie ein neues oder ein vorhandenes Projekt öffnen wollen, werden Sie aufgefordert, das aktuelle Projekt zu speichern, damit After Effects das neue bearbeiten kann.

Werkzeuge

Wenn dieses Fenster nicht aktiv sein sollte, öffnen Sie es über *Fenster / Werkzeuge*.

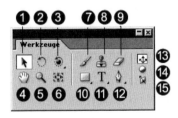

Abb. 1.13: Werkzeug-Palette

Im Folgenden werden die einzelnen Werkzeuge kurz erklärt.

▶ Das *Auswahl-Werkzeug* (1) wird benutzt, um Ebenen, einzelne oder mehrere Scheitelpunkte einer Maske oder ganze Masken auszuwählen.

▶ Mit dem *Dreh-Werkzeug* (2) können Sie eine Ebene oder eine Maske auswählen und nach Wunsch drehen. Wenn Sie die ⇧-Taste beim Drehen gleichzeitig drücken, können Sie im 45°-Winkel drehen.

HINWEIS Beim Drehen drücken Sie die ⇧-Taste erst, nachdem Sie mit dem Dreh-Werkzeug geklickt haben, ansonsten wird das ausgewählte Objekt von der Auswahl entfernt.

▶ After Effects bietet die Möglichkeit, Kameras für die Arbeit in drei Dimensionen (X-Y-Z bzw. 3D) zu erstellen; um diese Kameras zu drehen, können Sie das *Kamera-Dreh-Werkzeug* (3) verwenden. Hinter dieser Schaltfläche befinden sich noch zwei weitere *Dreh-Werkzeuge*, *XY-Kamera-verfolgen-Werkzeug* und *Z-Kamera-verfolgen-Werkzeug*.

▶ Um den gesamten sichtbaren Bereich in einer Kompositionsansicht oder in einer vergrößerten Ansicht der Zeitleiste zu verschieben, benutzen Sie das *Hand-Werkzeug* (4).

▶ Um in einer Kompositionsansicht den gesamten sichtbaren Bereich zu vergrößern, benutzen Sie das *Zoom-Werkzeug* (5). Sie können auch mit gedrückter Alt-Taste den Bereich verkleinern.

▶ Jede Ebene in einer Komposition hat automatisch einen Ankerpunkt (Mittelpunkt), der mit Hilfe des *Ausschnitt-Werkzeugs* (6) verändert werden kann.

▶ After Effects besitzt jetzt einen *Pinsel* (7), mit dem Sie freihändig malen können. Dazu müssen Sie zuerst *Ebene / Ebenenfenster* wählen oder auf der ausgewählten Ebene doppelklicken, um die entsprechende Ebene zu öffnen. Sobald Sie auf dieses Werkzeug klicken, öffnet sich die Malen-Palette.

▶ Ähnlich einem Bildbearbeitungsprogramm können Sie mit dem *Kopierstempel-Werkzeug* (8) Bereiche einer Ebene in Ebenenfenster kopieren, zuerst müssen Sie [Alt] drücken, um den zu kopierenden Bereich zu definieren.

▶ Mit dem *Radiergummi-Werkzeug* (9) können Sie Teile einer Ebene in Ebenenfenstern freihändig entfernen.

▶ Wenn Sie nur bestimmte Bereiche einer Ebene sichtbar machen wollen, verwenden Sie das *Rechteckige-Masken-Werkzeug* (10). Wie der Name schon sagt, können Sie damit nur rechteckige Maskenformen erstellen. Hinter dieser Schaltfläche befindet sich auch das *Elliptische-Masken-Werkzeug*.

▶ Mit dem *Horizontales-Text-Werkzeug* (11) erstellen Sie Texte direkt auf der Kompositionsansicht; hier wird auch automatisch die Zeichen-Palette geöffnet, wo Sie genauere Einstellungen für den Text vornehmen können. Hinter dieser Schaltfläche befindet sich auch das *Vertikales-Text-Werkzeug*.

▶ Mit (10) können Sie fertige Masken erstellen; wenn Sie aber freiförmige Masken erstellen wollen, nehmen Sie das *Zeichenstift-Werkzeug* (12), mit diesem setzen Sie entweder auf die Kompositionsansicht oder auf das Ebenenfenster einzelne Scheitelpunkte, bis Sie die gewünschte Form erreichen. Hinter dieser Schaltfläche befinden sich drei weitere *Scheitelpunkt-Werkzeuge*, *Scheitelpunkt-hinzufügen-Werkzeug*, *Schitelpunkt-löschen-Werkzeug* und *Scheitelpunkt-konvertieren-Werkzeug*.

HINWEIS
Die Werkzeuge (13), (14) und (16) werden erst aktiv, wenn eine *2D-Ebene* in eine *3D-Ebene* umgewandelt wird (alle Ebenen in After Effects sind standardmäßig zweidimensional, also nur *X* und *Y* als Maßangaben für Breite und Höhe). Dazu wählen Sie *Ebene / 3D Ebene*. Die dritte Maßangabe *Z* für Tiefe wird hinzugefügt.

▶ Wie Sie diese Ebene in der neuen virtuellen Welt bewegen, hängt von den Werkzeugen ab, die Sie verwenden. (13) *Lokalachsenmodus* orientiert die drei Achsen X, Y und Z nach der ausgewählten Ebene, das heißt, wenn Sie die Ebene drehen, drehen sich die Achsen mit. (14) *Weltachsenmodus* orientiert die drei Achsen X, Y und Z an der virtuellen Welt, das heißt, diese drei Achsen bleiben immer auf der gleichen Stelle. (15) *Sichtansichtmodus* orientiert die drei Achsen X, Y und Z nach der vom Benutzer gewählten Ansicht.

Fenster Info

Das Fenster *Info* stellt eine Art Navigationsfenster dar.

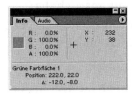

Abb. 1.14: Info-Palette

Sobald Sie die Maus über eine Kompositionsansicht oder ein Ebenenfenster bewegen, gibt die *Info-Palette* die Farbwerte und die Position des Pixels wieder, über dem die Maus gerade steht. Auch wenn Sie eine Ebene in der *Zeitleiste* auswählen, zeigt die Info-Palette den Namen der Ebene, ihre Dauer und ihren *In-Point* und *Out-Point*, das heißt, wann die Ebene anfängt und endet. Das Fenster kann unter *Fenster / Info* geöffnet werden.

Fenster Audio

Neben der Komposition von Videos, Texten und Bildern können Sie auch Audio-Dateien in Ihre Sequenzen einfügen.

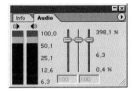

Abb. 1.15: Audio-Palette

Hinter der *Info-Palette* befindet sich die *Audio-Palette*, hier können Sie den Soundpegel der ausgewählten Ebene beeinflussen (wenn Audiosignale vorhanden sind). Das Fenster kann unter *Fenster / Audio* geöffnet werden.

Zeitsteuerungen

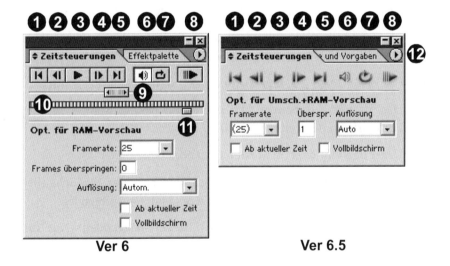

Abb. 1.16: Zeitsteuerungen

Nachdem Sie eine neue Komposition erstellt haben, können Sie sich mit Hilfe der *Zeitsteuerung-Schaltflächen* entlang der Zeitleiste hin- und herbewegen.

▶ Mit *Erster Frame* (1) gelangen Sie zum ersten *Frame* (Bild) in der aktuellen Komposition.

▶ Mit *Voriger Frame* (2) gehen Sie zum vorherigen Frame.

▶ Mit *Abspielen* (3) spielen Sie die gesamte Zeitleiste ab.

▶ Mit *Nächster Frame* (4) gehen Sie zum nächsten Frame.

▶ Mit *Letzter Frame* (5) gelangen Sie zum letzten Frame der aktuellen Komposition.

▶ Mit *Audio* (6) können Sie das Audiosignal ein- oder ausschalten.

▶ Mit *Schleife* (7) können Sie die Möglichkeit ein- bzw. ausschalten, die aktuelle Komposition in Schleife abzuspielen.

▶ Mit *RAM-Vorschau* (8) werden so viele Frames in den Arbeitsspeicher (RAM) geladen, wie Arbeitsspeicher frei ist, danach werden diese in Echtzeit in einer Schleife abgespielt.

▶ Ähnlich einem Videorekorder können Sie mit dem *Jog* (9) ziemlich schnell die Zeitleiste vor- und zurückspulen.

▶ Die *Zeitanzeige* (10) repräsentiert die gesamte Länge der Zeitleiste.

▶ Das *Shuttle* (11) bewegt sich oder kann bewegt werden wie die Zeitmarke in der Zeitleiste.

▶ Unter den Optionen in Version 6.5 können Sie:

  ▶ *Optionen für RAM-Vorschau einblenden:* Nur die Schaltflächen von (1) bis (8) werden angezeigt oder ausgeblendet.

  ▶ *Optionen für Umsch.+RAM-Vorschau ausblenden*: Nur die Schaltflächen von (1) bis (8) werden angezeigt oder ausgeblendet.

  ▶ *Vorschau bevorzugt Aktive Kamera*: Sie können mehrere Kamera-Ansichten darstellen, nur die aktive wird als Vorschau dargestellt, ansonsten werden alle als Vorschau gezeigt, vorausgesetzt der Arbeitsspeicher reicht aus.

Dieses Fenster kann unter *Fenster / Zeitsteuerung* geöffnet werden.

Effekte und Vorgaben-Palette

Abb. 1.17: Liste der installierten Effekte

Ebenen in einer Komposition können mit einer unbegrenzten Anzahl von Effekten belegt werden. Die Effekte werden nach Kategorien aufgelistet. Die *Effekt-Palette* kann unter *Fenster / Effekte* in Version 6 und unter *Fenster / Effekte und Vorgaben* in Version 6.5 geöffnet werden. Dabei können Sie mit Hilfe der kleinen Dreiecke vor den Kategorieeinträgen weitere Unterpunkte öffnen.

In der Version 6.5 können zusätzlich Effekt- und Animationseinstellungen als Vorgaben gespeichert werden, die Sie später wieder einsetzen können. Die vorgegebenen Animationsvorgaben sind für Textanimationen eingestellt.

Zeichen-Palette

Die *Zeichen-Palette* wird aktiv, sobald Sie auf das Text-Werkzeug klicken. Dieses Fenster kann unter *Fenster / Zeichen* geöffnet werden.

Abb. 1.18: Zeichen-Palette

Hierbei können Sie neben der Schriftart auch den Stil oder auch den Schriftgrad beeinflussen.

Diese Palette wird ausführlich im Kapitel Ebenen erklärt.

Absatz-Palette

Neben der Zeichen-Palette finden Sie die Absatz-Palette. Mit dieser Palette können Sie die Textabstände und auch die Formatierung von Textblöcken in Ihrer Komposition festlegen.

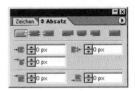

Abb. 1.19: Absatz-Palette

Im Zusammenhang mit der *Zeichen-Palette* wird die *Absatz-Palette* geöffnet, sobald Sie auf das Text-Werkzeug klicken. Dieses Fenster kann unter *Fenster / Absatz* geöffnet werden.

Malen-Palette

Sobald Sie das *Malen-Werkzeug*, das *Kopierstempel-Werkzeug* oder das *Radiergummi-Werkzeug* anklicken, öffnet sich die *Malen-Palette* zusammen mit der *Pinselspitzen-Palette*. Sie können sie auch unter *Fenster / Malen* oder *Fenster / Pinselspitzen* finden.

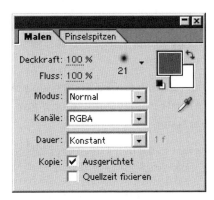 

Ver 6 Ver 6.5

Abb. 1.20: Malen-Palette

Bevor Sie malen können, müssen Sie auf eine Ebene doppelklicken oder *Ebene / Ebenenfenster öffnen* wählen, denn Sie können nur auf Ebenen malen.

Sie können folgende Einstellungen auf der *Malen-Palette* verändern:

▶ *Deckkraft*: Dies ist die Farbmenge, die maximal vom Pinsel auf die Ebene aufgetragen wird.

▶ *Fluss*: Damit können Sie festlegen, wie schnell die Farbe auf die Ebene aufgetragen wird. Je länger Sie mit der Maus auf der Stelle bleiben, desto mehr Farbe wird aufgetragen. Deckkraft und Fluss arbeiten zusammen.

▶ *Werkzeugspitze*: Die Pinselspitzen, die in der Pinselspitzen-Palette eingestellt sind, können Sie hier auswählen.

▶ *Vordergrund- / Hintergrundfarbe*: Beim Malen oder Kopierstempel können Sie mit der Vordergrundfarbe arbeiten, beim Radieren können Sie mit der Hintergrundfarbe arbeiten.

▶ *Modus*: Das farbige Zusammenwirken zwischen Pinsel und Ebene kann hier eingestellt werden.

▶ *Kanäle*: Sie können zwischen RGBA, RGB und Alpha wählen.

  ▶ *RGBA*: Beeinflusst alle Farbkanäle und den Alpha-Kanal.

  ▶ *RGB*: Beeinflusst nur die drei Farbkanäle.

  ▶ *Alpha*: Zeichnet die transparenten Flächen auf der Ebene.

▶ *Dauer*: Das Malen mit dem Pinsel kann auch animiert werden, was hier eingestellt werden kann.

  ▶ *Konstant*: Erstellt eigentlich keine Animation, denn der Pinselstrich ändert sich nicht.

  ▶ *Malen animieren*: Der Pinselstrich wird animiert. Wenn Sie den Strich schnell ziehen, wird die Animation nur wenige Frames dauern, wenn Sie aber den Strich langsam ziehen, wird die Animation mehrere Frames dauern.

  ▶ *Einzelner Frame*: Sie können eine Animation erstellen, indem Sie Frame nach Frame ein kleines Stück malen; wie bei Zeichentrickanimationen.

- ▶ *Eigene*: Sie können die Anzahl von Frames festlegen, um eine Animation zu erstellen.
- ▶ *Kopie*: Diese zwei Kontrollkästchen sind nur aktiv, wenn Sie das *Kopierstempel-Werkzeug* aktivieren.
- ▶ *Ausgerichtet*: Standardmäßig aktiv; Sie brauchen nur einmal den Kopierabstand mit [Alt] zu wählen, und der Pinsel wird das gesamte Bild kopieren, obwohl Sie die Maus loslassen. Schalten Sie dies aus, wird jedes Mal, wenn Sie die Maus loslassen, die Kopie neu angefangen.
- ▶ *Quellzeit fixieren*: Bei animierten Frames wird die Reihenfolge der Frames entsprechend auf die Ebenen kopiert. Ist das Kontrollkästchen aktiv, werden die einzelnen Frames nicht berücksichtigt, und die Kopie auf alle Frames gleich gemalt.
- ▶ *Kopieroptionen*: Mit dem Kopierstempel-Werkzeug bieten sich mehr Optionen, die Sie bestimmen können.
- ▶ *Vorgabe*: Fünf festgelegte Einstellungen können hier gewählt werden.
- ▶ *Quelle*: Sie können einer der vorhandenen Ebenen als Quelle wählen.
- ▶ *Versatz*: Der von Ihnen gewählte Versatz kann hier numerisch verändert werden.
- ▶ *Quellzeit-Verschiebung*: Bei animierten Ebenen als Quelle können auch die Frames verschoben werden.
- ▶ *Transparentauflage*: Beim Verwenden von Kopierstempel-Werkzeug wird die gesamte Quelle transparent gezeigt.

Pinselspitzen-Palette

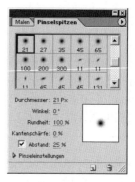

Abb. 1.21: **Pinselspitzen-Palette**

In der *Pinselspitzen-Palette* können Sie Standardeinstellungen für das Pinsel-Werkzeug wählen oder eigene Pinselspitzen erstellen. Falls Sie die Standardeinstellungen wiederherstellen wollen, klicken Sie auf die Optionen des Fensters und wählen *Pinselspitze zurücksetzen...*

Die Einstellungen für die Pinselspitzen sind:

▶ *Durchmesser*: Er legt die Breite des Pinsels fest.

▶ *Winkel*: Die Pinselspitze kann in jedem Winkel zwischen 0° und 360° eingestellt werden. Sie sehen die Wirkung nur, wenn der Wert für die Rundheit unter 100% liegt.

▶ *Rundheit*: Bei 100% ist die Spitze rund, je niedriger der Wert, desto flacher wird die Form.

▶ *Kantenschärfe*: Die Kante ist bei einem Wert von 0% in der Mitte der Spitze deckend und transparenter nach außen. Bei 100% ist die Kante vollkommen deckend.

▶ *Abstand*: Wenn Sie den Abstand niedrig halten, zeichnen Sie zusammenhängende Linien. Je höher der Abstand ist, desto mehr werden die Punkte voneinander getrennt, und es ergibt sich eine gestrichelte Linie.

▶ *Pinseleinstellungen:* Diese Einstellungen arbeiten im Zusammenhang mit einem Grafiktablett. Damit können Sie über den Druck mit dem Stift eines Grafiktablettes unterschiedliche Stärke erreichen.

Bewegung-skizzieren-Palette

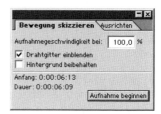

Abb. 1.22: Bewegung skizzieren

Wenn Sie mit der Maus eine Bewegung selbst zeichnen wollen, öffnen Sie die *Bewegung-skizzieren-Palette,* um eine ausgewählte Ebene zu animieren. Die Vorgehensweise wird im Kapitel Animation erklärt.

Glätten-Palette

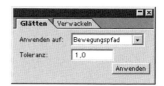

Abb. 1.23: Glätten-Palette

Wenn Sie einen Bewegungspfad gezeichnet haben, werden Sie feststellen, dass die Bewegung nicht ohne einige Unregelmäßigkeiten läuft. Sie können die Bewegung mit Hilfe der *Glätten-Palette* nach einer festen Toleranz glätten.

Zusätzlich können Sie Geschwindigkeitskurven genauso wie Bewegungspfade glätten.

Ausrichten-Palette

Abb. 1.24: Ausrichten-Palette

Sie können mit Hilfe der *Ausrichten-Palette* mehrere Ebenen gleichzeitig nach einer bestimmten Achse ausrichten oder untereinander gleichmäßig verteilen.

▶ *Ebenen ausrichten*: Damit können Sie zwei oder mehrere Ebenen in der vertikalen oder in der horizontalen Achse nach der äußersten Ebene ausrichten, die mit der ausgewählten Ausrichtungsvariante am besten passt. Wenn Sie mehrere Ebenen ausrichten wollen, z.B. *Horizontal unten ausrichten* wählen, werden alle Ebenen nach der untersten Ebene ausgerichtet. Die Optionen sind hierbei von links nach rechts gesehen:

   ▶ vertikal links ausrichten

   ▶ vertikal zentriert

   ▶ vertikal rechts ausrichten

   ▶ horizontal oben ausrichten

   ▶ horizontal zentriert ausrichten

   ▶ horizontal unten ausrichten

▶ *Ebenen verteilen*: Damit können Sie drei oder mehrere Ebenen untereinander vertikal oder horizontal verteilen. Dabei werden als Anhaltspunkt die beiden äußersten Ebenen in der ausgewählten

Option genommen, alle anderen werden dazwischen verteilt. Die Optionen sind auch hier von links nach rechts gesehen:

- ▶ horizontal Oberkante verteilen
- ▶ horizontal Mittelpunkt verteilen
- ▶ horizontal Unterkante verteilen
- ▶ vertikal Oberkante verteilen
- ▶ vertikal Mittelpunkt verteilen
- ▶ vertikal Unterkante verteilen

HINWEIS Sie müssen mindestens zwei Ebenen zum Ausrichten und drei Ebenen zum Verteilen auswählen.

Renderliste

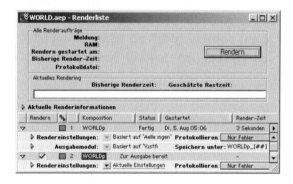

Abb. 1.25: Renderliste

Aus jeder Komposition wird am Ende ein Film erstellt; welche Einstellungen dieser Film hat, wird mit Hilfe der Renderliste festgelegt. Hier können mehrere Filme nacheinander gerendert, also als Videosequenz berechnet, werden.

Genauere Beschreibungen über die Funktion dieses Fensters werden im Kapitel Film erstellen behandelt.

Mehrere Ansichten

Sie können über *Fenster / Arbeitsbereich...* mehrere Ansichten für die aktuelle Komposition öffnen. Weiteres im Kapitel Kompositionen.

Fenster anordnen

Die Anordnung der Fenster kann nach Ihren Vorstellungen jederzeit über den gesamten verfügbaren Bildschirmbereich bestimmt werden. Sie können aber auch die automatische Anordnung von After Effects anwenden. Über den Menüpunkt *Fenster* stehen Ihnen zwei Varianten zur Verfügung: *überlappend* und *nebeneinander*. Beide Anordnungen füllen den gesamten verfügbaren Bildschirmbereich.

> **HINWEIS:** Wenn Sie die Fenster zu sehr in ihrer Position verändert haben, können Sie bis zur zuletzt gespeicherten Einstellung zurückkehren, wenn Sie Ihr Projekt ohne zu speichern schließen und danach sofort wieder öffnen. Die Position der Fenster für jedes Projekt wird gespeichert.

1.6 Voreinstellungen

Für die Arbeit mit Adobe After Effects können Sie die Standardeinstellungen beibehalten, jedoch Einstellungen wie die Anzahl der Arbeitsschritte oder die Anzahl der Scheitelpunkte bei Animationen können auch geändert werden. Sie können unter *Bearbeiten / Voreinstellungen / ...* diese Einstellungen ändern.

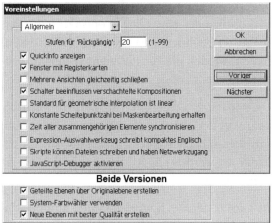

Abb. 1.26: Fenster Voreinstellungen

Allgemein

▶ *Stufen für Rückgängig*: Sie können die Anzahl der Arbeitsschritte festlegen, die Sie zurücksetzen möchten. Standardmäßig sind es 20 Stufen (wie After Effects sie nennt); es können bis zu 99 eingegeben werden. Zu beachten ist, dass je höher die Anzahl der Schritte, desto mehr Arbeitsspeicher dazu benötigt wird.

> **HINWEIS** Adobe After Effects verfügt auch über ein Protokoll, das alle Arbeitsgänge registriert. Sie können über *Bearbeiten / Protokoll* mehrere Schritte gleichzeitig rückgängig machen oder wiederherstellen.

▶ *QuickInfo anzeigen*: Wenn Sie mit der Maus über ein Werkzeug oder ein Symbol in einem Fenster länger bleiben, zeigt sich eine kurze Information über dieses Werkzeug oder Symbol; dies kann auf Dauer für die Arbeit lästig werden. Hier können Sie diese Info ausschalten.

- *Fenster mit Registerkarten*: Wenn Sie auf ein Footage-Element, eine Komposition, eine Farbfläche oder eine Ebene doppelklicken, werden alle im gleichen Fenster geöffnet; wenn Sie dagegen das Kontrollkästchen ausschalten, werden die Fenster nicht gruppiert, sondern einzeln geöffnet.

- *Mehrere Ansichten gleichzeitig schließen:* Sie können mehrere Kompositionsansichten von der gleichen Komposition öffnen, um z.B. 3D-Ansichten aus verschiedenen Blickwinkeln zu betrachten. Wenn diese Option aktiv ist, werden alle Ansichten gleichzeitig geschlossen, wenn Sie nur eine davon schließen.

- *Schalter beeinflussen verschachtelte Kompositionen*: Kompositionen können in anderen Kompositionen eingefügt werden; dieses Verfahren heißt *Verschachteln von Kompositionen*. Die Einstellungen wie Qualität, Effekt oder Bewegungsunschärfe werden auf verschachtelte Kompositionen genauso wirken wie auf andere Ebenen. Wenn Sie diese Einstellung ausschalten, können Sie Zeit bei der Vorschau gewinnen, denn diese Effekte müssen zuerst auf alle Ebenen der verschachtelten Komposition angewendet werden.

- *Standard für geometrische Interpolation ist linear:* Wenn Sie diese Option aktivieren, wird bei jeder Animation die Standard-Interpolation linear anstatt Bézier sein, das heißt, die Bewegungen sind eckiger und nicht abgerundet.

- *Konstante Scheitelpunktzahl bei Maskenbearbeitung erhalten*: Wenn Sie eine Maskenanimation erstellen, bei der Sie die Scheitelpunkte hinzufügen oder entfernen, kann After Effects über die gesamte Länge der Animation die Anzahl der Scheitelpunkte beibehalten.

- *Zeit aller zusammengehörigen Elemente synchronisieren:* Bei der Arbeit mit verschachtelten Kompositionen (Kompositionen in anderen Kompositionen) ist die Veränderung der aktuellen Zeiten nur bei der aktiven Komposition wirksam. Mit dieser Option können

Sie bei allen zusammengehörenden Kompositionen die aktuelle Zeit gleichzeitig ändern.

▶ *Expression-Auswahlwerkzeug schreibt kompaktes Englisch*: Expressions sind Befehle in Form einer Skriptsprache, die Eigenschaften für eine Animation hinzugefügt werden; damit können Sie sehr komplexe Animationen erstellen. Die Skriptsprache ist Englischorientiert, aber Sie können zum Teil deutsche Bezeichnungen anzeigen lassen, wenn Sie diese Option ausschalten.

▶ *Scripte können Dateien schreiben und haben Netzzugang:* In After Effects lassen sich fast alle Programm-Funktionen über Scripte steuern. Wenn Sie diese Option aktivieren, können Sie die Scripte sogar über ein Netzwerk aktivieren lassen.

▶ *Java-Script-Debugger aktivieren:* Die Scriptsprache in After Effects ist Java-Script-orientiert. Um Fehler bei der Erstellung von Scripten zu finden, können Sie den Debbuger aktivieren. (Diese Option ist nur in der Professional-Version verfügbar.)

▶ *Geteilte Ebenen über Originalebene:* Ist diese Option nicht aktiv, so wird die geteilte Ebene über *Bearbeiten / Ebene teilen* in zwei Ebenen geteilt, wobei die Originalebene eine Ebene höher liegt als die geteilte.

▶ *Systemfarbwähler wählen:* Der Standardfarbwähler von After Effects ist ab dieser Version mit dem Farbwähler von Photoshop CS identisch und für beide Betriebssysteme gleich. Mit dieser Option wird der typische Windows- bzw. Macintosh-Farbwähler beim Definieren von Farben gezeigt.

▶ *Neue Ebene mit bester Qualität erstellen:* Wenn Sie eine Ebene duplizieren, übernehmen die neuen Ebenen die Darstellungsqualität des Originals; mit dieser Option wird die Qualität der Kopien immer die beste sein.

Vorschau

Abb. 1.27: Vorschau-Voreinstellungen in Version 6

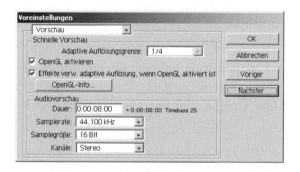

Abb. 1.28: Vorschau-Voreinstellungen in Version 6.5

Im Laufe Ihrer Arbeit mit einer Komposition können Sie immer wieder das Zusammenspiel der verschiedenen Ebenen mit Video und Audio anschauen und/oder anhören. Unter dem Menüpunkt *Bearbeiten / Voreinstellungen / Vorschau...* können Sie die Präferenzen verändern.

▶ *Dynamische Vorschau aktivieren:* Eine Ebene wird während einer Bewegung, soweit die Grafikkarte es erlaubt, in Voll- bis zur Viertelauflösung angezeigt, ansonsten sehen Sie nur ein Drahtgitter.

▶ *Dynamische Vorschau-Beschleunigung. Adaptive Auflösung:* Falls Ihre Grafikkarte die Ebene oder Ebenen während einer Vorschau nicht in Vollauflösung zeigen kann, schaltet das Programm automatisch auf die eingestellte Grenze um.

▶ Wenn Sie eine Grafikkarte mit OpenGL ab Version 1.2 haben, werden diese Hardware-Beschleunigungsoptionen aktiv.

▶ *OpenGL-Info...:* Wenn Sie eine Grafikkarte mit *OpenGL* ab Version 1.2 haben, werden diese Hardware-Beschleunigungsoptionen aktiv.

▶ *Audiovorschau:* Wenn Sie Audio-Ebenen haben, können Sie sich diese separat mit der *Komposition / Vorschau / Audiovorschau* anhören. Hier legen Sie die Qualität und Länge der Audiovorschau fest. Denken Sie daran, dass je höher die Qualität, desto mehr Arbeitsspeicher brauchen Sie dazu. Die Einstellungen hier gelten als beste Audio-CD-Qualität.

Anzeige

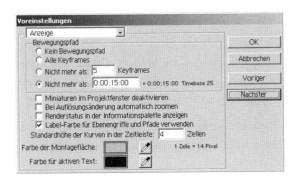

Abb. 1.29: Voreinstellungen für Anzeige für Version 6

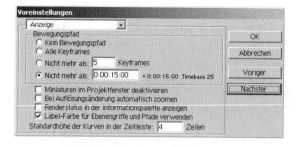

Abb. 1.30: Voreinstellungen für Anzeige für Version 6.5

▶ *Bewegungspfad:* Wenn Sie eine Ebene in der Position verändern, entsteht ein Bewegungspfad; hier können Sie einige Einstellungen für seine Darstellung im Kompositionsfenster festlegen.

▶ *Label-Farbe für Ebenengriffe und Pfade verwenden:* Jede Art von Footage-Elementen bekommt eine eigene Farbe; diese Farbe wird auch bei den ausgewählten Ebenen im Kompositionsfenster angezeigt.

▶ *Standardhöhe der Kurven in der Zeitleiste:* Bei jeder Animation entstehen Geschwindigkeitskurven; diese können in einer bestimmten Höhe angezeigt werden.

▶ *Farbe der Montagefläche:* Die Fläche, die über die Breite und Höhe einer Komposition hinausgeht, kann damit geändert werden. Diese Farbe betrifft auch Footage-Fenster und Ebenenfenster.

▶ *Farbe für aktiven Text:* Wenn Sie Ebenennamen auswählen, um sie zu ändern, wird der ausgewählte Text in dieser Farbe angezeigt.

Importieren

Für die Arbeit in After Effects brauchen Sie Material, hier *Footage* genannt; wie dieses Footage importiert wird, kann unter *Bearbeiten / Voreinstellungen / Importieren...* eingestellt werden.

Abb. 1.31: Voreinstellungen für Importieren

▶ *Standbild-Footage:* Ein Einzelbild bzw. Standbild wird, sobald Sie es in eine Komposition ziehen, so lang wie die Komposition sein. Wenn Sie aber die Kompositions-Dauer ändern, müssen Sie das Standbild manuell anpassen.

▶ *Sequenz-Footage:* Animationen können als durchnummerierte Standbilder importiert werden; mit welcher Anzahl von Frames pro Sekunde diese abgespielt werden, kann hier eingestellt werden.

▶ *Unbenanntes Alpha interpretieren als:* Den Alpha-Kanal, auch Transparenz-Kanal genannt, können Sie beim Importieren selbst bestimmen oder fest einstellen als: *Ermitteln* (von Programm), *Alpha Ignorieren*, *Direkt* (nicht maskiert), *Integriert* (mit Schwarz maskiert) oder *Integriert* (mit Weiß maskiert).

▶ *Standard-Drag+Drop importieren als:* Wenn Sie Dateien direkt aus einem Ordner in das Projektfenster ziehen, können diese als Footage oder Komposition importiert werden.

Ausgabe

Sobald Sie mit einer Komposition zufrieden sind oder nur einen fertigen Film anschauen wollen, rendern Sie den Film. Beim Rendern von umfangreichen Projekten kommt es eventuell zum Überlauf der Zielfestplatte. Um dies zu verhindern, gehen Sie unter *Bearbeiten / Voreinstellungen / Ausgabe...*, um auf andere Festplatten zuzugreifen.

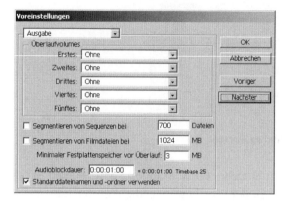

Abb. 1.32: Ausgabe-Voreinstellungen

Überlaufvolumes: Hier können Sie bis zu fünf Festplatten bestimmen.

▶ *Segmentieren von Sequenzen bei:* Sie können eine Animation als *Standbild-Sequenz* ausgeben; wenn diese eine bestimmte Zahl überschreitet, wird die Sequenz in mehrere Sequenzen aufgeteilt.

▶ *Segmentieren von Filmdateien bei:* Manche Programme und sogar Betriebssysteme können Dateien, die größer als 1024 MB sind, nicht lesen; wenn das der Fall sein sollte, schalten Sie diese Möglichkeit ein.

▶ *Minimaler Festplattenspeicher vor Überlauf:* Bevor eine der Festplatte bei der Ausgabe voll wird, können Sie bestimmen, wie viel Platz noch bleiben darf, bevor das Programm zur nächsten Festplatte greift.

▶ *Audioblockdauer:* Um Audio im Zusammenhang mit Video auszugeben, muss das Audio in Segmente bzw. Blocks bezogen auf die Timebase gespeichert werden. Je kleiner der Block, desto besser ist das Audio, aber umso größer kann die Datei werden. Standard ist eine Sekunde, und dies reicht für die meisten Projekte aus.

Raster und Hilfslinien

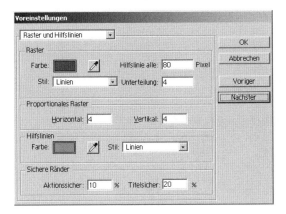

Abb. 1.33: Raster- und Hilfslinien-Voreinstellungen

Hilfslinien und Raster sind sehr praktische Platzierungshelfer, um die Ebenen richtig in das Kompositionsfenster zu legen. Unter *Bearbeiten / Voreinstellungen / Raster und Hilfslinien...* können Sie die Farben und die Abstände der Hilfslinien und Raster einstellen.

Etikettenfarben

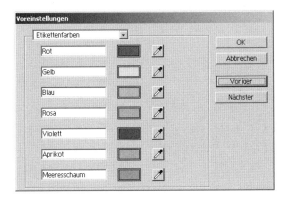

Abb. 1.34: Etikettenfarben-Voreinstellung

Die Footage-Elemente werden nach ihrer Art mit einem farbigen Etikett belegt; diese Etikettenfarbe sehen Sie im Projektfenster, im Kompositionsfenster und in der Zeitleiste. Unter *Bearbeiten / Voreinstellungen / Etikettenfarben...* können Sie die Farben bestimmen.

Standardetiketten

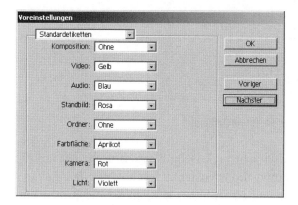

Abb. 1.35: **Standardetiketten-Voreinstellungen**

Die Farben für die Etiketten haben Sie vorher bestimmt, unter *Bearbeiten / Voreinstellungen / Standardetiketten* können Sie festlegen, welches Footage-Element welche Etikettenfarbe bekommt.

Speicher und Cache

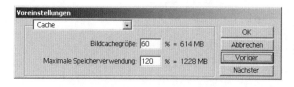

Abb. 1.36: **Cache-Voreinstellungen für Version 6**

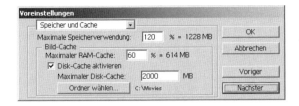

Abb. 1.37: Cache-Voreinstellungen für Version 6.5

After Effects ist ein Programm, das sehr intensiv mit dem Arbeitsspeicher arbeitet, unter *Bearbeiten / Voreinstellungen / Cache* können Sie bestimmen, wie viel davon After Effects verwendet.

▶ *Bildcachegröße*: Wenn Sie eine RAM-Vorschau erstellen, also eine in den Arbeitsspeicher geladene Vorschau, verwendet das Programm einen Prozentsatz vom eingebauten Arbeitsspeicher. After Effects empfiehlt, nicht über 90% zu gehen.

▶ *Maximale Speicherverwendung:* Hier wird der Prozentsatz angegeben, den After Effects vom maximalem Arbeitsspeicher plus virtueller Arbeitsspeicher, wenn der Wert höher ist als 100%, in Anspruch nehmen kann. Achten Sie darauf, ob Sie mit mehreren Programmen gleichzeitig arbeiten wollen oder nicht.

▶ *Bild-Cache:* Die einzelnen Frames für die Vorschau werden in den Arbeitsspeicher geladen; Sie können aber bei längeren Videosequenzen über den RAM hinaus einen Teil der Festplatte für die Vorschau bereitstellen, die Geschwindigkeit der Festplatte ist jedoch nicht so gut wie die des Arbeitsspeichers.

▶ *Maximaler RAM-Cache:* Um nicht den gesamten Arbeitsspeicher für die Vorschau zu verwenden, können Sie hier den Prozentsatz bestimmen.

▶ *Disk-Cache aktivieren:* Hier können Sie einen Ordner von einer Festplatte verwenden. Zu empfehlen ist eine schnelle Festplatte, sonst wird es beim Abspielen Aussetzer geben.

Videovorschau

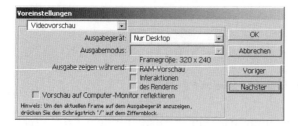

Abb. 1.38: Videovorschau-Voreinstellungen für Version 6

Wenn Sie eine Video-Digitalisierkarte besitzen, die After Effects erkennt, können Sie Ihre Arbeit auf einem externen Videomonitor anschauen. Ansonsten wird alles nur auf Ihrem Computerbildschirm gezeigt.

Abb. 1.39: Videovorschau-Voreinstellungen für Version 6.5

Ab Version 6.5 haben Sie die Möglichkeit, direkt über eine IEEE-1394-Karte, eine so genannte Fire-Wire-Karte, mit einem Fire-Wire-kompatiblen Videogerät Ihre Vorschau zu betrachten; so können Sie Ihre Arbeit in einem fernsehertauglichen Gerät sofort kontrollieren und gleichzeitig korrigieren.

GUI-Farben

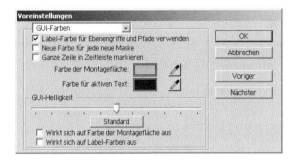

Abb. 1.40: GUI-Farben-Voreinstellungen

Ab Version 6.5 finden Sie die Einstellungen für das Aussehen der Oberfläche, Masken, Zeilen, Montageflächen und aktiven Text unter GUI-Farben. GUI steht für *Graphical User Interface*.

▶ *Label-Farbe für Ebenengriffe und Pfade verwenden:* Als *Labels* werden die Etikettenfarben bezeichnet. Diese Farbe wird auf die Ebenengriffe und Bewegungspfade übertragen. Wenn Sie diese Option deaktivieren, behalten alle Ebenengriffe und Pfade eine gleiche neutrale graue Farbe.

▶ *Neue Farbe für jede neue Maske:* Die Masken werden normalerweise gelb dargestellt; ihre Farbe können Sie zwar manuell ändern, aber hier können Sie aktivieren, dass jede neue Maske eine Zufallsfarbe bekommt.

▶ *Ganze Zeile in Zeitleiste markieren:* Wenn Sie eine Ebene auswählen, wird nur der Ebenenbalken aktiv. Bei einer Komposition mit sehr vielen Ebenen ist es öfters schwierig, die einzelnen Eigenschaften der aktiven Ebene zu aktivieren. Ist diese Option aktiv, wird die gesamte Leiste grau dargestellt, und es ist damit sehr leicht, die aktive Ebene zu bearbeiten.

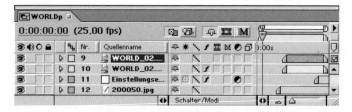

Abb. 1.41: Ganze Zeile in Zeitleiste markieren inaktiv

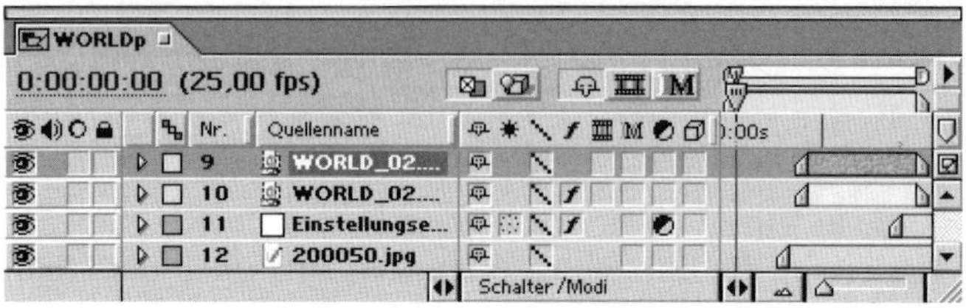

Abb. 1.42: Ganze Zeile in Zeitleiste markieren aktiv

- *Farbe für Montagefläche:* Die Fläche, die über die Breite und Höhe einer Komposition hinausgeht, kann damit geändert werden. Diese Farbe betrifft auch Footage-Fenster und Ebenenfenster.

- *Farbe für aktiven Text:* Wenn Sie Ebenennamen auswählen, um sie zu ändern, wird der ausgewählte Text in dieser Farbe angezeigt.

- *GUI-Helligkeit:* Die gesamte Oberfläche kann sehr dunkel oder sehr hell dargestellt werden. Beim Klicken auf die Schaltfläche *Standard* wird der Wert wieder auf die Mitte eingestellt.

  - *Wirkt sich auf Farbe der Montagefläche aus:* Im Kompositionsfester und im Footage-Fenster wird die Farbe damit beeinflusst, wenn Sie diese Option aktivieren, ansonsten bleibt sie unverändert.

  - *Wirkt sich auf Label-Farben aus:* Alle Etiketten-Farben können damit beeinflusst werden.

Standard-Voreinstellungen wieder herstellen

Wenn Sie im Programm sehr viele Änderungen in den Voreinstellungen vorgenommen haben und wieder zu den Standard-Voreinstellungen zurückkehren wollen, müssen Sie die Voreinstellungsdatei löschen. Drücken Sie [Alt] + [Strg] + [⇧] sofort nach dem Start von After Effects.

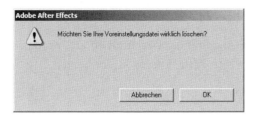

Abb. 1.43: Voreinstellungen löschen

Sobald Sie auf die OK-Schaltfläche klicken, wird die Voreinstellungsdatei gelöscht und eine neue angelegt. Das Erscheinen des Programms wird wie beim ersten Start sein, zusammengesetzte Paletten werden wieder wie am Anfang erscheinen.

1.7 Zusammenfassung, Fragen und Übungen

Zusammenfassung

▶ Vor der Installation von Adobe After Effects sollten alle anderen Programme geschlossen sein.

▶ Sie können zwar mit den Mindestvoraussetzungen arbeiten, aber die empfohlenen Voraussetzungen erlauben Ihnen, bequemer und effizienter zu arbeiten.

Zusammenfassung

▶ Sie können in After Effects nur ein Projekt gleichzeitig öffnen, aber mehrere Kompositionen im Projekt erstellen.

▶ Bevor Sie ein neues Projekt anfangen, sollten Sie die Projekteinstellungen festlegen.

▶ Im Projektfester werden alle Footage-Elemente gesammelt.

▶ Wenn Sie mehr Fenster als die Standard-Paletten öffnen, werden diese beim nächsten Start von After Effects in der letzten Position gezeigt.

Fragen und Übungen

1. Wie viele Rückschritte sind in After Effects maximal möglich?
2. Wie können Sie mehrere Paletten zusammenbringen?
3. Ziehen Sie die Audio-Palette in die Werkzeug-Palette.
4. Verschieben Sie die Werkzeug-Palette und die Info-Palette an verschiedene Positionen. Danach setzen Sie die Paletten in die Standardposition zurück.
5. Ändern Sie die Timecodebasis von 25 fps auf 30 fps in den Projekteinstellungen.

2 Footage importieren – Material wird gesammelt

Adobe After Effects 6/6.5

2 Footage importieren – Material wird gesammelt

Bei jeder Art von Videobearbeitung brauchen Sie Rohmaterial für die Erstellung eines fertigen Videos. Dieses Rohmaterial können Einzelbilder z.B. Fotos, Zeichnungen, Grafiken, Standbild-Sequenzen, Video- und Audiomaterial sein. In Adobe After Effects wird dieses Material *Footage* (aus dem Englischen für aufgenommenes Material bzw. Rohmaterial) genannt und kann in allen möglichen Variationen kombiniert werden.

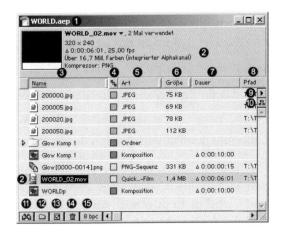

Abb. 2.1: Footage-Elemente im Projektfenster

Die einzelnen Elemente, die sich im Projektfenster befinden, werden *Footage-Elemente* genannt.

Als Footage-Elemente gelten alle importierten Dateien wie Video, Audio, Standbild und Standbild-Sequenz; zusätzlich gelten als solche auch alle in After Effects erstellten Elemente wie Komposition, Farbflächen und Ordner, um Elemente besser zu sortieren.

▶ Jedes Projekt (1) bekommt selbstverständlich seinen eigenen Namen. Es ist empfehlenswert, die Projekt-Datei im gleichen Ordner zu speichern wie das Footage, denn im Laufe eines Projekts nehmen Sie viele Änderungen vor, und somit tun Sie sich leichter, neues Footage in das Projekt zu importieren. Außerdem können Sie problemlos den Ordner mit allen Dateien in einem anderen Rechner weiter bearbeiten.

▶ Wenn Sie Informationen (2) über ein bestimmtes Footage-Element benötigen, brauchen Sie nur das Element auszuwählen, und im oberen Teil des Projektfensters wird diese Information angegeben; es teilt Ihnen sogar mit, wie oft das ausgewählte Element im Projekt verwendet wird. Wenn Sie auf das kleine Dreieck klicken, sagt Ihnen After Effects, in welchen Kompositionen und welchen Ebenen in dieser Komposition das Element eingesetzt ist.

▶ Die Elemente werden nach Namen (3) sortiert.

▶ In dieser Spalte finden Sie das farbige Etikett (4) für das jeweilige Element.

▶ Die Art (5) bzw. das Dateiformat der Elemente wird in dieser Spalte angezeigt.

▶ Die Größe (6) der Dateien wird in dieser Spalte angegeben. Die gesamte Größe eines Ordners wird nicht angezeigt; Sie müssen den Ordner öffnen, indem Sie das kleine Dreieck neben dem Ordner anklicken, dann wird die Größe der einzelnen Elemente angegeben.

▶ Bei Animationen oder Kompositionen können Sie unter dieser Spalte (7) die Dauer ablesen, bei Standbildern, Ordnern oder Farbflächen wird nichts angegeben.

▶ Hier können Sie den Verknüpfungspfad (8) zu dem Ordner auf Ihrer Festplatte, wo sich die Dateien befinden, ablesen.

▶ Weitere Optionen (9) für das Projektfenster können hier gewählt werden, z.B. eine zusätzliche Spalte für Datum oder Kommentar. Und es können die Projekteinstellungen von hier aus aufgerufen oder das Thumbnail-Transparenzraster für ausgewählte Dateien mit Alpha-Kanal bzw. Transparenz ein- oder ausgeschaltet werden.

▶ Die Flussdiagrammansicht (10) kann von hier aus durch einen Klick geöffnet werden.

▶ Die Suche nach einem bestimmten Footage-Element kann bei umfangreichen Projekten sehr schwierig werden. Um die Suche zu erleichtern, bietet After Effects die Möglichkeit (11), das bestimmte Element nach Namen zu suchen.

▶ Je mehr Ordnung Sie von Anfang an in Ihren Projekten herstellen, desto leichter wird die Arbeit mit After Effects. Nutzen Sie möglichst oft die Gelegenheit, Footage-Elemente gleicher Art, wie Videoclips oder Standbilder, in Ordnern zu sammeln. Klicken Sie dafür auf (12) und geben Sie einen Namen ein.

HINWEIS Falls Sie später den Namen eines Ordners ändern wollen, wählen Sie diesen Ordner aus und betätigen Sie ⏎, um den Text auszuwählen. Sobald Sie den Namen eingegeben haben, betätigen Sie die ⏎ -Taste noch ein Mal.

▶ Sie können von hier aus (13) eine neue Komposition erstellen; das Dialogfenster für die Einstellungen wird automatisch geöffnet.

▶ Nicht benötigte Footage-Elemente können jederzeit durch Auswählen und Betätigen der Löschtaste (14) entfernt werden.

▶ Die Farbtiefe (15) des Projekts wird hier angezeigt. Wenn Ihre Version mehrere Farbtiefen unterstützt, können Sie beim gleichzeitigen Drücken der [Alt]-Taste die Farbtiefe ändern.

Um Footage in After Effects zu importieren, bietet das Programm verschiedene Möglichkeiten:

▶ Über das Menü *Datei / Importieren / Datei...* können Sie eine Datei importieren. Wenn Sie die [⇧]-Taste drücken, können Sie mehrere Dateien gleichzeitig auswählen.

▶ Durch Doppelklick auf eine leere Stelle im Projektfenster öffnet sich das Dialogfenster für den Import.

▶ Per Drag&Drop direkt von einem Ordner im Explorer in das Projektfenster von After Effects ziehen.

Abb. 2.2: Dialogfenster für das Importieren

Wenn Sie eine oder mehrere Dateien in After Effects importieren, werden diese Dateien nicht im Projekt kopiert, sondern lediglich verknüpft. Das bedeutet, dass After Effects eine Referenzverknüpfung zu den Dateien (Footage-Element genannt) erstellt. Es hat den Vorteil, dass Sie eine Datei öfter verwenden können, ohne diese mehrmals kopieren zu müssen, und den Nachteil, dass Sie die importierten Dateien nicht ohne Probleme aus dem importierten Ordner bewegen oder umbenennen können.

Um das Importieren von Footage-Elementen zu üben, werden wir ein Projekt erstellen und speichern. Dieses Projekt wird in diesem Kapitel und in anderen weiterbearbeitet.

▶ Erstellen Sie ein neues Projekt.

▶ Importieren Sie die Standbild-Dateien *200000.jpg*, *200005.jpg*, *200020.jpg*, und *200050.jpg*.

▶ Speichern Sie das Projekt unter den Namen: *WORLD.aep*

2.1 Footage-Fenster

Sie können jedes Footage-Element im Projekt-Fenster durch Doppelklicken in seinem eigenen Footage-Fenster öffnen. Standbilder können Sie nicht verändern, sondern nur ansehen.

Standbilder

Abb. 2.3: Fenster für Footage-Element in Version 6

Abb. 2.4: Fenster für Footage-Element in Version 6.5

> **HINWEIS** QuickTime-Movies, Video-für-Windows(AVI)-Videos oder Audio-Footage öffnen sich je nach Betriebssystem in ihrem eigenen Fenster; damit Sie diese im Footage-Fenster öffnen können, halten Sie die [Alt]-Taste beim Doppelklicken.

Footage importieren – Material wird gesammelt

- ▶ Jedes Footage-Element (1) hat seinen eigenen Namen. Sie sehen auch in Klammern das Wort *Footage*, was dem Benutzer helfen sollte, dieses Fenster nicht mit dem Ebenenfenster zu verwechseln. Der Name von Footage-Elementen kann nicht geändert werden.

- ▶ Die Registerkarte (2) vom aktiven Footage-Element. Hier können durch einfachen Klick andere geöffnete Elemente gezeigt werden.

- ▶ Optionen (3) für das Footage-Fenster: Transparenzraster, um die Hintergrundfarbe durch ein kariertes Raster bei Transparenzen anzuzeigen, und Pixel-Seitenverhältnis-Korrektur für Footage-Elemente ohne quadratische Pixel.

- ▶ (4) *Footage-Element*.

- ▶ (5) *Montagefläche*.

- ▶ *Ansichtsgröße* (6) des Footage-Elements; wenn Sie hier eine andere Größe angeben, können Sie das Element zwar detailgenauer anschauen, aber das Footage-Element selbst wird nicht verändert.

- ▶ *Sicheren Titelbereich* (7) einblenden oder ausblenden.

- ▶ Art (8) des Footage-Elements.

- ▶ *Schnappschuss* (9) und *Letzten Schnappschuss einblenden* dienen nur dazu, eine provisorische Aufnahme des aktuellen Bildes zu machen, die nicht gespeichert wird.

- ▶ *RGB und Alpha* (10): Hier können die einzelnen Rot-, Grün- und Blau-Kanäle angezeigt werden. Dazu auch der Alpha-Kanal.

- ▶ *Relevante Region* (11): Sie können damit nur einen festgelegten Bereich des Footage-Elements anschauen. Die *Relevante Region* hat aber keine Wirkung auf die Ebenen.

- ▶ *Transparenzraster einblenden* (12): Wenn Sie transparente Bereiche haben, sehen Sie statt der aktuellen Hintergrundfarbe für die Komposition nur ein Weiß-Grau-Raster.

- ▶ (13) *Pixel-Seitenverhältnis-Korrektur*.

▶ (14) *Diese Ansicht immer in der Vorschau zeigen:* Sie können durch diese Schaltfläche nur die aktuelle Ansicht als Vorschau bestimmen. Diese Schaltfläche kann nur in einer Ansicht aktiv sein, sobald Sie sie also in einer anderen Ansicht aktivieren, wird sie bei der vorigen ausgeschaltet.

Videos

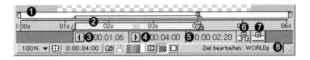

Abb. 2.5: Footage-Fenster eines Videos in Version 6

Abb. 2.6: Footage-Fenster eines Videos in Version 6.5

Wenn Sie ein Video-Footage oder eine Standbild-Sequenz im Footage-Fenster öffnen, können Sie einige Einstellungen ändern.

▶ Die Anzeige (1) in der Länge wird mit dem weißen Balken gezeigt; Sie können die Anzeige skalieren, indem Sie den linken oder den rechten Anfasser am Anfang oder am Ende der Balken verschieben.

▶ Die Länge (2) des Videos wird hier mit dem gelben Balken angezeigt und kann für die Ziel-Komposition verändert werden.

▶ Sie können den *In-Point* (3) (Anfang) des Footage-Elements mit dieser Schaltfläche ändern. Sie müssen nur die Zeitmarke in die gewünschte Zeit verschieben und auf die Schaltfläche klicken.

▶ Sie können den *Out-Point* (4) (Ende) des Footage-Elements mit dieser Schaltfläche ändern. Gehen Sie dazu wie mit dem In-Point vor.

▶ Die Dauer (5) des Footage-Elements wird automatisch durch die Position des In-Points und des Out-Points bestimmt, dieser Vorgang wird *Trimmen* genannt.

▶ *Einfügen und Lücke schließen* (6): Nachdem Sie die Länge verändert haben, können Sie eine Ebene wählen und danach auf *Einfügen und Lücke schließen* klicken; die ausgewählte Ebene wird geteilt und für das getrimmte Video-Footage eine Lücke dazwischen erstellt und darüber gelegt.

Abb. 2.7: Einfügen und Lücke schließen

▶ *Überlagern* (7): Hier können Sie eine Ebene wählen und das getrimmte Video-Footage wird darüber gelegt.

Abb. 2.8: Überlagern

▶ *Zielkomposition* (8): Das veränderte Footage-Element wird in die hier genannte Komposition gelegt.

2.2 Platzhalter und Stellvertreter

Platzhalter

Falls Sie eine importierte Datei löschen, umbenennen oder in einen anderen Ordner verschieben, wird die Datei im Projektfenster kursiv dargestellt, und After Effects gibt beim Öffnen des Projekts eine Warnung aus. Die fehlenden Dateien werden durch einen *Platzhalter* ersetzt und können relativ einfach wieder geladen werden.

Abb. 2.9: Warnung für eine fehlende Datei

Sie müssen nur auf den Platzhalter doppelklicken und die Datei im richtigen Ordner suchen.

Abb. 2.10: Platzhalter für eine fehlende Datei

Ein *Platzhalter* ist ein Dummy für fehlende Dateien. After Effects erstellt automatisch einen Platzhalter für fehlende Dateien. Sie können aber auch selbst einen Platzhalter in einem Projekt setzen, wenn Sie das endgültige Footage noch nicht haben und erst später einsetzen wollen. Wählen Sie *Importieren / Platzhalter...* .

Stellvertreter

Ein *Stellvertreter* ist ein Standbild oder eine Animation in niedriger Auflösung, der an Stelle des Originals eingesetzt werden kann. Das Ziel ist, die Arbeit mit den Kompositionen zu beschleunigen.

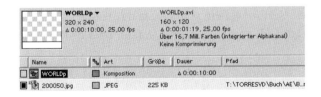

Abb. 2.11: Stellvertreter nicht aktiv

Als Stellvertreter können Sie die Datei, die Sie vorbereitet haben, selbst über *Datei / Stellvertreter festlegen / Datei...* bestimmen, oder Sie können einen vom Programm erstellen lassen. Dazu müssen Sie zuerst das Footage-Element auswählen, aus dem das Programm den Stellvertreter stellen muss; gehen Sie dazu auf *Datei / Stellvertreter erstellen / Standbild* oder *Film*. After Effects öffnet die Renderliste mit einem Render-Element für den Stellvertreter. Sobald die Datei gerendert worden ist, wird sie automatisch von After Effects importiert und als Stellvertreter aktiviert. Das rechteckige Symbol vor den Namen für Stellvertreter sehen Sie sofort im Projektfenster.

Abb. 2.12: Stellvertreter aktiv

Um den Stellvertreter zu deaktivieren oder erneut zu aktivieren, brauchen Sie nur das Symbol vor dem Objekt in der Liste im Projektfenster anzuklicken.

2.3 Footage ersetzen

Wenn Sie nicht mit Platzhaltern arbeiten wollen, sondern wegen der Geschwindigkeit mit niedrig aufgelöstem Footage, aber am Ende diese Dateien durch andere ersetzen wollen, wählen Sie das Footage-Element aus und wählen Sie *Datei / Footage ersetzen / Datei...* oder drücken Sie [Strg] + [H].

2.4 Die richtige Wahl der Elemente

Bevor Sie mit einem Projekt anfangen, sollten Sie wissen, für welches Medium der fertige Film erstellt wird. Alle Projekt- und Kompositionseinstellungen hängen davon ab.

After Effects bietet Ihnen sehr unterschiedliche Möglichkeiten, Ihre fertige Komposition auszugeben, z.B. als Film, auf CD-ROM, auf DVD, auf ein Videoband, als animierte GIF-Datei, als Streaming Video oder als Flash-Datei.

Theoretisch können Sie mit allen Dateien alles erstellen, aber praktisch ist das fast unmöglich.

Wenn Sie ein Projekt als Film bearbeiten wollen, brauchen Sie Videomaterial mit der richtigen Framerate oder mit dem richtigen Seitenverhältnis.

Wenn Sie für eine CD-ROM einen Film erstellen, können Sie ganz unterschiedliches Rohmaterial von Ihren Kunden bekommen, das teilweise nachbearbeitet werden soll.

Wenn Sie für das Internet in Form von GIF-Animation, Streaming Video oder Flash-Animationen etwas erstellen, brauchen Sie vielleicht weniger datenintensives Material.

Die richtige Vorbereitung der Elemente

Bevor Sie Material für Ihr Projekt importieren, sollten Sie wissen, ob Sie Material herstellen oder am vorhandenen etwas ändern können. Ansonsten müssen Sie der Person, die dieses Material für Sie erstellt, genaue Vorgaben machen.

Standbilder

Sie sollten sicher sein, dass After Effects das zu importierende Format unterstützt.

Die maximale Breite und Höhe für Standbilder sind 30.000 Pixel.

Bildteile, die am Ende überhaupt nicht zu sehen sein werden, sollten abgeschnitten sein, um Arbeitsspeicher zu sparen.

Für transparente Bereiche sollte ein Alpha-Kanal erstellt werden.

Ist die Ausgabe für das Fernsehen bestimmt, sollten die Farben und der Kontrast angepasst werden.

Linien mit einer Breite von einem Pixel sollten vermieden werden, denn durch das Halbbild-Verfahren können diese sehr stark flimmern.

Auch Text in einer zu kleinen Schriftgröße sollte vermieden werden.

Bilder sollten nicht über 100% ihrer Größe skaliert werden, sonst haben sie eine sehr starke Verzerrung. Die Datei sollte so groß sein wie die maximale Skalierung im Kompositionsfenster.

Video

Sie können Video-Footage aus analogen und digitalen Quellen verwenden. Selbstverständlich ist die digitale Variante der analogen vorzuziehen, aber in vielen Fällen hat man keine Wahl.

Wenn Sie mit Analogvideo, z.B. VHS oder Hi8, arbeiten, sollten Sie dieses mit der bestmöglichen Qualität digitalisieren. Wenn Sie selbst nicht die notwendigen Geräte dafür besitzen, lassen Sie es von einer spezialisierten Firma digitalisieren. Sie müssen ganz genau angeben, wie Sie das Video haben wollen, denn ungenaue Angaben führen zu mehrfachem Digitalisieren und entsprechend höheren Kosten.

Zwar wird beim Digitalvideo jedes Pixel eines Videoframes durch einzelne Farbwerte repräsentiert. Die Pixelwerte werden im binären Format, das Computer auch anwenden, übertragen und gespeichert; und auch Audio wird in binärem Format gespeichert. Aber Digitalvideo ist kein Format an sich, ähnlich wie ein digitales Standbild auch kein Format an sich ist, sondern das Medium, innerhalb dessen sehr viele Dateiformate existieren. Wenn Sie mit einer digitalen Videokamera einige Sequenzen aufnehmen und diese Sequenzen in After Effects importieren wollen, müssen Sie das Video im richtigen Format speichern, damit Sie dieses Video-Footage in After Effects verwenden können.

Durch den Einzug von digitalen Videogeräten ist das Aufnehmen von Digitalvideo selbst für wenig Geübte kein großes Problem mehr. Inzwischen können Sie mit DV- und Mini-DV-Camcordern fernsehtaugliches Video-Footage erstellen. Sie brauchen nur ein *IEEE-1394-Interface*, auch *FireWire* genannt, bzw. *i-Link* oder auch einen *USB-2.0-Anschluss* und können die Daten vom Camcorder direkt auf Ihrer Festplatte speichern; Adobe After Effects kann diese Daten sofort importieren.

2.5 Dateien sammeln

Wenn Sie ein Projekt archivieren oder für mehrere Rechner zugänglich machen möchten, sollten Sie alle notwendigen Dateien speichern. Sie können alle Dateien eigenhändig in einem Ordner speichern oder Sie können über den Menü-Befehl *Dateien sammeln* alle Elemente in einen Ordner kopieren.

Bevor Sie alle Dateien sammeln, müssen Sie das aktuelle Projekt speichern; ansonsten bekommen Sie eine Warnung, sobald Sie *Datei / Dateien Sammeln...* wählen:

Sobald Sie das Projekt speichern, öffnet sich das Dialogfenster *Dateien sammeln* für die Einstellungen.

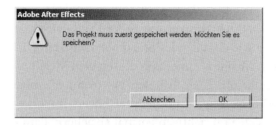

Abb. 2.13: Projekt speichern vor *Dateien sammeln*

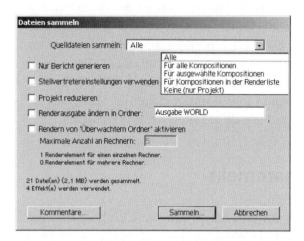

Abb. 2.14: Dialogfenster für *Dateien sammeln*

Dabei haben Sie in diesem Dialogfenster mehrere Möglichkeiten mit folgenden Einstellungen:

▶ Unter *Quelldateien sammeln* können Sie bestimmen, welche Dateien gespeichert werden:

▶ *Quelldateien* sind alle Dateien, aus denen die Footage-Elemente im Projektfenster erstellt werden. Wenn Sie *Alle* wählen, werden im Zielordner alle Dateien gespeichert, die im Projektfenster zu sehen sind, sogar diejenige, die nicht verwendet werden.

- ▶ Wenn Sie *Für alle Kompositionen* wählen, werden nur die Quelldateien gespeichert, die tatsächlich verwendet werden.

- ▶ Wenn Sie eine oder mehrere Kompositionen auswählen, bevor Sie die Dateien sammeln, können Sie *Für ausgewählte Kompositionen* wählen; so werden die Quelldateien für nur diese Kompositionen gespeichert.

- ▶ Wenn Sie *Für Kompositionen in der Renderliste* wählen, werden die Quelldateien von Kompositionen gesammelt, aus denen Sie einen Film für die Ausgabe in der *Renderliste* gespeichert haben.

▶ *Nur Bericht generieren*: Wenn Sie dieses Kontrollkätschen aktivieren, werden keine Dateien gespeichert, nur eine Textdatei mit der Information über die Quelldateien, ihre Größe, die verwendeten Effekte und die benutzten Schriftarten.

▶ *Stellvertretereinstellungen verwenden*: Wenn Sie mit Stellvertretern arbeiten, können Sie diese Option aktivieren; damit werden nur die aktiven Stellvertreter und alle anderen Dateien gespeichert.

▶ *Projekt reduzieren*: Alle nicht verwendeten Dateien werden damit nicht gespeichert.

▶ *Renderausgabe ändern in Ordner*: Alle Quelldateien und die gerendeten Dateien werden in dem hier angegebenen Ordner gespeichert.

▶ *Rendern von Überwachtem Ordner aktivieren*: Wenn Sie aufwendigere Projekte über mehrere Rechner über ein Netzwerk rendern lassen, können Sie diese Option aktivieren. Alle Dateien werden in einem Ordner gespeichert, der für alle Rechner im Netzwerk zugänglich ist.

▶ *Kommentare*: Sie können eigene Kommentare schreiben; diese werden in einer Textdatei namens *Bericht* gespeichert.

Klicken Sie auf die Schaltfläche *Sammeln* und Sie werden aufgefordert, auf einer Festplatte einen Ordner zu bestimmen.

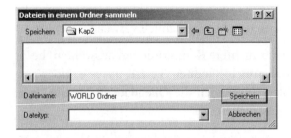

Abb. 2.15: Ordner für die gesammelten Dateien

Wenn Sie auf *Speichern* klicken, werden alle Quelldateien und das Projekt in den gewählten Ordner kopiert.

Abb. 2.16: Projekt und Footage zusammen

After Effects legt das Projekt in den festgelegten Ordner zusammen mit einem anderen Ordner namens *(Footage)*. In diesem Ordner befinden sich alle Quelldateien.

2.6 Importformate

Hier muss man zwischen Standbild-Formaten, Video-Formaten, Audio-Formaten und Programm-Formaten unterscheiden.

Standbild-Formate

Als *Standbild-Formate* gelten Einzelbilder (ohne Animation) oder Grafiken aus Vektorprogrammen.

Einige *Standbild-Formate* besitzen die volle Farbtiefe, entweder 8 bpc (*8 bit per channel*, 8 Bit pro Farbkanal) oder *16 bpc*.

Es besteht die Möglichkeit, Standbild-Formate für Animationen zu verwenden. Viele Programme bieten die Option, Animationen als Sequenz auszugeben, d.h. eine durchnummerierte Reihe von Bildern, z.B. *Glow0000.png, Glow0001.png, Glow0002.png*:

Format	Eigenschaft
*.tga, *.vda, *.icb, *.vst	Targa, Pixelformat mit 24 Bit + Alpha-Kanal
*.tif	TIFF, Pixelformat mit 24 Bit + Alpha-Kanal
*.png	PNG, Pixelformat mit 16 Bit + Alpha-Kanal
*.pct	PICT, Pixelformat mit 24 Bit + Alpha-Kanal
*.pcx	PCX, Pixelformat mit 24 Bit + Alpha-Kanal
*.iff, *.tdi	IFF, Pixelformat mit 24 Bit + Alpha-Kanal
*.pxr	Pixar, Pixelformat mit 24 Bit + Alpha-Kanal
*.flm	Filmstreifen, Pixelformat mit 24 Bit + Alpha-Kanal, nur von Adobe Premiere und Adobe Photoshop
*.psd	Photoshop, Pixelformat mit 24 Bit + Alpha-Kanal, Programmformat
*.bmp, *.rle	BMP, Pixelformat mit 24 Bit
*.jpg, *.jpe	JPEG, Pixelformat mit 24 Bit. Kompressionsformat
*.eps	Generic EPS, Vektorformat
*.ai	Illustrator, Vektorformat, Programmformat
*.gif	GIF, Pixelformat mit 8 Bit

Tab. 2.1: Standbild-Formate beider Versionen

Format	Eigenschaft
*.pdf	Nur die erste Seite des Dokuments wird importiert

Tab. 2.2: Zusätzliches Standbild-Format Version 6.5

Video/Animation-Formate

Format	Eigenschaft
*.mov, *.dv	QuickTime-Film, 24 Bit, Alpha-Kanal und Audio
*.avi, *.wav, *.mpg, *.mpa	Video für Windows, 24 Bit, Alpha-Kanal und Audio
*.rla, *.rpf	RLA/RPF, 24 Bit und 3D-Kamera-Information
*.cin, *.dpx	Cineon, 24 Bit
*.swf	Flash, Vektorformat, unterstützt Pixel und Audio
*.flc, *.fli	FLC/FLI, 8 Bit
*.gif	GIF-Animation, 8 Bit

Tab. 2.3: Video/Animation-Formate in beiden Versionen

Format	Eigenschaft
*.aff	Advance-Authoring-Format
*.omf	Open Media Framework

Tab. 2.4: Zusätzliche Video/Animation-Formate in Version 6.5

Audio-Formate

Manche Video-Formate können auch als Audio-Format verwendet werden.

Format	Eigenschaften
*.aif	AIFF, Standard-Audio-Format für Macintosh-Rechner
*.wav	Wave, Standard-Audio-Format für Windows-Rechner
*.mp3	MP3, Kompressionsformat
*.mov, *.dv	QuickTime-Film, kann auch als Audio-Format benutzt werden
*.avi, *.wav, *.mpg, *.mpa	Video für Windows, kann auch als Audio-Format benutzt werden

Tab. 2.5: Audio-Formate

Programm-Formate

Format	Eigenschaften
*.aep	After-Effects-Projekt
*.psd	Photoshop, als Footage-Element oder als Komposition
*.ma	Maya-Import, Kamera-Daten
*.sgi, *.bw, *.rgb	SGI
*.pic	Softimage PIC, 3D-Bild-Datei
*.ppj	Premiere-Projekt als Komposition
*.ai	Illustrator, als Footage-Element oder als Komposition
*.pdf	Acrobat
*.img, *.ei	Electric Image

Tab. 2.6: Programm-Formate

Footage mit 3D-Information

Der Abstand zwischen 2D- und 3D-Programmen wird immer kleiner; deswegen können typische 2D-Programme wie After Effects inzwischen 3D-Information bearbeiten.

Formate wie RPF sind in der Lage, mehrere Kanäle wie *Z*, *Objekt*, *UV Koordinaten*, und *Transparenz* gleichzeitig zu speichern.

- *Z*: Dieser Kanal informiert über den Abstand des Objekts zur Kamera; damit können Sie Effekte mit Tiefenunschärfe erzielen.

- *Objekt*: Dieser Kanal informiert über Material auf einem Objekt; so können nachträgliche Veränderungen der Materialien vorgenommen werden.

- *UV Koordinaten*: Dieser Kanal informiert über die Koordinaten der Materialien auf den Objekten.

- *Transparenz*: Dieser Kanal informiert über die Durchsichtigkeit der Objekte.

All diese Kanäle können in After Effects benutzt werden, um bestimmte Effekte oder sogar Korrekturen am Bild vorzunehmen. Außerdem können aus der Datei Informationen über die Kamera verwendet werden.

Eines der bekanntesten 3D-Programmen, das in vielen Werbe- und Filmproduktionen dank seiner umfangreichen Modelling- und Animation-Möglichkeiten angewendet wird, ist Maya (mehr Information unter *www.aliaswavefront.com*). Von diesem Programm können Kameradaten importiert werden.

Ein aus Deutschland bekanntes 3D-Programm ist Maxon Cinema 4D (mehr Information unter *www.maxon-computer.com*), besonders sein schneller und genauer Raytracing-Renderer (fotoähnliche Ausgabe von Bildern) hat das Programm sehr bekannt gemacht. Dieses Programm ist in der Lage, eine eigene Projektdatei für After Effects zu speichern. Diese Projektdatei beinhaltet verschiedene 3D-Kanäle wie Umgebung, Punktlicht, Parallellicht, Spotlicht, Kamera und Kamerabewegung.

Footage mit Alpha-Kanal

Um die einzelnen Footage-Elemente auf verschiedenen Ebenen zu kombinieren, können in Adobe After Effects Masken hinzugefügt werden. In der Regel aber werden beim Drehen oder Erstellen des Materials bestimmte Bereiche transparent gemacht. Das geschieht in der Regel mit Hilfe eines *Alpha-Kanals*.

Ein *Alpha-Kanal* ist nichts anderes als ein zusätzlicher Farbkanal mit 256 Graustufen (8 Bit); die schwarzen Bereiche sind transparent und die weißen Bereiche sichtbar, die Graustufen sind halbtransparent. Dieser Alpha-Kanal kann in Standbildern bestimmter Formate gespeichert werden sowie in einigen Animations-Formaten.

Um das Importieren von Footage mit Alpha-Kanal zu üben, öffnen Sie das Projekt *WORLD.aep*.

Im Projekt *WORLD.aep* importieren Sie das *QuickTime Movie WORLD_02.mov*. Dieses *Movie* hat einen Alpha-Kanal, der erst interpretiert werden muss.

Abb. 2.17: Alpha-Kanal interpretieren

Sie haben hier drei Optionen, um den Alpha-Kanal zu interpretieren. In der Regel wissen Sie nicht, wie der Alpha-Kanal gespeichert wurde; deswegen ist es ratsam, auf die Schaltfläche *Ermitteln* zu klicken, um den Alpha-Kanal von After Effects ermitteln zu lassen. Es kommt sehr oft vor, dass After Effects den Alpha-Kanal ignoriert, obwohl er vorhanden ist.

▶ Wenn Sie den *Alpha-Kanal ignorieren*, werden keine Bereiche transparent gezeigt.

▶ Bei *Direkt - ohne Maske* werden nur die äußeren Konturen des Alpha-Kanals berücksichtigt.

▶ Wenn Sie *Integriert - maskiert mit Farbe* wählen, werden die Konturen des Alpha-Kanals plus die Bereiche mit der rechts festgelegten Farbe transparent (maskiert).

▶ Bitte speichern Sie Ihre Arbeit regelmäßig.

Der Kanal für den *QuickTime Movie WORLDp.mov* ist *Integriert - maskiert*.

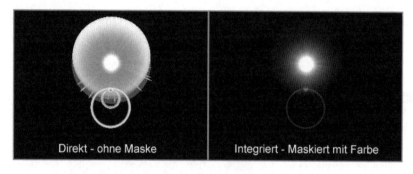

Abb. 2.18: Vergleich zwischen *Direkt* und *Integriert*

Standbild-Sequenz

Eine *Standbild-Sequenz* ist eine Anzahl von zusammenhängenden Bild-Dateien, die zu einer Animation gehören. Jede Datei der Sequenz bekommt eine Zahl am Ende des Namens. Wenn Sie z.B. eine Animation haben, die zwei Sekunden lang ist, haben Sie 50 Bilder bei 25 fps.

Abb. 2.19: Standbild-Sequenz importieren

Beim Importieren einer Standbild-Sequenz brauchen Sie nicht alle Bilder einzeln zu importieren, sondern Sie klicken auf das erste Bild der Sequenz (hier *Glow0000.png*), und das Kontrollkästchen für die Sequenz wird aktiv; Sie brauchen nur das Kontrollkästchen zu aktivieren, indem Sie den Markierungshaken hier vor *PNG Sequenz* setzen.

 HINWEIS Alle Bilder, die zu einer Sequenz gehören, sollten in einem Ordner gespeichert sein, um Probleme mit anderen Standbildern beim Importieren zu vermeiden.

Bevor Sie Standbild-Sequenzen importieren, sollten Sie unter *Bearbeiten / Voreinstellungen / Import...* die Voreinstellungen für den Import von Standbild-Sequenzen festlegen.

Abb. 2.20: Voreinstellungen für das Importieren

Um das Importieren von Standbild-Sequenz zu üben, öffnen Sie das Projekt WORLD.aep.

Importieren Sie die Standbild-Sequenz-Datei *Glow0000.png* im Ordner *Glow* in das Projekt WORLD.aep.

Footage interpretieren

Vorhandene Footage-Elemente könnten beim Importieren falsch interpretiert worden sein, oder durch die Importieren-Voreinstellungen nicht die Einstellungen besitzen, die für Ihr Projekt notwendig sind, wie Framerate oder Pixel-Seitenverhältnis. Einige Einstellungen werden beim Importieren nicht abgefragt, andere dagegen, wie die Festlegung des Alpha-Kanals, können sich beim Importieren als falsch erweisen.

Wählen Sie ein Footage-Element im Projektfenster aus und rufen Sie über *Datei / Footage interpretieren / Footage einstellen...* oder Strg + F das Dialogfenster auf.

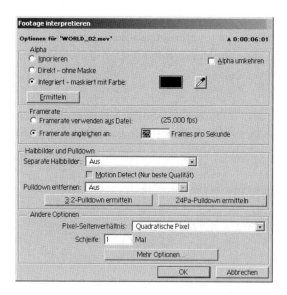

Abb. 2.21: *Footage interpretieren*-Einstellungen

▶ *Alpha*: Die Einstellungen, die beim Importieren gesetzt worden sind, können hier geändert werden.

▶ *Framerate*: Viele Standbild-Sequenzen sind nicht beim Importieren auf die richtige Framerate eingestellt, und dadurch verändert sich ihre Länge. Die Standbild-Sequenz sollte die gleiche Framerate wie Ihr Projekt haben.

▶ *Halbbilder und Pulldown*:

   ▶ Bei Videoaufnahmen besteht ein Vollbild (Frame) aus zwei ineinander verzahnten Halbbildern (*Fields*), die nacheinander das Einzelbild darstellen (*Interlaced*). Die Reihenfolge der Halbbilder (*Field Order, Feld-Dominanz*) spielt bei der Bearbeitung der Sequenz eine nicht zu unterschätzende Rolle. Eine falsche Feldreihenfolge kann beim Abspielen zu einer fehlerhaften Darstellung der sich bewegenden Objekte in der Animation führen. Daher ist bei der Videobearbeitung darauf zu achten, welche Halbbildeinstellungen je nach Ausgabemedium (Fernseher oder Computermonitor) für die einzelnen Filmsequenzen auszuwählen ist. Aus diesem Grund ist es beim Bearbeiten von Video-Footage notwendig, das Trennen von Halbbildern auszuwählen, denn nur so vermeiden Sie unerwünschte Fehler wie das Vertauschen der Halbbilder. After Effects kann somit die höchste Qualität auf jedes halbe Bild beibehalten. Wenn Sie aber Video-Footage im Format D1 und DV importieren, trennt After Effects die Halbbilder automatisch, in der Regel *Unteres Halbbild zuerst*.

   ▶ Wenn Sie Video-Footage mit unterschiedlichen Frameraten haben, können sich Probleme bei der Erstellung des fertigen Filmes ergeben. Wenn Sie z.B. Video-Footage mit 30 fps verwenden, Sie aber einen Film mit 25 fps erstellen wollen. Wenn Sie nicht sicher sind, wie Sie den 3:2-Pulldown ermitteln sollen, klicken Sie einfach auf die Schaltfläche *3:2-Pulldown ermitteln*.

▶ Andere Optionen

▶ *Pixel-Seitenverhältnis*: Durch die unterschiedlichen Hersteller und Aufnahmeverfahren ergeben sich unterschiedliche Breiten, Höhen (Framegrößen) und Pixel-Seitenverhältnisse. Wenn möglich, sollten Sie sich schon bei der Wahl des Video-Footage für ein bestimmtes Format entscheiden; aber in der Regel ist das fast unmöglich, da es einige Video-Footage nur in einem Format gibt. Es ist das Pixel-Seitenverhältnis zu wählen, das man am Ende rendern wird.

▶ *Schleife*: Sie können Video-Footage oder Standbild-Sequenzen in der Komposition als Schleife so oft laufen lassen, wie Sie hier angeben.

2.7 Zusammenarbeit mit anderen Adobe-Programmen

Adobe Photoshop

Beim Importieren von Adobe-Photoshop-Dateien behalten Sie Eigenschaften wie Deckkraft, Transparenz, Ebenenmasken, Ebeneneffekte, Vektormasken und sogar Hilfslinien. Sie haben aber drei Import-Möglichkeiten:

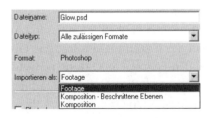

Abb. 2.22: Import einer Photoshop-Datei

▶ Als *Footage* wird die Datei wie jedes Standbild behandelt, mit dem Unterschied, dass Sie entweder die einzelnen Ebenen oder alle Ebenen zusammen importieren. Die Dokumentgröße der Adobe-Photoshop-Datei bleibt erhalten.

▶ Als *Komposition - Beschnittene Ebenen* werden alle Ebenen der Photoshop-Datei in einer Komposition erhalten bleiben und in einem eigenen Ordner gesammelt. Die Breite und Höhe der Komposition sind identisch mit den Abmessungen der Photoshop-Datei. Die einzelnen Ebenen sind aber nur so groß, wie Pixel vorhanden sind, d.h. ohne Transparenz.

▶ Als *Komposition* sind die Einstellungen ähnlich wie vorher, mit dem einzigen Unterschied, dass alle Ebenen so groß sind wie die Komposition.

Das Importieren als *Komposition - Beschnittene Ebenen* oder als *Komposition* bringt auch den Vorteil, dass Sie die Ebeneneffekte von Photoshop mit importieren. Sie können später diese Effekte auf andere Ebenen in der gleichen Komposition oder in anderen Kompositionen kopieren.

> **HINWEIS** Wenn Sie eine Photoshop-Datei als Komposition importieren, werden auch die Hilfslinien in der Komposition mit importiert.

Sie können die drei Möglichkeiten, um Photoshop-Dateien zu importieren, mit dem Projekt *WORLD.aep* selber ausprobieren. Dafür steht schon eine in Photoshop erstellte Datei zur Verfügung.

Für die weiteren Übungen öffnen Sie das Projekt *WORLD.aep* und importieren die Datei *Glow.psd* als Komposition.

Bitte speichern Sie Ihre Arbeit regelmäßig.

Adobe Illustrator

Beim Importieren von Adobe-Illustrator-Dateien bietet After Effects dieselben Möglichkeiten wie bei Adobe Photoshop, der Unterschied bei den Ebenen und/oder der Komposition ist, dass Adobe Illustrator Vektorformen erstellt, was für After Effects bedeutet, dass Bereiche transparent bleiben, in denen keine Vektorform vorhanden ist.

- ▶ Als *Footage* wird die Datei wie jedes Standbild behandelt, mit dem Unterschied, dass Sie entweder die einzelnen Ebenen oder alle Ebenen zusammen als ein Bild importieren. Der Unterschied zu Adobe-Photoshop-Dateien ist, dass die Dokumentgröße nicht berücksichtigt wird, lediglich die Größe der Vektorformen, die Sie in Adobe Illustrator erstellen.

- ▶ Als *Komposition - Beschnittene Ebenen* werden alle Ebenen in der Illustrator-Datei in einer Komposition erhalten bleiben und in einem eigenen Ordner gesammelt. Die Breite und Höhe der Komposition werden nach der größten Vektorform in der Datei festgelegt. Die einzelnen Ebenen sind aber nur so groß wie die größte Vektorform auf der jeweiligen Ebene.

- ▶ Als *Komposition* sind die Einstellungen ähnlich wie vorher, mit dem einzigen Unterschied, dass alle Ebenen so groß sind wie die Komposition.

HINWEIS Ein zusätzlicher Vorteil von Adobe Photoshop und Adobe Illustrator ist, dass Sie Footage-Elemente im Projektfenster auswählen und über *Bearbeiten / Datei extern bearbeiten...* die Dateien im Erstellungsprogramm öffnen, bearbeiten und speichern können. Wenn Sie die Dateien schließen, aktualisiert sie After Effects automatisch.

Um das Ergebnis zu sehen, wenn Sie eine Illustrator-Datei importieren, gehen Sie folgendermaßen vor:

- Erstellen Sie ein neues Projekt.
- Importieren Sie die Datei *the_dark.ai* als Komposition.
- Importieren Sie die Audio-Dateien *2XHIT_A_.AIF, 2XHIT_C_.AIF, 2XHIT_D_AIF, WOLVES3.AIF* und die Standbild-Datei *Wolken.jpg*.
- Speichern Sie das Projekt als *darkside.aep*.

Dieses Projekt werden Sie in anderen Kapiteln weiterbearbeiten.

Adobe Premiere

Beim Importieren von Adobe-Premiere-Projekten bietet After Effects nur eine Möglichkeit an: *Komposition - Beschnittene Ebenen*. Das Premiere-Projekt wird als Komposition importiert und alle Spuren in Adobe Premiere werden als Ebenen in der Zeitleiste in After Effects erscheinen.

Die Länge der einzelnen Ebenen in Adobe Premiere wird beibehalten, genauso wie die *Dehnung* (d.h. die Veränderung der Länge durch Beschleunigen bzw. Verlangsamen des Videos).

Adobe After Effects

Sie können sogar Adobe-After-Effects-Projekte importieren. Das gesamte Projekt wird in einen Ordner gelegt. In den gleichen Ordner werden auch die einzelnen Footage-Elemente sowie alle Kompositionen geladen. In den Kompositionen befinden sich alle Keyframes, Effekte und Veränderungen der einzelnen Ebenen.

Abb. 2.23: Projekt aus einer älteren Version

Beim Importieren von Projekten aus älteren Versionen erscheint ein Dialogfenster, das Ihnen zeigt, aus welcher Version und aus welchem Betriebssystem das Projekt stammt.

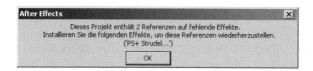

Abb. 2.24: Nicht erkannte Effekte aus anderen Betriebssystemen

Es ist möglich, dass einige Effekte nicht richtig interpretiert werden, besonders wenn das Projekt aus einem anderen Betriebssystem kommt. Das Problem liegt an den deutschen Umlauten von Effektnamen.

Beim Öffnen von Projekten aus älteren Versionen werden Sie gewarnt: Damit das Originalprojekt unverändert bleibt, öffnet After Effects ein Projekt *Ohne Titel*, das Sie speichern müssen, wenn Sie weiterarbeiten wollen.

Abb. 2.25: Projekt aus älteren Versionen in Version 6.5 öffnen

2.8 Zusammenfassung, Fragen und Übungen

Zusammenfassung

▶ Sie können in After Effects fast alle bekannten Standbild- und Video-Formate importieren.

▶ Von jedem Element aus können Sie ein Footage-Fenster öffnen, Sie können an dem Footage aber nichts ändern.

▶ Sie können sogar per Drag&Drop Dateien in After Effects importieren.

▶ Das Importieren von 3D-Formaten eröffnet neue Möglichkeiten, um mit 3D-Programmen zu arbeiten.

▶ Sie können Dateien aus anderen Adobe-Programmen importieren und viele ihre Eigenschaften wie Ebenen oder Effekte übernehmen.

Fragen und Übungen

1. Welche Möglichkeiten bietet das Importieren von Adobe-Photoshop-Dateien?

2. Importieren Sie eine Illustrator-Datei als Komposition.

3. Nennen Sie zwei Standbild-Formate, die Alpha-Kanal speichern.

4. Was ist die Funktion eines Platzhalters?

5. Nennen Sie zwei Audio-Formate, die After Effects unterstützt.

Erste Komposition

Adobe After Effects 6/6.5

3 Erste Komposition

In After Effects von Adobe können Sie zwar nur ein einziges Projekt offen haben, aber so viele und unterschiedliche Kompositionen in einem Projekt erstellen, wie Sie benötigen.

Eine Komposition ist der Teil eines Projekts, in dem Sie die importierten Footage-Elemente für die Erstellung eines Films auf verschiedenen Ebenen stapeln, mit Effekten versehen, mit Masken belegen und selbstverständlich animieren. Wenn Sie mit der Arbeit in der Komposition fertig sind, erstellen Sie einen fertigen Film. Dieser Vorgang heißt Rendern.

Die Anzahl der Ebenen in einer Komposition ist unbegrenzt. Sie können die Ebenen duplizieren, in der Länge unterschiedlich verändern, in der Reihenfolge verschieben und sogar löschen, ohne das Footage-Element zu beeinflussen.

Kompositionen werden in das Projektfenster gelegt, ebenso wie alle importierten Elemente.

Öffnen Sie das Projekt *WORLD.aep*, das Sie im vorherigen Kapitel erstellt und abgespeichert haben.

3.1 Kompositionseinstellung

Unter *Komposition / Neue Komposition* können Sie eine neue Komposition erstellen. Daraufhin öffnet sich das Dialogfenster *Kompositionseinstellungen*.

Registerkarte Einfach

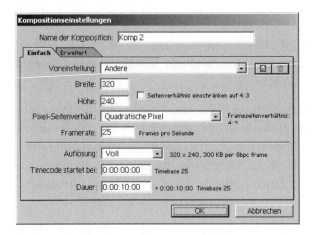

Abb. 3.1: Einstellungen *Einfach*

In den meisten Fällen können Sie mit den Einstellungen auf der Registerkarte *Einfach* alle notwendigen Werte für die zu bearbeitende Komposition treffen.

Im Folgenden werden die möglichen Einstellungen auf der Registerkarte kurz erläutert.

▶ *Voreinstellung:* Hier finden Sie vordefinierte Einstellungen für die gängigsten Fernseh- und Filmauflösungen. Diese Voreinstellungen umfassen sowohl amerikanische als auch europäische Formate.

Sie können selbstverständlich Ihre eigenen Maße eingeben und speichern. Neben dem Voreinstellung-Pulldown-Menü ist ein Speichern-Symbol (Schaltfläche mit einem Diskettensymbol); wenn Sie darauf klicken, werden Sie aufgefordert, für die Voreinstellung einen eigenen Namen zu vergeben. Wenn Sie eine neue Komposition erstellen oder die Einstellungen für eine aktuelle Komposition ändern möchten, können Sie dann Ihre Voreinstellung im Pulldown-Menü und dem vergebenen Speichernamen wieder aufrufen.

Andere

Klein, 160 x 120
Mittel, 320 x 240

NTSC, 640 x 480
NTSC, 648 x 486
NTSC DV, 720 x 480
NTSC DV Widescreen, 720 x 480
NTSC D1, 720 x 486
NTSC D1 Quad. Pixel, 720 x 540
PAL D1/DV, 720 x 576
PAL D1/DV Quad. Pixel, 768 x 576
PAL D1/DV Widescreen, 720 x 576

HDTV, 1280 x 720
D4, 1440 x 1024
Cineon Halb, 1828 x 1332
HDTV, 1920 x 1080
Film (2 KB), 2048 x 1536
D16, 2880 x 2048
Cineon Voll, 3656 x 2664

Abb. 3.2: Vordefinierte Voreinstellungen zur Auswahl als Bildformat

▶ *Breite* und *Höhe*: Wenn Sie eine vordefinierte Einstellung wählen, werden sowohl *Breite* als auch *Höhe* nach den Voreinstellungen eingegeben. Sie können sowohl *Breite* als auch *Höhe* nach Ihren Bedürfnissen definieren.

▶ *Pixel-Seitenverhältnis:* Durch die technischen Beschaffenheiten, wie viele Videoaufnahmegeräte die Bilder einer Animation aufnehmen, werden die einzelnen Pixel entweder quadratisch oder rechteckig aufgenommen. Bis vor einigen Jahren war das Seitenverhältnis 4:3 der Standard, aber nach dem raschen Einzug digitaler Aufnahmegeräte sind neue Frameseitenverhältnisse dazugekommen, unter anderem 16:9 *(Breitwand)* für *HDTV (High Definition Television)*.

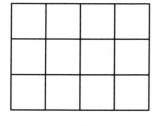 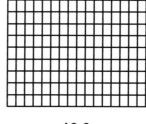

4:3   16:9

Abb. 3.3: 4:3- und 16:9-Frameseitenverhältnis im Vergleich

▶ *Framerate:* Um das Gefühl einer Bewegung zu erzielen, werden die Einzelbilder mit einer bestimmten Geschwindigkeit aufgenommen und danach abgespielt. Jedes Fernsehsystem besitzt eine andere Wiedergabe, z.b. amerikanisch (*NTSC, 29,97 FPS*) und europäisch (*PAL 25 FPS*).

▶ *Auflösung:* Sie können hier die Abmessungen in Pixel angeben, mit der die Komposition ausgegeben (gerendert) wird. Je höher die Auflösung, desto besser die Ausgabequalität. Wenn Sie die Auflösung niedriger setzen, bekommen Sie eine schnellere Vorschau in der Kompositionsansicht.

▶ *Timecode startet bei:* Die Zeit in After Effects, wie in jedem Compositing- oder Videobearbeitungsprogramm, wird standardmäßig im SMPTE-Timecode (Society of Motion Picture and Television Engineers) gemessen, also Stunden, Minuten, Sekunden und Frames (00:00:00:00), das heißt, die kleinste Einheit ist ein Frame. Die Anzahl der Bilder, die in einer Sekunde laufen, werden zu einer Einheit für die Zeitmessung. Im europäischen Fernsehsystem PAL sind es fünfundzwanzig Bilder in der Sekunde, 25 fps.

▶ *Dauer:* Hier können Sie die Länge der Komposition festlegen.

Alle Einstellungen können nachträglich über *Komposition / Kompositionseinstellungen...* verändert werden.

Registerkarte Erweitert

Die zweite Registerkarte, die Sie im Dialogfenster *Kompositionseinstellungen* finden, ist die Karte *Erweitert*. Hier können Sie weitere Einstellungen für den späteren Ablauf der Komposition festlegen.

Abb. 3.4: Kompositionseinstellungen Erweitert

▶ *Anker:* Wenn Sie die Breite und/oder Höhe einer Komposition verändern, können Sie mit *Anker* bestimmen, ob die Veränderung in alle Richtungen gleichmäßig vorgenommen wird oder nur von einer Richtung aus. Wenn Sie z.B. das linke obere Quadrat wählen, wird die Breite nach links und die Höhe nach unten verändert.

▶ *Verschlusswinkel:* Für alle Animationen, die Sie in After Effects erstellen, haben Sie die Möglichkeit, die automatische *Bewegungsunschärfe* des Programms einzuschalten. (Wie der Name schon sagt: Wenn die Bewegung schneller ist, als die Kamera das Bild aufnehmen kann, entstehen unscharfe Bilder.) Die Intensität dieser Bewegungsunschärfe können Sie mit dem Winkelgrad steuern, je höher der Winkelgrad, desto mehr Bewegungsunschärfe bekommen Sie.

▶ *Verschlussphase:* Die Bewegungsunschärfe startet relativ zum Framestart, also zur Animation. Wenn Sie eine andere Zahl als null (0) eingeben (maximal 360), ändern Sie den Beginn der Bewegungsunschärfe relativ zur erstellten Animation.

▶ *Rendering-Zusatzmodul:* After Effects bietet Ihnen die Möglichkeit, *2D-Ebenen* in *3D-Ebenen* zu ändern und selbstverständlich zu ani-

Erste Komposition

mieren. In einer *3D-Umgebung* können Sie Schatten, Glanzlichter und andere Eigenschaften ändern, die Sie normalerweise nur in speziellen *3D-Programmen* einstellen können. *Erweitertes 3D* bietet eine viel genauere, aber dafür rechenintensivere, Berechnungsmöglichkeit für all diese 3D-Eigenschaften als *Standard-3D*, z.B. bessere Schattendarstellung.

▶ *Framerate bei Verschachtelung oder in der Renderliste erhalten / Auflösung bei Verschachtelung erhalten:* Sie können eine Komposition in eine andere einfügen; das wird als *Verschachtelung von Kompositionen* bezeichnet. Jede Komposition hat ihre eigenen Einstellungen; wenn sie aber verschachtelt ist, können die Einstellungen unterschiedlich sein. Wenn Sie jedoch die Framerate beibehalten wollen, können Sie sie hier aktivieren. Das Gleiche gilt für die Auflösung.

> **HINWEIS**
>
> Wenn Sie einen Film über *Komposition / Film erstellen...* erstellen, werden die Einstellungen der aktiven Komposition übernommen, das heißt, Sie sollten nicht allzu große Unterschiede zwischen den verschachtelten Kompositionen und der Hauptkomposition haben, denn dadurch können Fehler entstehen.

Sie können die beiden gespeicherten Projekte *WORLD.aep* und *darkside.aep* öffnen und jeweils eine Komposition erstellen, um das Erstellen von Kompositionen zu üben.

Öffnen Sie das Projekt *WORLD.aep* und erstellen Sie eine neue Komposition.

Komposition / Neue Komposition... – die Kompositionseinstellungen sind:

▶ Name der Komposition: *WORLDp*.

▶ Breite: 320.

▶ Höhe: 240.

- ▶ Pixel-Seitenverhältnis: Quadratische Pixel.
- ▶ Framerate: 25.
- ▶ Auflösung: Voll.
- ▶ Timecode startet bei: 0:00:00:00.
- ▶ Dauer: 0:00:10:00.

Öffnen Sie das Projekt *darkside.aep* und ändern Sie die Kompositionseinstellungen der Komposition namens *the_dark Komp 1*:

- ▶ Name der Komposition: *darkside*.
- ▶ Breite: 320.
- ▶ Höhe: 240.
- ▶ Pixel-Seitenverhältnis: Quadratische Pixel.
- ▶ Framerate: 25.
- ▶ Auflösung: Voll.
- ▶ Timecode startet bei: 0:00:00:00.
- ▶ Dauer: 0:00:10:00.
- ▶ Bitte speichern Sie Ihre Arbeit regelmäßig.

Hintergrundfarbe der Komposition

Die Hintergrundfarbe der Komposition ist die Farbe, die hinter der untersten Ebene zu sehen ist, wenn diese verschoben wird oder transparente Bereiche hat. Diese Farbe kann nicht animiert werden; Sie können die Farbe jederzeit ändern, aber beim Erstellen des fertigen Films wird die letzte Einstellung gezeigt.

In der Regel ist die Farbe einer Komposition Schwarz.

Wenn Sie Kompositionen verschachteln, wird am Ende nur die Hintergrundfarbe der Hauptkomposition wirksam sein; alle anderen Kompositionen sind transparent.

Um die Hintergrundfarbe zu ändern, wählen Sie *Komposition / Hintergrundfarbe*.

Abb. 3.5: Hintergrundfarbe wählen

Klicken Sie auf das farbige Rechteck, um die Farbe zu bestimmen, oder wählen Sie die Pipette und klicken Sie auf eine Farbe auf dem Bildschirm; die Farbe erscheint im farbigen Rechteck, dann klicken Sie auf *OK*.

Die neue Hintergrundfarbe gilt nur für die aktive Komposition, alle vorhandenen Kompositionen behalten ihre Hintergrundfarbe. Alle neuen Kompositionen jedoch übernehmen die neue Hintergrundfarbe.

Kompositionsfenster

Das Kompositionsfenster ist Ihr Arbeitsbereich in After Effects; hier sehen und bearbeiten Sie alle Ebenen, Sie können Masken erstellen, haben eine Vorschau über die gesamte Zeitleiste oder Teile davon und verändern einige Eigenschaften der Ebenen, um Keyframes für die Animationen zu setzen.

Das Kompositionsfenster ist gleichzeitig Ihr Monitor für die Vorschau, um Ihre Arbeit regelmäßig zu kontrollieren.

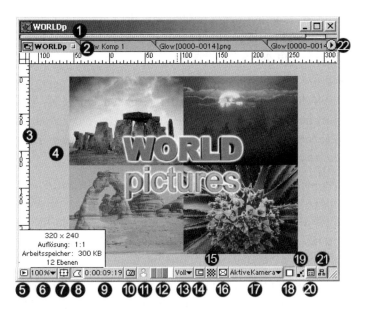

Abb. 3.6: Kompositionsfenster

Das Kompositionsfenster bietet eine ganze Reihe von Steuerelementen:

▶ (1) Titel der Komposition, den Sie in den Kompositionseinstellungen gesetzt haben.

▶ Sowohl das Kompositionsfenster (2) als auch das Ebenenfenster können in der gleichen Ansicht dargestellt werden.

▶ Die Lineale (3) am oberen und linken Rand des Kompositionsfensters helfen Ihnen nicht nur, Ebenen in der Kompositionsansicht richtig auszurichten, sondern auch, um Hilfslinien punktgenau zu platzieren. Die Einheiten der Lineale sind Pixel. Hier sehen Sie auch, wo der *Null-Punkt* (0) beider Lineale ist, das heißt, von diesem Punkt aus sind alle *X-Werte* (horizontal) nach rechts positiv und nach links negativ und alle *Y-Werte* (vertikal) nach unten positiv und nach oben negativ.

▶ Die *Montagefläche* (4) der Komposition ist der Bereich, der über die Breite und Höhe der Komposition hinausgeht. In diesem Bereich sehen Sie alle Begrenzungsfelder der Ebenen, die größer sind als die Komposition oder die außerhalb der Komposition liegen. Die Montagefläche wird nicht gerendert.

- ▶ In Version 6.5 (5) *Diese Ansicht immer in der Vorschau zeigen:* Sie können durch diese Schaltfläche nur die aktuelle Ansicht als Vorschau bestimmen. Diese Schaltfläche kann nur in einer Ansicht aktiv sein; sobald Sie sie also in einer anderen Ansicht aktivieren, wird sie bei der vorigen ausgeschaltet.

- ▶ Die Ansicht kann mit Hilfe des *Einblendmenüs Zoomstufen* (6) vergrößert oder verkleinert werden. Wenn Sie [Alt] gleichzeitig drükken, sehen Sie Informationen über die Komposition. Die festgelegten Werte sind: 1,5%, 3,10%, 6,25%, 12,50%, 25%, 50%, 100%, 200%, 400%, 800%, 1600%, 3200% und 6400%.

- ▶ *Sicherer Titelbereich* (7) schaltet die Begrenzungsrahmen für *titelsichere* und *aktionssichere* Bereiche im Kompositionsfenster an. Die Bilder auf Fernsehbildschirmen werden meistens vergrößert und dadurch gehen Bildteile am Rand verloren. Dieser Verlust wird als *Overscan* bezeichnet und ist von Hersteller zu Hersteller unterschiedlich. Wenn Sie wichtige Bildinformation oder Texte innerhalb des sicheren Titelbereiches halten, werden sie bei jedem Fernsehbildschirm immer sichtbar.

- ▶ Mit Hilfe von *Masken* können Sie Bereiche einer Ebene sichtbar bzw. unsichtbar machen. Die Anzeige dieser Masken kann mit *Masken anzeigen* (8) aktiviert oder deaktiviert werden.

- ▶ Diese Schaltfläche (9) zeigt den *Aktuellen Zeitpunkt* an. Das ist auch gleichzeitig die Position der Zeitmarke bzw. der aktuelle Frame. Wenn Sie darauf klicken, können Sie bestimmen, zu welchem Zeitpunkt Sie gehen wollen. Im erscheinenden Dialogfenster geben Sie die Zeit ein.

Abb. 3.7: Aktueller Zeitpunkt

▶ Sie können einen *Schnappschuss* (10) vom aktuellen Bild machen und anzeigen lassen (*Letzten Schnappschuss einblenden* (11)). Dieser Schnappschuss kann nur innerhalb der aktuellen Komposition angezeigt werden. Es wird nirgendwo gespeichert.

▶ Jedes Bild in After Effects besteht aus drei Farbkanälen (12) *Rot*, *Grün* und *Blau*, und außerdem einem *Alpha-Kanal*. Diese Kanäle können einzeln eingeschaltet werden.

▶ Die Auflösung, die Sie in den Kompositionseinstellungen gesetzt haben, kann mit *Auflösung/Verkleinerungsfaktor* (13) für eine schnellere Darstellung der Komposition verändert werden.

▶ Bei datenintensiven Kompositionen (z.B. durch eine sehr hohe Anzahl von Ebenen oder eine zu lange Komposition) kann die RAM-Vorschau nicht die gesamte Länge der Komposition abspielen. Mit *Relevante Region* (14) können Sie den Bereich für die Vorschau begrenzen. Sie brauchen nur das erscheinende Rechteck auf die gewünschte Größe zu ziehen und auf die Zielposition zu setzen.

▶ Wenn Sie Ebenen mit Alpha-Kanal oder mit Masken für bestimmte Bereiche haben, sehen Sie oft nicht den Unterschied zwischen den transparenten Bereichen und der schwarzen Umgebung, denn normalerweise sehen Sie die Hintergrundfarbe (standardmäßig schwarz) in der Komposition. Wenn Sie *Transparenzraster aktivieren/deaktivieren* (15) anklicken, können Sie die Hintergrundfarbe ausschalten und stattdessen ein kariertes Muster einblenden. Das karierte Muster wird beim Rendern nicht dargestellt.

▶ Nur in der Version 6: Die Kompositionsansicht kann in zwei Modi angezeigt werden: *Normalsicht* und *Drahtgitter* (nur die Konturen der einzelnen Ebenen). Mit *Ebenen-Drahtgitter* (16) können Sie auf Drahtgitter-Modus für schnellere Vorschau umschalten.

▶ Sobald Sie eine 2D-Ebene in eine 3D-Ebene umwandeln oder eine Kamera und/oder ein Licht neu einsetzen, wird die Möglichkeit aktiv, die Kompositionsansicht aus verschiedenen Perspektiven zu betrachten – *Popup: 3D-Ansichten* (17): Aktive Kamera, Vorne, Links, Oben, Hinten, Rechts, Unten, Eigene Ansicht 1, Eigene Ansicht 2, Eigene Ansicht 3.

▶ Schalten Sie *Pixel-Seitenverhältnis-Korrektur aktivieren/deaktivieren* (18) an, wenn Sie Bilder mit unterschiedlichen Pixel-Seitenverhältnissen stauchen oder dehnen wollen, um alle Ebenen auf die aktuelle Ansicht der Kompositionsfenster anzupassen.

▶ Die *Dynamische Vorschau-Beschleunigung* (19) bietet Ihnen die Möglichkeit, die Vorschau mit Hilfe einer OpenGL-Grafikkarte zu beschleunigen. Wenn Sie eine Grafikkarte mit OpenGL ab Version 1.2 haben, wird After Effects die Möglichkeit im Pulldown-Menü aktiv haben, ansonsten ist diese Variante grau dargestellt und somit deaktiviert.

▶ Mit (20) bringen Sie die Zeitleiste der aktuellen Komposition in den Vordergrund.

▶ Mit (21) öffnen Sie das *Kompositions-Flussdiagramm*. Dieses Diagramm zeigt eine bessere Darstellung der einzelnen Ebenen in der Komposition, wie sie geordnet sind, welche Effekte sie haben, welche Art die Footage-Elemente besitzen, welches Etikett sie haben und noch einige andere Eigenschaften.

▶ Mit (22) können Sie die Optionen für das Kompositionsfenster öffnen.

Mehrere Kompositionsansichten öffnen

Falls Sie mehr als ein Kompositionsfenster brauchen, können Sie mit mehr als einem arbeiten, z.b. ist es für die Arbeit mit 3D-Ebenen und Kameras sehr hilfreich, die Ebenen aus verschiedenen Perspektiven zu betrachten. Unter *Fenster / Arbeitsbereich* bietet Ihnen After Effects drei Arbeitsbereich-Optionen: eine Kompositionsansicht, zwei Kompositionsansichten und vier Kompositionsansichten. Standard ist eine Kompositionsansicht.

Zwei Kompositionsansichten   Vier Kompositionsansichten

Abb. 3.8: Mehrere Kompositionsansichten

Neue Ansichten

Sie können mehrere Ansichten der Komposition über *Ansicht / Neue Ansicht* öffnen. Der Unterschied zu zwei oder vier Kompositionsansichten über das Fenster-Menü ist, dass das neue Kompositionsansichtsfenster genau so groß ist wie die aktuelle Ansicht und darüber gelegt wird, außerdem können Sie mehr als vier Ansichten gleichzeitig öffnen.

Farbe der Montagefläche ändern (Version 6)

Die Farbe für die Montageflache ist standardmäßig Grau mit einem Wert von Rot 191, Grün 191 und Blau 191. Wenn Sie die Farbe der Montagefläche ändern wollen, wählen Sie *Bearbeiten / Voreinstellungen / Anzeige*.

Abb. 3.9: Farbe für die Montagefläche

 Die Farbe der Montagefläche gilt für alle Kompositionen, Ebenenfenster und Footage-Fenster.

Farbe der Montagefläche ändern (Version 6.5)

Die Farbe für die Montagflache ist standardmäßig Grau mit einem Wert von Rot 191, Grün 191 und Blau 191. Wenn Sie die Farbe der Montagefläche ändern wollen, wählen Sie *Bearbeiten / Voreinstellungen / GUI-Farben*.

Abb. 3.10: Farbe für die Montagefläche

 Die Farbe der Montagefläche gilt für alle Kompositionen, Ebenenfenster und Footage-Fenster.

Flussdiagrammansicht

Die Flussdiagrammansicht ist eine detaillierte Darstellung der Zeitleiste der aktuellen Komposition, denn hier werden alle Ebenen gezeigt – jedoch ohne das Zeitlineal.

Sie können die Flussdiagrammansicht über *Komposition / Kompositions-Flussdiagrammansicht*, [Strg] + [⇧] + [F11] oder die Schaltfläche im Kompositionsfenster aufrufen.

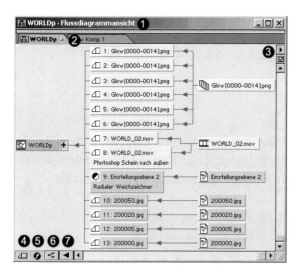

Abb. 3.11: **Flussdiagrammansicht mit Flussrichtung rechts nach links**

▶ (1) Name der aktuellen Komposition.

▶ Registerkarte (2) für alle aktiven Flussdiagrammansichten. Sie müssen nur auf den Namen klicken, und die Ansicht wird aktiv.

▶ *Anzeigeoptionen* (3): Alle vorher erwähnten Optionen können hier gewählt werden, zusätzlich können Sie sortieren, um alle verschobenen Elemente wieder zu ordnen. Auch die Ausrichtung *Linksbündig, Mitte-Linksbündig, Zentriert, Mitte-Rechtsbündig* und *Rechtsbündig* kann hier gewählt werden.

▶ *Ebenen einblenden* (4): Um die Information über alle Ebenen zu bekommen, z.b. werden damit alle duplizierten Ebenen oder Einstellungsebenen gezeigt.

▶ *Effekte einblenden* (5): Alle Effekte auf der entsprechenden Ebenen werden damit aufgelistet.

▶ (6) Die Verbindung zwischen den einzelnen Elementen im Flussdiagramm kann mit geraden oder mit schrägen Linien dargestellt werden.

▶ *Flussrichtung* (7): Die Richtung des Diagramms kann von *Rechts nach links*, von *Links nach rechts*, von *Oben nach unten* und von *Unten nach oben* angezeigt werden.

Zeitleiste

Die Zeitleiste, die Sie in der Regel am unteren Rand der Arbeitsoberfläche von Adobe After Effects finden, zeigt Ihnen den zeitlichen Verlauf der einzelnen Ebenen bei der aktuell gewählten Komposition an.

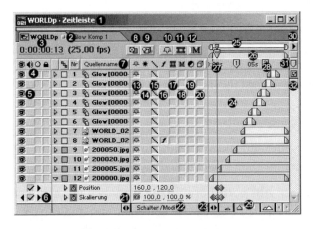

Abb. 3.12: Zeitleiste der Komposition WORLDp

Die Zeitleiste unterteilt sich in Spalten, die nach Belieben ein- bzw. ausgeblendet werden.

- (1) Name der Komposition.
- (2) *Registerkarte* der aktiven Komposition; andere Kompositionen bleiben im Hintergrund und können mit einem einfachen Klick hervorgehoben werden. Das Kompositionsfenster für die entsprechende Zeitleiste wird automatisch gezeigt.
- (3) *Aktueller Zeitpunkt*. Um den Zeitpunkt zu ändern, können Sie auf die Zahl 0:00:00:00 klicken oder die Position der *Zeitmarke* (27) selbst ändern; Sie können auch *Ansicht / Gehe zu Zeitpunkt...* wählen oder [Strg] + [G] drücken, und das Dialogfenster öffnet sich.

Abb. 3.13: Dialogfenster für Zeitpunkt-Änderung

- (4) Spalte für *A/V-Funktionen*.
- (5) Ebenenliste.
- (6) *Keyframe-Navigator*.
- (7) *Quellenname / Ebenenname* auf dem *Ebenenschalter*.
- Version 6 (8) *Dynamische Vorschau* deaktivieren.
- Version 6.5 (8) *Live-Update*: deaktivieren.
- (9) *3D-Entwurf*: In diesem Modus werden sämtliche Lichter und Schatten deaktiviert, die auf 3D-Ebenen fallen. Darüber hinaus wird die durch die Tiefenschärfe verursachte Unschärfe der Kamera deaktiviert.

Erste Komposition

- *Ebenen tarnen* (10) schaltet das Ausblenden für alle Ebenen ein.
- (11) *Frame-Überblendung.*
- (12) *Bewegungsunschärfe.*
- Alle Ebenen, die das *Tarnen* (13) aktiv haben, werden von der Ebenenliste ausgeblendet, wenn Sie *Tarnen für alle Ebenen* (10) gleichzeitig einschalten. Um Platz in der Zeitleiste zu schaffen, aktivieren Sie das Tarnen. Alle getarnten Ebenen sind weiterhin im Kompositionsfenster sichtbar.
- Die Schaltfläche *Optimieren / Transformationen falten* (14) hat zwei verschiedene Funktionen. Einerseits wirkt *Optimieren* auf Ebenen, deren Quelle Footage-Elemente aus Programmen wie Adobe Illustrator oder Macromedia FreeHand ist; die Ebene wird bei jedem Frame neu gerastert, also optimiert. Andererseits wirkt *Transformationen falten* auf Ebenen, deren Quelle eine andere Komposition ist (Verschachtelung); die Anzeige wird im Kompositionsfenster verbessert und die Renderzeiten werden verkürzt.
- Die *Qualität* (15) der Darstellung im Kompositionsfenster kann hier für jede Ebene festgelegt werden. Zu beachten ist nur, je besser die Qualität, desto langsamer der Bildaufbau, besonders bei der Vorschau ist das deutlich zu sehen.
- Sobald Sie einer Ebene einen *Effekt* (16) zuweisen, schaltet sich dieses *Kontrollkästchen* ein. Das gibt dem Anwender den Hinweis über vorhandene Effekte auf dieser Ebene. Falls Sie die Effekte auf dieser Ebene ausschalten wollen, brauchen Sie nur dieses *Kontrollkästchen* anzuklicken.
- Auf Ebenen mit Video-Daten, bei denen die Framerate des Videos nicht mit der Framerate der Komposition übereinstimmt, können Sie mit diesem Kontrollkästchen die *Frame-Überblendung* (17) einschalten. Damit werden die Frames angepasst.
- Mit diesem Kontrollkästchen (18) schalten Sie die Bewegungsunschärfe für diese Ebene ein. Die Bewegungsunschärfe für alle

Ebenen wirkt nur im Zusammenhang mit dieser (12) aktiven Option.

▶ Mit (19) verwandeln Sie die Ebene in eine *Einstellungsebene*. Das heißt, alle Effekte, die Sie auf dieser Einstellungsebene anwenden, wirken auf alle darunter liegenden Ebenen.

▶ Um eine 2D-Ebene in eine 3D-Ebene zu verwandeln, aktivieren Sie dieses (20) Kontrollkästchen.

▶ Mit (21) können Sie den *Ebenenschalter* (7) ein- oder ausklappen.

▶ Mit *Schalter/Modi* (22) schalten Sie zwischen Ebenenschalter und Ebenenmodi um. In Ebenenschalter haben Sie die Kontrollkästchen von (13) bis (20). In Ebenenmodi können Sie wählen, in welchem Modus sich die aktive Ebene mit der darunter liegenden farblich mischt. Sie können auch bestimmen, ob die ausgewählte Ebene die darüber liegende Ebene als Maske verwendet (*BewMas*) und ob *Transparenz erhalten* (*T*) aktiv oder inaktiv bleibt. Damit legen Sie fest, dass nur die deckenden Bereiche der darüber liegenden Ebene in nicht transparente Bereiche der aktiven Ebene wirken.

Abb. 3.14: Modi

▶ Mit (23) können Sie die *In/Out-Tabelle* ein- oder ausklappen. Die In-Tabelle gibt die genaue Zeit an, wann die Ebene anfängt, die *Out-Tabelle* die genaue Zeit, wann die Ebene endet, die *Dauer-Ta-*

belle liefert die genaue Länge der Ebene und die *Dehnung-Tabelle* die Länge der Ebene in Prozent. Damit kann man in einer Ebene z.B. ein Video verkürzen (kleinere Werte als 100%) oder verlängern (größere Werte als 100%).

In	Out	Dauer	Dehnung
0:00:07:06	0:00:07:20	0:00:00:15	100,0%
0:00:06:16	0:00:07:05	0:00:00:15	100,0%
0:00:06:01	0:00:06:15	0:00:00:15	100,0%
0:00:05:12	0:00:06:01	0:00:00:15	100,0%
0:00:04:22	0:00:05:11	0:00:00:15	100,0%
0:00:04:07	0:00:04:21	0:00:00:15	100,0%
0:00:03:24	0:00:09:24	0:00:06:01	100,0%
0:00:03:24	0:00:09:24	0:00:06:01	100,0%
0:00:03:00	0:00:12:24	0:00:10:00	100,0%
0:00:02:00	0:00:11:24	0:00:10:00	100,0%
0:00:01:00	0:00:10:24	0:00:10:00	100,0%
0:00:00:00	0:00:09:24	0:00:10:00	100,0%

Abb. 3.15: In/Out-Tabelle

▶ *Das Zeitdiagramm* (24): Hier wird in Form von Balken die Dauer jeder Ebene angezeigt. Die Marken jeder Ebene können hier manuell verschoben werden; damit ändern Sie auch die Dauer der Ebene. Die Farbe der Balken wird vom Etikett des Footage-Elements vergeben.

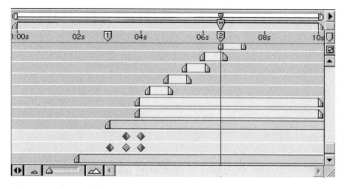

Abb. 3.16: Zeitdiagramm

▶ *Ansichtsbereich* (25): Die Dauer der Komposition wird hier dargestellt; Sie können bestimmte Bereiche vergrößern, indem Sie die Marken enger zusammenziehen.

▶ Der *Arbeitsbereich* (26) bestimmt sowohl die Länge der Vorschau als auch die Länge des Films, den Sie am Ende rendern. Um den Arbeitsbereich zu ändern, verschieben Sie die rechte und linke Marke.

▶ Die *Zeitmarke* (27) zeigt den aktuellen Frame im Kompositionsfester. Diese kann manuell oder durch Klicken im *Aktuellen Zeitpunkt* (3) verschoben werden.

▶ Das (28) *Zeitlineal* passt sich der Länge der Komposition oder des Ansichtsbereichs (25) an. Die Unterteilungen werden nach der Timecodebasis verteilt.

▶ (29) *Auszoomen* oder *Einzoomen* des Zeitdiagramms: Sie können bis auf einzelne Frames einzoomen.

▶ Unter den Schnittfenster-Optionen (30) für die Zeitleiste finden Sie:

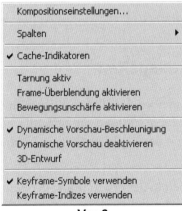
Ver 6

Ver 6.5

Abb. 3.17: Schnittfenster-Optionen

- *Kompositionseinstellungen... .*
- *Spalten.*
- *Cache-Indikatoren*: Wenn Sie eine Vorschau erstellen, werden Bilder und Audio in den Arbeitsspeicher geladen; Sie sehen mit Grün markiert über dem Zeitlineal die Cache-Indikatoren von geladenen Bildern.
- (10) *Tarnung aktiv.*
- (11) *Frame-Überblendung aktivieren.*
- (12) *Bewegungsunschärfe aktivieren.*
- Version 6 (8) *Dynamische Vorschau-Beschleunigung.*
- Version 6.5 (8) *Live-Update.*
- (9) *3D-Entwurf.*
- *Keyframe-Symbole verwenden*: Hiermit werden alle Keyframes als Symbol dargestellt.
- *Keyframe-Indizes verwenden*: Hiermit werden alle Keyframes als Zahl von links nach rechts durchnummeriert angezeigt.
- Mit (31) aktivieren Sie das Kompositionsfenster.

Standardsteuerelemente und -spalten

Alle Spalten können ein- oder ausgeblendet werden. Durch Klicken mit der rechten Maustaste auf eine der Spalten oder auf die Schaltfläche *Schnittfenster-Optionen* am rechten Rand der Zeitleiste können Sie die Spalten ein- oder ausblenden.

Zu den Standardsteuerelementen, die sich in der ersten Spalte der Zeitleiste am linken Rand befinden, gehören die A/V-Funktionen.

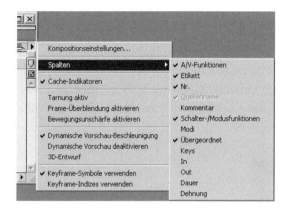

Abb. 3.18: Die Standardsteuerelemente sind beim Programmstart aktiv

Abb. 3.19: A/V-Funktionen in der ersten Spalte

▶ Mit *Video* (1) können Sie die Ansicht jeder Ebene ein- oder ausschalten. Ausgeschaltete Ebenen werden nicht gerendert. Sie können einige Ebenen unsichtbar machen, damit Sie die Wirkung der sichtbaren Ebenen untereinander sehen können.

▶ Mit *Audio* (2) können Sie den Ton bei Ebenen mit Audio ein- oder ausschalten. Ausgeschaltete Ebenen werden nicht gerendert.

▶ Wenn Sie *Solo* (3) in einer Ebene anklicken, werden alle anderen Ebenen unsichtbar; damit können Sie konzentriert an einer Ebene arbeiten.

▶ Wenn Sie *Schützen* (4) aktivieren, können Sie diese Ebene nicht mehr auswählen und selbstverständlich nicht bearbeiten.

In der zweiten Spalte der Zeitleiste befindet sich die Etikettzuordnung: Jedes Footage-Element bekommt, wie schon erwähnt, automatisch beim Importieren ein Etikett nach den Standardvoreinstellungen. Die Spalte für Etiketten in der Zeitleiste kann ebenfalls ein- oder ausgeblendet werden. Sie können die Einstellungen in den Programmvoreinstellungen über *Bearbeiten / Voreinstellungen / Standardetiketten* verändern.

Abb. 3.20: Voreinstellungen für Standardetiketten

▶ *Nr.*: Jede Ebene in der Zeitleite wird von oben nach unten durchnummeriert. Wenn Sie eine Ebene in der Reihenfolge verschieben, werden die Nummern angepasst.

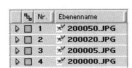

Abb. 3.21: Spalten-Nr.

▶ *Schalter-/Modusfunktionen*: Diese Spalte mit doppelter Funktion ist standardmäßig neben der Quellennamen-Spalte.

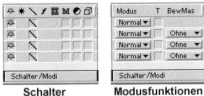

Schalter   **Modusfunktionen**

Abb. 3.22: Schalter-/Modusfunktionen

Sie können alle Spalten bis auf die Quellennamen-Spalte ausblenden und wieder einblenden, entweder über die Optionen der Zeitleiste oder mit der rechten Maustaste.

Abb. 3.23: Ausblenden mit der rechten Maustaste

Optionale Spalten

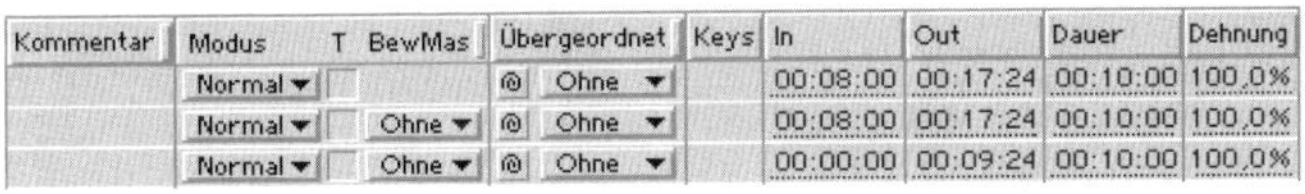

Abb. 3.24: Optionale Spalten

▶ *Kommentar*: In dieser Spalte können Sie einen Kommentar eingeben.

▶ *Modi*: Zusätzlich zu der Schalter-Spalte können Sie die Modi-Spalte extra einblenden.

▶ *Übergeordnet*: In dieser Spalte können Sie eine Ebene von einer anderen abhängig machen; dazu ziehen Sie das Symbol einer Ebene in den Namen der anderen. Alle Eigenschaften bis auf Transparenz werden von der übergeordneten auf die untergeordnete übertragen.

- *Keys*: In den A/V-Funktionen ist standardmäßig der Keyframe-Navigator aktiv. Diese Spalte kann aber extra eingeblendet werden. Mit dem Keyframe-Navigator können Sie direkt von einem Key zum anderen gehen.
- *In*: Spalte für den In-Point der Ebenen.
- *Out*: Spalte für den Out-Point der Ebenen.
- *Dauer*: Spalte für die Dauer der Ebenen.
- *Dehnung*: Spalte für die Dehnung der Ebenen.

3.2 Das Zeitdiagramm

Das Zeitdiagramm ist die grafische Darstellung für die Veränderungen im Kompositionsfenster der einzelnen Ebenen in der festgelegten Dauer in den Kompositionseinstellungen. Hier können Sie Veränderungen für jede Ebene manuell vornehmen.

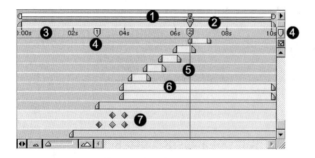

Abb. 3.25: Zeitdiagramm in der Zeitleiste

Im Folgenden werden die einzelnen Regelmöglichkeiten des Zeitdiagramms erläutert.

- Der *Ansichtsbereich* (1) wird durch den oberen weißen Balken bestimmt. Wenn der Balken so lang wie das Zeitdiagramm ist, sind alle Ebenen in ihrer gesamten Länge sichtbar. Wenn Sie einen bestimmten Bereich in der Ansicht vergrößern wollen, können Sie die rechte und die linke Marke auf den gewünschten Bereich setzen. Der Ansichtsbereich wird auch durch das Einzoomen oder Auszoomen im Zeitdiagramm beeinflusst und umgekehrt.

▶ Der *Arbeitsbereich* (2) der Komposition bestimmt, wie lange die RAM-Vorschau dauert und welcher Teil der Komposition gerendert wird. Sie brauchen nur die rechte und die linke Marke des grauen Balkens auf den gewünschten Bereich zu setzen.

▶ Das *Zeitlineal* (3) stellt die Zeitunterteilungen in der entsprechenden Timecodebasis dar, die Sie in den Projekteinstellungen gesetzt haben. Bei der Timecodebasis 25 fps wird die kleinste Einheit ein Frame von fünfundzwanzig sein, die nächsten Unterteilungen werden Sekunden sein, die nächsten Minuten usw., abhängig davon, wie lang die Komposition ist. Im Projekt *WORLD.aep* ist die Timecodebasis 25 fps. Je mehr Sie einen Bereich einzoomen, desto deutlicher werden die kleinsten Einheiten, also Frames, sichtbar und je mehr Sie auszoomen, desto größere Unterteilungen werden dargestellt. Sie können aber trotzdem die Ebenen Frame für Frame bearbeiten.

▶ Wenn Sie in einer Komposition öfter zu bestimmten Frames gehen, bietet After Effects die Möglichkeit, bis zu zehn *Kompositionsmarken* (4) zu setzen. Um die Zeitmarke auf eine Kompositionsmarke zu verschieben, drücken Sie die entsprechende Zahl auf der Haupttastatur.

▶ Die *Zeitmarke* (5) zeigt den aktuellen Zeitpunkt der Komposition an. Sie können die Zeitmarke manuell verschieben oder den aktuellen Zeitpunkt über *Ansicht / Gehe zu Zeitpunkt...* verändern, um zu einem genauen Frame zu gehen. Sie können auch mit der Maus auf *Aktueller Zeitpunkt* klicken und eine numerische Eingabe vornehmen.

▶ Jedes Footage-Element, das Sie in einer Komposition einsetzen, wird zur Ebene. Bei Standbildern wird der *Zeitbalken für die Ebene*

(6) genau so lang wie die Komposition selbst, bei Video-Daten ist der Zeitbalken nur so lang wie das Video usw. Jeder Zeitbalken hat eine *In-Point-Marke* auf der rechten Seite und eine *Out-Point-Marke* auf der linken Seite. Beim Verschieben der Marken können Sie die Länge der Ebene in der Komposition bestimmen. Bei Video- und Audio-Daten kann man den Balken nicht manuell länger machen, Sie können aber durch die Dehnung über *Ebene / Zeitdehnung...* die Länge verändern.

▶ Alle Eigenschaften und/oder Effekte, die Sie in After Effects animieren, bekommen bei jeder Veränderung *Keyframes* (7). Diese Keyframes werden im Zeitdiagramm als Raute oder als Quadrat mit einer Zahl innen (in Zeitfenster-Optionen einzustellen) dargestellt.

3.3 Footage-Elemente in die Komposition ziehen

Um Footage-Elemente in eine Komposition zu bekommen, können Sie:

▶ Das Footage-Element in das Kompositionsfenster ziehen. Sobald Sie das Footage-Element in die Komposition ziehen, wird dieses zu einer Ebene. Die Position der Ebene wird manuell bestimmt. Die Ebene ist die erste in der Reihenfolge der Zeitleiste.

▶ Das Footage-Element in die Zeitleiste ziehen. Die Ebene ist automatisch in der Mitte der Komposition, die Reihenfolge der Ebenen kann beim Ziehen gewählt werden.

▶ Das Footage-Element in das Kompositionssymbol im Projektfenster ziehen. Die Ebene ist automatisch in der Mitte der Komposition, die Ebene ist die erste in der Reihenfolge der Zeitleiste.

Ab welchem Zeitpunkt die Ebene in der Zeitleiste startet, hängt von der Position der Zeitmarke ab. Dieses soll an einem praktischen Beispiel kurz erklärt werden.

Bevor Sie mit den Animationen im Projekt WORLD.aep der Ebenen im Kapitel *Animation* anfangen können, brauchen Sie die Ebenen in der Komposition. Hier werden Sie das Ziehen der Footage-Elemente zu einem bestimmten Zeitpunkt in die Zeitleiste üben.

Öffnen Sie das Projekt WORLD.aep, wobei Sie aus diesem Projekt die Komposition WORLDp öffnen.

▶ Gehen Sie zum Zeitpunkt 0:00:00:00.

▶ Ziehen Sie das Footage-Element *200000.jpg* in die Zeitleiste.

▶ Gehen Sie zum Zeitpunkt 0:00:01:00.

▶ Ziehen Sie das Footage-Element *200005.jpg* in die Zeitleiste.

▶ Gehen Sie zum Zeitpunkt 0:00:02:00.

▶ Ziehen Sie das Footage-Element *200020.jpg* in die Zeitleiste.

▶ Gehen Sie zum Zeitpunkt 0:00:03:00.

▶ Ziehen Sie das Footage-Element *200050.jpg* in die Zeitleiste.

▶ Gehen Sie zum Zeitpunkt 0:00:03:24.

▶ Ziehen Sie das Footage-Element *WORLD_02.mov* in die Zeitleiste.

▶ Wählen Sie die Ebene *WORLD_02.mov* und duplizieren Sie über *Bearbeiten / Duplizieren* oder drücken Sie Strg + A.

▶ Gehen Sie zum Zeitpunkt 0:00:04:07.

▶ Ziehen Sie das Footage-Element *Glow[0000–00014].png* in die Zeitleiste.

▶ Gehen Sie zum Zeitpunkt 0:00:04:22.

▶ Ziehen Sie das Footage-Element *Glow[0000–00014].png* in die Zeitleiste.

▶ Gehen Sie zum Zeitpunkt 0:00:05:12.

▶ Ziehen Sie das Footage-Element *Glow[0000–00014].png* in die Zeitleiste.

▶ Gehen Sie zum Zeitpunkt 0:00:06:01.

▶ Ziehen Sie das Footage-Element *Glow[0000–00014].png* in die Zeitleiste.

▶ Gehen Sie zum Zeitpunkt 0:00:06:16.

▶ Ziehen Sie das Footage-Element *Glow[0000–00014].png* in die Zeitleiste.

▶ Gehen Sie zum Zeitpunkt 0:00:07:06.

▶ Ziehen Sie das Footage-Element *Glow[0000–00014].png* in die Zeitleiste.

▶ Bitte speichern Sie Ihre Arbeit regelmäßig.

Footage im Projektfenster organisieren

Ungenutztes Footage entfernen

Im Laufe eines Projekts importieren Sie Footage-Elemente, die Sie für den endgültigen Film manchmal nicht mehr brauchen. Sogar einige Farbflächen, die auch als Footage-Element gelten, werden nicht immer gebraucht.

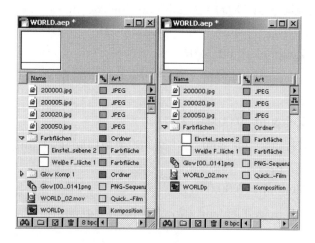

Abb. 3.26: Projektfenster links vor und rechts nach dem Entfernen

Aktivieren Sie das Projektfenster, indem Sie mit der Maus einmal die Titelleiste anklicken, und wählen Sie aus dem Menü Datei / Ungenutztes Footage entfernen. After Effects zeigt danach eine Warnung und alle Footage-Elemente, die sich in keiner Komposition befinden, werden entfernt.

Abb. 3.27: Warnung für die entfernten Footage-Elemente

Projekt reduzieren

Mit Projekt reduzieren können Sie eine Komposition auswählen und alle Elemente, die in dieser Komposition nicht verwendet werden, und sogar andere Kompositionen löschen. Wenn Sie eine Komposition auswählen, in die eine andere Komposition verschachtelt ist, werden die Elemente der verschachtelten Komposition nicht gelöscht. Wählen Sie Datei / Projekt reduzieren, um den Vorgang durchzuführen.

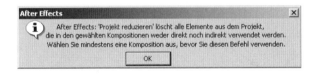

Abb. 3.28: Warnung vor dem Reduzieren

Komplettes Footage konsolidieren

Falls Sie bestimmte Footage-Elemente mehrfach importiert haben, werden diese zwei- oder mehrfach im Projektfenster zu sehen sein; wenn Sie aber diese bestimmten Elemente nicht mehrfach, sondern nur einmal brauchen, können Sie über *Datei / Komplettes Footage konsolidieren* die nicht benötigten Elemente entfernen.

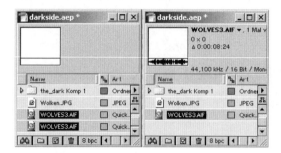

Abb. 3.29: Doppelte Footage-Elemente

3.4 Kompositionen verschachteln

Bei umfangreicheren Projekten bietet es sich an, nicht alles in einer Komposition zu erstellen, denn so würden Sie den Überblick schnell verlieren. Es ist empfehlenswert, mehrere Kompositionen zu erstellen und diese miteinander zu verschachteln.

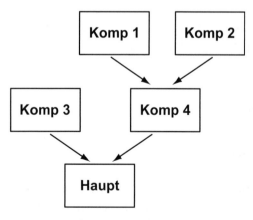

Abb. 3.30: Aufstellung für die Verschachtelung von Kompositionen

Selbstverständlich sollten Sie sich überlegen, welche Komposition in eine andere verschachtelt wird. Beachten Sie, dass der fertige Film aus nur einer Komposition erstellt wird, diese wird hier Hauptkomposition genannt.

In diesem Abschnitt werden wir nur die Verschachtelung der Kompositionen erstellen, nicht die Animation der einzelnen Kompositionen, denn ein guter Grund, Kompositionen miteinander zu verschachteln, sind auch komplizierte Animationen.

Erstellen Sie fünf Kompositionen.

	Komp 1	Komp 2	Komp 3	Komp 4	Haupt
Breite	200	300	320	320	320
Höhe	100	100	240	240	240
Framerate	25	25	25	25	25
Dauer	0:00:02:00	0:00:03:00	0:00:02:00	0:00:04:00	0:00:05:00

Tab. 3.1: **Einstellungen für die Kompositionen**

Speichern Sie das Projekt als *Versch.aep*.

Öffnen Sie alle Kompositionen und für jede Komposition erstellen Sie Folgendes:

▶ In *Komp 1*

  ▶ Einen Text: K1 A, Times, Kursiv, Vordergrund Weiß, Kontur Schwarz, Größe 88 Pixel, Kontur 4 Pixel, Füllung über Kontur.

▶ In *Komp 2*

  ▶ Einen Text K2 a Arial Black, Vordergrund ohne, Kontur Schwarz, Größe 100 Pixel, Kontur 6 Pixel.

▶ Bitte speichern Sie Ihre Arbeit regelmäßig.

- In *Komp 3*
  - Drei Farbflächen: Mittel-Orange Farbfläche 1, Breite 600, Höhe 240.
  - Weiße Farbfläche 1, Breite 600, Höhe 2.
  - Weiße Farbfläche 2, Breite 2, Höhe 240.
- In *Komp 4*
  - Komp 1 und Komp 2.
- In *Haupt*
  - *Komp 3* in 3D-Ebene umwandeln, Ausrichtung, 0,0°, 320,0°, 00, Position 85,3 , 120,0 , 119,6.
  - *Komp 4* in 3D-Ebene umwandeln, Ausrichtung, 0,0°, 320,0°, 00, Position 111,5 , 118,9 , 36,4.
  - Eine Kamera: Kamera 1, Zoom 650, Filmgröße 102,05, Brennweite 207,3, Blickwinkel 27,66, Point of Interest 160,0 , 120,0 , 0,0, Position 160,0 , 120,0 , -650,0.
  - Ein Licht: Licht 1, Intensität 200%, Lichtkegel 90 Grad, Weiche Kegelkante 50%, Farbe Weiß, Schattentiefe 50%, Weiche Schattenkante 10 Pixel, Point of Interest 160,0 , 120,0 , 0,0, Position 173,3 , 106,7 , -111,1.

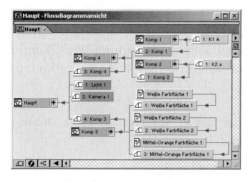

Abb. 3.31: Flussdiagram der Komposition *Haupt*

Abb. 3.32: Kompositionsfenster von *Haupt*

Unterkompositionen

Für das Verschachteln von Kompositionen haben wir zuerst die notwendigen Kompositionen erstellt und dann miteinander verschachtelt. Eine andere Möglichkeit wäre, zuerst alle notwendigen Ebenen in einer Komposition zu erstellen und hinterher aus einer oder mehreren Ebenen Unterkompositionen zu machen, was eine Verschachtelung der Kompositionen automatisch mit sich bringt.

Um den Vorgang zu üben, erstellen Sie ein neues Projekt.

▶ Erstellen Sie eine neue Komposition:

▶ Name *Komp 1*, Breite 320, Höhe 240, Framerate 25, Dauer 0:00:02:00.

▶ Erstellen Sie vier Farbflächen, Rot, Gelb, Blau und Weiß jeweils Breite 160, Höhe 120.

▶ Platzieren Sie jede Farbfläche in eine Ecke der Komposition.

▶ Bitte speichern Sie Ihre Arbeit regelmäßig.

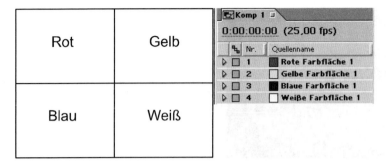

Abb. 3.33: Vier Farbflächen

▶ Wählen Sie die blaue und die gelbe Farbfläche.

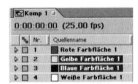

Abb. 3.34: Ebenen ausgewählt

▶ Wählen Sie *Ebenen / Unterkomposition erstellen...* oder drücken Sie [Strg] + [⇧] + [C].

Das Dialogfeld *Unterkomposition erstellen* öffnet sich.

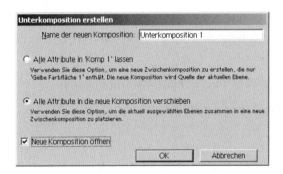

Abb. 3.35: Dialogfeld für die Erstellung der Unterkomposition

In diesem Dialogfenster sind vier Wahlmöglichkeiten vorhanden.

▶ *Name der neuen Komposition*: Sie können der neuen Komposition einen eigenen Namen geben, oder After Effects vergibt den Namen *Unterkomposition* und eine Zahl, abhängig davon, wie viele Unterkompositionen Sie schon erstellt haben.

▶ *Alle Attribute in Komp 1 lassen:* Wenn Sie nur eine einzige Ebene auswählen, können Sie diese in einer eigenen Komposition verschieben. Die Unterkomposition bekommt den gleichen Namen wie die Ebene, die Breite und Höhe werden nach den Maßen der Ebene festgesetzt, die Änderungen in den Eigenschaften und die Effekte, die Sie der Ebene zugewiesen haben, oder die Keyframes der Animationen, die Sie erstellt haben, bleiben in der aktuellen Komposition.

▶ *Alle Attribute in die neue Komposition verschieben:* Wenn Sie mehrere Ebenen auswählen, bleibt nur diese Option aktiv. Alle Veränderungen in den Eigenschaften, alle Effekte und alle Keyframes der ausgewählten Ebenen werden in die neue Unterkomposition verschoben. Die Breite und Größe der Unterkomposition entsprechen den gleichen Maßen der aktuellen Komposition.

▶ *Neue Komposition öffnen:* Sie können die neue Komposition gleich öffnen. Die Hauptkomposition bleibt zur Auswahl in der Zeitleiste oder im Kompositionsfenster sichtbar.

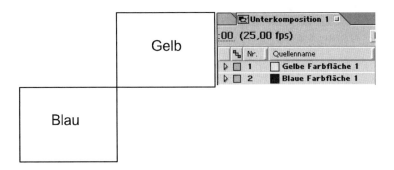

Abb. 3.36: Unterkomposition 1 offen

Die Unterkomposition beinhaltet die gleiche Ebenenreihenfolge wie die Hauptkomposition.

Abb. 3.37: Hauptkomposition mit der Unterkomposition

Anstatt der vier Ebenen, die in *Komp 1* waren, gibt es jetzt nur drei Ebenen, und die Unterkomposition liegt zwischen roter Farbfläche und weißer Farbfläche, wo sich die zwei anderen befanden.

Der Vorteil von Unterkompositionen liegt darin, dass Sie alles in einer Komposition anfangen und während oder am Ende der Arbeit die Ebenen in Unterkompositionen organisieren können.

3.5 Zusammenfassung, Fragen und Übungen

Zusammenfassung

▶ Kompositionen sind der Arbeitsbereich von After Effects.

▶ Sie können so viele Kompositionen in einem Projekt erstellen, wie Sie brauchen.

▶ Die Kompositionseinstellungen können jederzeit geändert werden.

▶ Das Verschachteln von Kompositionen hilft Ihnen, Ihre Arbeit zu organisieren.

▶ Die Zeit in der Komposition bestimmt, wann ein Footage-Element in die Zeitleiste kommt.

Fragen und Übungen

1. Wie erstellen Sie eine Unterkomposition?
2. Wie können Sie Elemente aus dem Projektfenster in die Komposition bekommen?
3. Wie können Sie den Namen einer Komposition nachträglich ändern?
4. Erstellen Sie eine Komposition Breite 200 und Höhe 50.
5. Ändern Sie die Hintergrundfarbe der Komposition auf Grün.

4 Mit Ebenen arbeiten

Adobe After Effects 6/6.5

4 Mit Ebenen arbeiten

Eine neue Komposition besteht aus einem leeren Frame; Sie sehen nur die Farbe des Hintergrunds (in der Regel Schwarz), den Sie über *Komposition / Hintergrundfarbe...* jederzeit ändern können. Eine Ebene ist ein Footage-Element, das in die Komposition gezogen worden ist.

> **HINWEIS**
> Bei jeder Ebene mit Transparenz ist der Hintergrund zu sehen; deswegen ist Schwarz die Standard-Farbe.

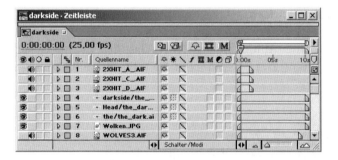

Abb. 4.1: Ebenen in der Zeitleiste

Eine Komposition wird mit Hilfe von Ebenen aufgebaut. Jedes Footage-Element, das Sie in eine Komposition hinzufügen, ob Standbild, Video-Datei, Audio-Datei, Text, Farbfläche, Licht, Kamera, Ungültiges Objekt (oder Null-Objekt), Einstellungsebene oder sogar eine andere Komposition (Verschachtelung), wird als neue Ebene angelegt.

Wenn Sie eine Ebene in einer Komposition bearbeiten, bleibt das Footage-Element unverändert. Sie können ein und dasselbe Footage-Element auf mehreren Ebenen verwenden und jede Kopie dieses Elements anders bearbeiten. Sie können eine Ebene kopieren, um z.B. Masken zu erstellen, zu verschieben, zu drehen oder zu verändern, ohne dabei die anderen Ebenen in der Komposition zu beeinflussen.

▶ Im Projekt *darkside.aep* benötigen Sie alle im Kapitel *Importformate* in die Zeitleiste importierten Footage-Elemente. Um das gleichzeitige Ziehen von mehreren Footage-Elemente zu üben, öffnen Sie das Projekt *darkside.aep*.

▶ Gehen Sie auf Zeit 0:00:00:00.

▶ Wählen Sie alle Footage-Elemente im Projektfenster mit gedrückter [Strg]-Taste aus und ziehen Sie alle in die Zeitleiste.

▶ Bitte speichern Sie Ihre Arbeit regelmäßig.

Ebenenreihenfolge ändern

Wenn Sie im Laufe einer Animation feststellen, dass die Reihenfolge der Ebenen nicht zu Ihrem Ziel passt, ändern Sie einfach die Reihenfolge der Ebenen.

Abb. 4.2: Ebene verschieben auswählen

Klicken Sie auf die Ebene, die Sie verschieben möchten, halten Sie die linke Maustaste gedrückt und ziehen Sie die Ebene in die Richtung, wo Sie sie neu platzieren wollen. Der Mauszeiger bekommt zusätzlich ein kleines Quadrat mit einem Plus-Symbol.

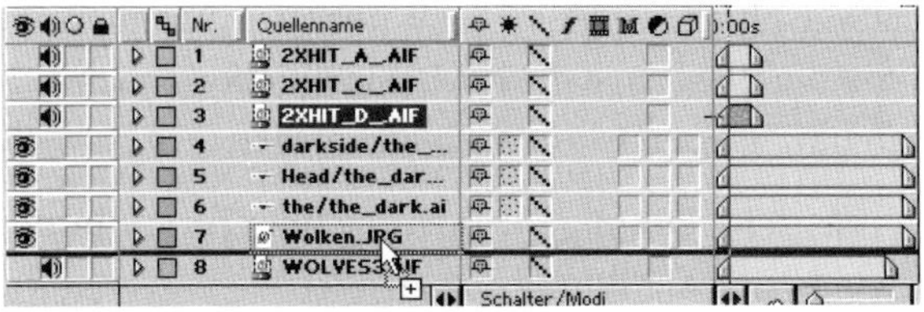

Abb. 4.3: Ziel der Ebene erreichen

Sobald Sie die Ebene verschieben, sehen Sie eine schwarze Linie, die die neue Position der Ebene in der Liste anzeigt. Wenn Sie die Maustaste wieder loslassen, wird die Ebene an der neuen Position eingefügt und alle Ebenen werden neu durchnummeriert.

Wenn Sie mehrere Ebenen gleichzeitig in der Reihenfolge verschieben wollen, brauchen Sie nur alle Ebenen mit Strg gleichzeitig auszuwählen und nach oben oder nach unten zu ziehen.

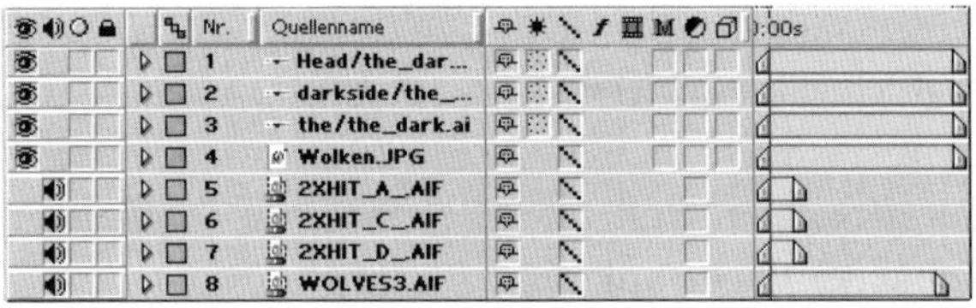

Abb. 4.4: Alle Audioebenen zusammen

Wenn Sie die einzelnen Ebenen mit gleichen Footage-Elementen gruppieren, erhalten Sie eine bessere Übersicht der Ebenen. Dabei können Sie die Audioebenen ganz hinten und die Illustrator-Ebenen ganz vorne platzieren.

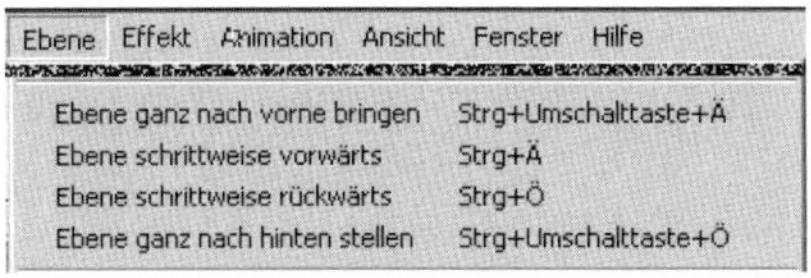

Abb. 4.5: Ebenen verschieben

Eine Alternative ist das Verschieben einer Ebene über den Menüpunkt *Ebene*. Dabei können Sie die Ebenen schrittweise nach oben, nach unten oder ganz nach oben bzw. ganz nach unten verschieben.

Hier nun wieder eine praktische Übung: Ordnen Sie die Ebenen in der Komposition *darkside* wie in der Abbildung 4.4 an.

Ebenen duplizieren

Sie können eine oder mehrere Ebenen in der Zeitleiste über die Zwischenablage mehrfach kopieren oder Sie können eine Ebene duplizieren.

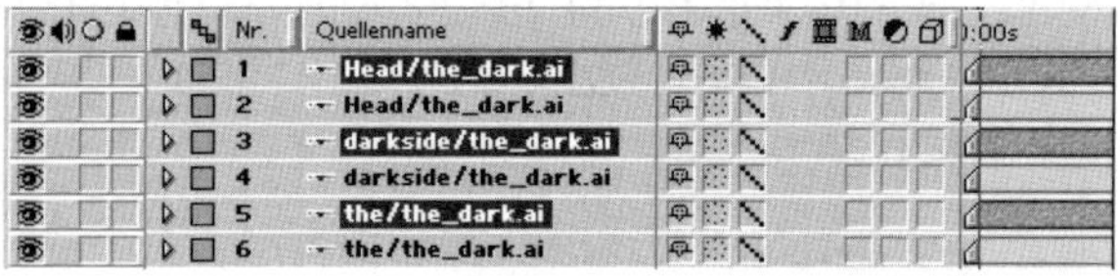

Abb. 4.6: Mehrere Ebenen gleichzeitig duplizieren

Sie können die Ebene auswählen und über *Bearbeiten / Duplizieren* oder Strg + D eine Kopie der Ebene anlegen.

Sie können auch die Ebene über *Bearbeiten / Kopieren* oder Strg + C in die Zwischenablage kopieren und dann über *Bearbeiten / Einfügen* oder Strg + V in die aktive Komposition oder sogar in eine andere Komposition einsetzen. Die Ebene wird mit allen Eigenschaften, Effekten und Keyframes eingefügt.

Duplizieren Sie nun die Ebenen in die Komposition *darkside*, wie es in der Abbildung 4.6 dargestellt wird.

Ebenen umbenennen

Wenn Sie eine neue Ebene erstellen, bekommt diese den Namen des Footage-Elements; After Effects nennt dies *Quellenname*. Sie können aber jede Ebene beliebig umbenennen. Dieser Name wird in der Spalte *Ebenenname* bzw. *Quellenname* angezeigt.

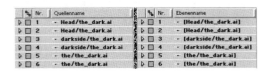

Abb. 4.7: Quellenname und Ebenenname identisch

Um einer Ebene einen eigenen Namen zu geben, gehen Sie folgendermaßen vor:

▶ Wählen Sie die Ebene aus, die Sie umbenennen wollen.

Abb. 4.8: Ebene ausgewählt

▶ Drücken Sie die ⏎-Taste, der Text steht jetzt zur Auswahl.

Abb. 4.9: Text zur Auswahl bereit

▶ Geben Sie den gewünschten Namen ein.

▶ Drücken Sie ⏎ noch einmal.

▶ Bitte speichern Sie Ihre Arbeit regelmäßig.

Abb. 4.10: Eigener Ebenenname

Mit Ebenen arbeiten   **143**

Der Quellename bleibt immer gleich, der Ebenenname wurde geändert.

Ändern Sie die Namen der Ebenen in der Komposition *darkside* wie in der Abbildung 4.10, damit Sie einen besseren Überblick über die Funktion jeder Ebene bei der späteren Animation bekommen.

In Version 6.5 Hilfsebenen

Sie können außer den Hilfselementen wie Hilfslinien oder Raster auch jede Ebene zur Hilfsebene umwandeln, z.b. als Vorlage für andere Ebenen oder Anhaltspunkt.

Um eine Ebene in eine Hilfsebene bzw. eine Hilfsebene in eine normale Ebene umzuwandeln, aktivieren Sie die Ebene/n und wählen Sie *Ebene / Hilfsebene*.

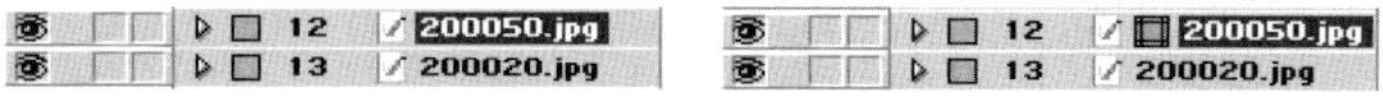

Abb. 4.11: Ebene in Hilfsebene umwandeln

Ebenen trimmen

Trimmen wird der Vorgang genannt, bei dem Sie bei einem Video-Footage die Frames am Anfang und/oder am Ende des Video-Footages ausblenden. Das erste Frame wird In-Point und das letzte wird Out-Point genannt.

Wenn Sie eine Ebene trimmen wollen, ziehen Sie mit der Maus den In-Point nach rechts (Anfang der Ebene) und/oder den Out-Point (Ende der Ebene) nach links.

Abb. 4.12: In-Point verschieben

Sie können die Zeitmarke in die gewünschte Zeit verschieben und nachher die Ebene trimmen. Die Zeitmarke hat eine leicht magnetische Funktion, sobald Sie den In-Point in die Nähe der Zeitmarke ziehen, wird die Maus leicht angezogen. Um das Trimmen genauer zu machen, beobachten Sie die Info-Palette, während Sie den In-Point verschieben. Hier sehen Sie die genaue Position der Maus.

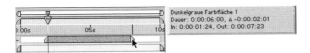

Abb. 4.13: Out-Point verschieben

Der Out-Point kann genauso verschoben werden wie der In-Point; beachten Sie dafür auch die Info-Palette. Die neue Dauer wird auch aktualisiert, genauso wie die Zeit des Out-Points. Den einzigen Unterschied zum In-Point sehen Sie an dem nach oben zeigenden Dreieck, vor der Zeit sehen Sie ein Minus-Symbol.

An den Ebenenbalken können Sie sofort erkennen, ob Sie die Ebene in voller Länge haben oder ob Sie den In- oder Out-Point verschoben haben; die gesamte Länge wird immer anhand des helleren Balkens gezeigt. Sie können jederzeit die volle Länge wieder herstellen.

Zeitdehnung

Beim Trimmen schneiden Sie digital Frames aus dem Video-Footage und dadurch wird es kürzer. Sie können beim Verschieben des In- und Out-Points das Video nicht verlängern.

Adobe After Effects bietet die Möglichkeit, die Zeit der Ebenen zu verändern, um damit die Ebene zu verlängern oder zu verkürzen. Dabei werden alle Frames beibehalten.

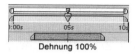
Dehnung 100%

Abb. 4.14: Ausgewählte Ebene mit Video-Footage

Wählen Sie die Ebene in der Zeitleiste aus, die Sie verlängern wollen. Danach öffnen Sie das Dialogfenster *Zeitdehnung* in der Menüleiste über *Ebene / Zeitdehnung*....

Abb. 4.15: Dialogfenster *Zeitdehnung* für die aktuelle Ebene

Die Originaldauer dieser Ebene ist 0:00:06:01.

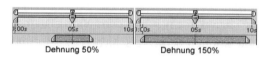
Dehnung 50%   Dehnung 150%

Abb. 4.16: Zeitdehnung im Vergleich

Die Einstellungsmöglichkeiten im Dialogfenster *Zeitdehnung* werden im Folgenden erklärt.

▶ *Dehnfaktor*: Der Dehnfaktor bestimmt, wie lang oder wie kurz die Ebene sein wird; Sie können hier einen Prozentsatz eingeben, unter

100% wird das Video auf dieser Ebene verkürzt und läuft um diesen Prozentsatz schneller. Wenn Sie einen höheren Wert als 100% eingeben, z.b. 200%, wird das Video doppelt so lang sein, aber nicht unbedingt langsamer laufen, denn die Anzahl der Frames bleibt im Video gleich, lediglich die vorhandenen Frames werden wiederholt oder interpoliert. Das Resultat könnten ruckartige Bewegungen sein.

> **HINWEIS** Schalten Sie Frame-Überblendug in der Zeitleiste an, wenn Sie die Dehnung der Ebene mit Video-Footage oder einer Komposition verändern wollen, damit After Effects die Framerate gleichmäßig beibehalten kann.

▶ *Neue Dauer*: Die neue Dauer hängt mit dem Dehnfaktor zusammen; Sie können entweder den Dehnfaktor oder die neue Dauer ändern.

▶ *Position halten*: Sobald Sie die Dauer geändert haben, können Sie bestimmen, ab welchem Zeitpunkt die Ebene verändert wird.

Eine interessante Möglichkeit, mit der Zeitdehnung zu arbeiten, ist das Video rückwärts laufen zu lassen; dazu müssen Sie nur einen negativen Wert in der Dehnung angeben.

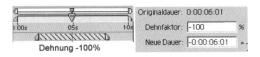

Abb. 4.17: Ebene mit Video-Footage rückwärts

Die Etikettenfarbe der Ebene ändert sich, um zu zeigen, dass diese Ebene rückwärts läuft.

Eine andere Einsatzmöglichkeit der Zeitdehnung ist das gleichmäßige Verändern von Keyframes in der Zeitleiste; das werden Sie genauer im Kapitel über Animation einsetzen.

> **HINWEIS**
> So, wie Sie Ebenen mit Video-Footage über die Zeitdehnung ändern, können Sie auch Ebenen mit Audio-Footage oder Unterkompositionen behandeln.

Ebenen zeitlich verschieben

Nicht alle Footage-Elemente oder Kompositionen in den Ebenen beginnen zum gleichen Zeitpunkt. Viele werden später erscheinen und wieder verschwinden. Wenn Sie die gesamte zeitliche Länge einer Ebene brauchen, können Sie ganz einfach den Zeitbalken verschieben.

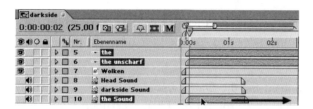

Abb. 4.18: Mehrere Ebenen gleichzeitig verschieben

Dazu gehen Sie so vor:

▶ In der Komposition *darkside* gehen Sie auf Zeit 0:00:00:02.

▶ Wählen Sie mit [Strg] die Ebenen *the Sound, the unscharf* und *the*.

Abb. 4.19: Info über die verschobene Ebene

Die Info-Palette gibt Auskunft über die Ebene, die Sie mit der Maus verschieben, nicht über alle anderen, die Sie gleichzeitig verschieben.

▶ Gehen Sie auf Zeit 0:00:01:09.

▶ Verschieben Sie die Ebene *darkside Sound*.

Abb. 4.20: In-Point verschieben

▶ Sie können den In-Point der Ebenen *darkside unscharf* und *darkside* bis 0:00:01:09 verschieben. Da diese Ebenen Standbilder sind, kann die Länge der Ebene ohne Verlust verändert werden, anders als bei Videos oder Bildsequenzen, bei denen das Verschieben des In-Points oder Out-Points den Inhalt der Videos verkürzt.

▶ Gehen Sie auf Zeit 0:00:02:16.

▶ Verschieben Sie die Ebenen *Head Sound*, *Head* unscharf und *Head*.

▶ Bitte speichern Sie Ihre Arbeit regelmäßig.

▶ Gehen Sie auf Zeit 0:00:03:23.

▶ Verschieben Sie die Ebene *Ende Sound*.

Ebeneneigenschaften

Abb. 4.21: Ebeneneigenschaften der Ebene *the*

Um die Ebeneneigenschaften einer Ebene zu öffnen, klicken Sie auf das Dreieck neben der Zahl der Ebene. Wenn Sie weder Effekte hinzugefügt noch Masken erstellt haben, haben Sie nur *Transformieren* zur Auswahl; klicken Sie auf das Dreieck, und Sie bekommen die Eigenschaften der Ebene.

Die Untereinträge haben dabei folgende Bedeutung:

▶ *Ankerpunkt*: Der Ankerpunkt ist der Mittelpunkt einer Ebene; an diesem Ankerpunkt werden alle Transformationen orientiert. Die numerische Position des Ankerpunkts wird relativ zu der linken oberen Ecke der Ebene ermittelt. Der erste Wert entspricht der horizontalen Position (waagerecht), also der X-Achse, und der zweite Wert entspricht der vertikalen Position (senkrecht), also der Y-Achse. Die Einheiten werden in der Ebene immer als Pixel gezeigt; bei *Wert bearbeiten* können Sie aber einen anderen Wert sichtbar haben. Der Ankerpunkt kann auch manuell im Kompositionsfenster verändert werden. Mit dem Ausschnitt-Werkzeug können Sie auf den Ankerpunkt der aktiven Ebene klicken und diesen in die gewünschte Position setzen; der Wert wird automatisch in der Ebeneneigenschaft aktualisiert.

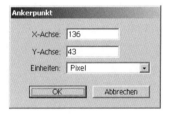

Abb. 4.22: Ankerpunktwert eingeben

▶ *Position:* Die Position der Ebene ist der Abstand des Null-Punkts der Komposition und des Ankerpunkts der Ebene. Wie beim Ankerpunkt werden die Werte in X und Y eingegeben. Die Position kann auch im Kompositionsfenster manuell verändert werden. Mit dem Auswahl-Werkzeug können Sie die ausgewählte Ebene in die gewünschte Position ziehen; der Wert wird in der Ebene automatisch aktualisiert.

Abb. 4.23: Positionswert eingeben

▶ *Skalierung*: Die Breite und Höhe einer Ebene können gleichmäßig oder ungleichmäßig verändert werden. Solange Sie bei *Erhalten* auf *Aktuelles Seitenverhältnis (xy)* bleiben, ändert die Breite automatisch die Höhe; wenn Sie bei *Erhalten Ohne* auswählen, können Sie die Ebene ungleichmäßig ändern. Wenn Sie eine Ebene auswählen, sehen Sie an der Seite der Ebene vier gefüllte und vier ungefüllte Anfasser. Wenn Sie die Ebene manuell und ungleichmäßig verändern möchten, brauchen Sie nur an einem der ungefüllten Anfasser zu ziehen.

Abb. 4.24: Skalierungswerte eingeben

▶ *Drehung*: Die Ebene dreht sich um den Ankerpunkt im Uhrzeigersinn, also positiv, oder gegen den Uhrzeigersinn, also negativ. Jede Umdrehung beträgt 360°, also entstehen bei 720° zwei Umdrehungen. Die Ebene kann auch manuell gedreht werden. Mit dem Drehen-Werkzeug können Sie die ausgewählte Ebene durch Ziehen drehen. Die Anzahl von Drehungen oder der Winkel werden automatisch im Ebenenfenster aktualisiert.

Abb. 4.25: Drehungswerte eingeben

▶ *Deckkraft*: Die Deckkraft ist die Sichtbarkeit der Ebene; sie ist standardmäßig auf 100% eingestellt und kann bis 0% gesetzt werden.

Abb. 4.26: Deckkraftwert eingeben

Wenn Sie den Wert einer Eigenschaft ändern wollen, können Sie:

▶ Die Maus über den Wert legen, drücken und gedrückt halten. Ein Zeigefingersymbol erscheint mit einem Pfeil nach links und einem Pfeil nach rechts. Sie können dabei durch Verschieben der Maus den Wert verändern.

▶ Die Maus über dem Wert drücken und loslassen, danach den Wert eingeben.

▶ Mit der rechten Maustaste auf den Wert klicken und das Dialogfenster *Wert bearbeiten...* aufrufen.

Öffnen Sie das Projekt *darkside.aep*.

▶ Öffnen Sie die Komposition *darkside*.

▶ Wählen Sie die Ebenen *the* und *the unscharf* und ändern Sie die Position gleichzeitig auf 160,0 , 36,0.

Abb. 4.27: Zwei Ebenen gleichzeitig in der Position verändern

▶ Wählen Sie die Ebenen *darkside* und *darkside unscharf* und ändern Sie die Position auf 160,0 , 103,0.

▶ Wählen Sie die Ebenen *Head* und *Head unscharf* und ändern Sie die Position auf 160,0 , 172,0.

▶ Bitte speichern Sie Ihre Arbeit regelmäßig.

4.1 Ebenenfenster

Mit dem Ebenenfenster können Sie einzelne Footage-Elemente aus der Zeitleiste anzeigen lassen und die Eigenschaften des Elements direkt beeinflussen.

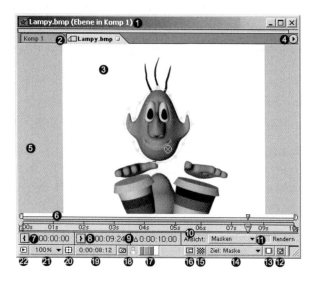

Abb. 4.28: Ebenenfenster

Mit Ebenen arbeiten

Dabei sind im Ebenenfenster folgende Komponenten vorhanden:

▶ (1) Der Name der Ebene und in Klammern die Komposition, in der die Ebene sich befindet.

▶ Im Kompositionsfenster können auch die Ebenenfenster angezeigt werden; mit dieser *Registerkarte* (2) kann das Ebenenfenster aktiviert oder als eigenständig aufgezogen werden.

▶ (3) Breite und Größe des Footage-Elements.

▶ (4) *Optionen des Ebenenfensters*: Nur zwei Optionen stehen zur Verfügung: *Transparenzraster* (15) und *Pixel-Seitenverhältnis-Korrektur* (13).

▶ Die *Montagefläche* (5) zeigt den Bereich über dem Footage-Element.

▶ (6) Anzeige der Dauer der Ebene im Kompositionsfenster.

▶ *In-Point* (7) der Ebene in der Komposition; damit können Sie den Anfang der Ebene in der Komposition verändern.

▶ *Out-Point* (8) der Ebene in der Komposition; damit können Sie das Ende der Ebene in der Komposition verändern.

▶ *Dauer* (9) der Ebene: Wenn Sie den In-Point und/oder den Out-Point ändern, wird hier die Dauer geändert.

▶ In der *Ansicht* (10) der Ebenenfenster können Sie wählen:

  ▶ *Ohne:* Weder Masken noch Bewegungen werden dargestellt.

  ▶ *Motion Tracker-Punkte*: (Nur in der Pro-Version) Wenn Sie die Bewegung einer Animation verfolgen, setzten Sie Tracker-Punkte. Diese Punkte werden mit dieser Möglichkeit dargestellt.

  ▶ *Masken*: Wenn Sie Masken in diesem Fenster oder im Kompositionsfenster auf dieser Ebene erstellen, können Sie alle Masken hier anzeigen lassen.

- ▶ *Ankerpunktpfad*: Wenn Sie den Ankerpunkt der Ebene in der Position animieren, entsteht ein Bewegungspfad, den Sie hier darstellen können.

- ▶ *Malen*: Wenn Sie mit dem Pinsel-Werkzeug auf der Ebene malen, wird *Malen* als Ansicht aktiv.

- ▶ Masken erstellen oder mit dem Pinsel-Werkzeug auf der Ebene arbeiten verändert die Ebene; diese Veränderungen sind standardmäßig sofort aktiv. Sie können diese Wirkung kurzzeitig unwirksam machen, wenn Sie dieses Kontrollkästchen *Rendern* (11) ausschalten.

- ▶ Die Ansicht (5) kann mit Hilfe des *Einblendmenüs: Zoomstufen* (21) vergrößert oder verkleinert werden. Wenn Sie [Alt] gleichzeitig drücken, sehen Sie Informationen über die Komposition. Die festgelegten Werte sind: 1,5%, 3,10%, 6,25%, 12,50%, 25%, 50%, 100%, 200%, 400%, 800%, 1600%, 3200% und 6400%.

- ▶ Der *Sichere Titelbereich* (20) schaltet die Anzeige für titelsichere und aktionssichere Bereiche im Ebenenfenster an.

- ▶ Diese Schaltfläche (19) zeigt den aktuellen Zeitpunkt an. Wenn Sie darauf klicken, können Sie bestimmen, zu welchem Zeitpunkt Sie gehen wollen. Den Wert können Sie im Dialogfenster eingeben.

- ▶ Sie können einen *Schnappschuss* (18) vom aktuellen Bild machen und ihn mit der nebenstehenden Schaltfläche anzeigen lassen. Dieser Schnappschuss kann nur innerhalb der aktuellen Ebenenfenster angezeigt werden. Er wird nirgendwo gespeichert.

- ▶ Jedes Bild in After Effects besteht aus drei Farbkanälen: (17) *Rot*, *Grün* und *Blau*, und außerdem einem *Alpha-Kanal*. Diese Kanäle können einzeln eingeschaltet werden.

- ▶ Um sich auf der Ebene auf einen bestimmten Bereich zu konzentrieren, können Sie auf *relevante Region* (16) klicken. Die Ebene wird nur in diesem Bereich gezeigt.

▶ Wenn die Ebenen einen Alpha-Kanal besitzen, sehen Sie oft nicht den Unterschied zwischen den transparenten Bereichen und der schwarzen Umgebung, denn normalerweise sehen Sie die Hintergrundfarbe der Komposition (standardmäßig Schwarz). Wenn Sie *Transparenzraster aktivieren/deaktivieren* (15) anklicken, können Sie die Hintergrundfarbe ausschalten und stattdessen ein kariertes Muster einblenden.

▶ Masken können hier (14) aktiviert werden. Im Pulldown-Menü werden alle Masken aufgelistet.

▶ Schalten Sie *Pixel-Seitenverhältnis-Korrektur aktivieren/deaktivieren* (13) an, wenn Sie Bilder mit unterschiedlichen Pixel-Seitenverhältnissen stauchen oder dehnen wollen, um alle Ebenen auf der aktuellen Ansicht der Kompositionsfenster anzupassen.

▶ Mit (12) bringen Sie die Zeitleiste der aktuellen Komposition in den Vordergrund.

▶ Nur in Version 6.5: Mit (22) können Sie nur *Diese Ansicht in der Vorschau anzeigen*.

4.2 Text einfügen

Sie können Text in After Effects mit Hilfe des Text-Werkzeugs durch einfaches Klicken auf das Kompositionsfenster erstellen. Dieser Text wird als eigene Ebene behandelt. Sobald Sie das Text-Werkzeug aktivieren, werden die Zeichen und das Absatzfenster sichtbar. Sie können folgende Einstellungen vornehmen:

Abb. 4.29: Zeichen-Fenster

Nr.	Einstellung	Beschreibung
(1)	Schriftfamilie	Eine Sammlung von Schriften mit dem gleichen Schriftdesign
(2)	Schriftschnitt	Eine Variante einer Schriftfamilie
(3)	*Füllungsfarbe* bzw. *Schriftfarbe*	
(4)	Konturfarbe	
(5)	Schriftgrad	Schriftgröße
(6)	Zeilenabstand	
(7)	Abstand zwischen zwei Zeichen einstellen	
(8)	Laufweite einstellen	
(9)	Strichbreite für die Kontur einstellen	
(10)	*Füllung über Kontur* oder *Kontur über Füllung*	
(11)	Vertikal skalieren	
(12)	Horizontal skalieren	

Mit Ebenen arbeiten **157**

Nr.	Einstellung	Beschreibung
(13)	Baseline-Verschiebung einstellen	Grundlinie verändern
(14)	Tsume für ausgewählte Zeichen einstellen	Ähnlich wie die Laufweite mit dem Unterschied, dass der größte Wert, nämlich 100%, die Zeichen nur nebeneinander und nicht übereinander bringt
(15)	Faux Fett	Erzwungener Fett-Schnitt
(16)	Faux Kursiv	Erzwungener Kursiv-Schnitt
(17)	Großbuchstaben	Versalien
(18)	Kapitälchen	
(19)	Hochgestellt	
(20)	Tiefgestellt	
(21)	Optionen für das Zeichen-Fenster	

Tab. 4.1: Zeichen-Fenster

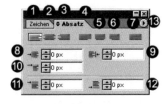

Abb. 4.30: Absatz-Fenster

Nr.	Einstellung
(1)	Text links ausrichten
(2)	Text zentrieren
(3)	Text rechts ausrichten
(4)	Blocksatz, letzte linksbündig

Nr.	Einstellung
(5)	Blocksatz, letzte zentriert
(6)	Blocksatz, letzte rechtsbündig
(7)	Text im Blocksatz ausrichten
(8)	Einzug am linken Rand
(9)	Einzug am rechten Rand
(10)	Einzug erste Zeile
(11)	Abstand vor Absatz einfügen
(12)	Abstand nach Absatz einfügen
(13)	Optionen für das Absatz-Fenster

Tab. 4.2: **Absatz-Fenster**

Um eine Textkomposition zu erstellen, gehen Sie folgendermaßen vor:

Erstellen Sie ein neues Projekt.

Erstellen Sie eine neue Komposition, die Kompositionseinstellungen sind:

▶ Name der Komposition: *Love*.

▶ Breite: 320.

▶ Höhe: 240.

▶ Pixel-Seitenverhältnis: Quadratische Pixel.

▶ Framerate: 25.

▶ Auflösung: Voll.

▶ Timecode startet bei: 0:00:00:00.

▶ Dauer: 0:00:05:00.

Speichern Sie das Projekt als *Love.aep* in einem eigenen Ordner.

Klicken Sie auf das Text-Werkzeug und erstellen Sie vier Text-Ebenen:

▶ Erste Ebene L

▶ Times New Roman Italic, Textgröße: 200, Füllungsfarbe: Weiß, Konturgröße 4, Konturfarbe: Schwarz, Position: 27,0 , 191,0.

▶ Erste Ebene o

▶ Arial Black, Textgröße: 100, Füllungsfarbe: Weiß, Konturgröße 2, Konturfarbe: Schwarz, Position: 91,0 , 134,0.

▶ Erste Ebene v

▶ Arial Black, Textgröße: 100, Füllungsfarbe: Weiß, Konturgröße 2, Konturfarbe: Schwarz, Position: 156,0 , 134,0.

▶ Erste Ebene e

▶ Arial Black, Textgröße: 100, Füllungsfarbe: Weiß, Konturgröße 2, Konturfarbe: Schwarz, Position: 221,0 , 134,0.

▶ Bitte speichern Sie Ihre Arbeit regelmäßig.

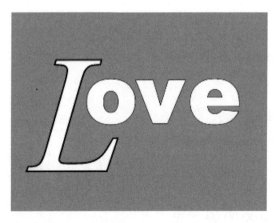

Abb. 4.31: Love-Komposition

4.3 Farbflächen

Farbflächen sind Rechtecke, die mit einer Farbe gefüllt werden. Breite und Höhe können unabhängig voneinander gesetzt werden.

Wenn Sie über *Ebene / Neu / Farbfläche*... eine neue Farbfläche erstellen, legt After Effects die neue Farbfläche als Footage-Element in einen neuen Ordner im Projektfenster; dieser Ordner heißt *Farbflächen*. Die Farbfläche wird nach der Farbe benannt, die Sie beim Erstellen gewählt haben; diese Farbfläche ist automatisch die oberste Ebene der aktiven Komposition.

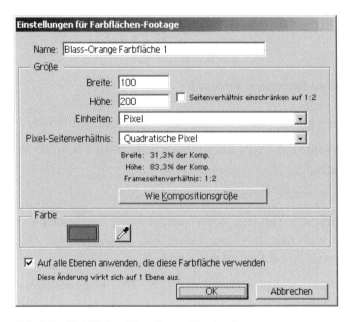

Abb. 4.32: Farbflächen-Einstellungen Version 6

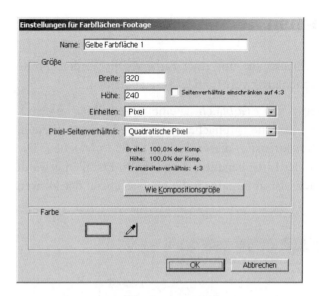

Abb. 4.33: Farbflächen-Einstellungen Version 6.5

Die Einstellungen für die Farbfläche sind sehr einfach zu bestimmen:

▶ Der *Name* wird vom Programm nach der Farbe festgelegt, wenn Sie nichts eingeben.

▶ In *Größe* bestimmen Sie die *Breite* und die *Höhe*.

▶ Die *Einheiten* sind für After Effects immer *Pixel*; Sie können aber zum besseren Verständnis eine andere Einheit wählen wie *Zoll*, *Millimeter* oder *Prozent* der Komposition.

▶ Das *Pixel-Seitenverhältnis* kann mit dem Pixel-Seitenverhältnis des Footage identisch sein.

▶ Um eine Farbfläche so groß wie die Komposition zu machen, bietet After Effects die Schaltfläche *Wie Kompositionsgröße* an.

▶ Für die *Farbe* klicken Sie auf das Farbkästchen oder mit der Pipette auf irgendeinen farbigen Bereich auf Ihrem Bildschirm.

Um das Erstellen von Farbflächen und ihre Wirkung untereinander mit unterschiedlicher Deckkraft zu üben, werden wir sechs verschiedene Farbflächen erstellen.

Öffnen Sie das Projekt *Love.aep*.

Aktivieren Sie durch Doppelklick die Komposition *Love*.

Erstellen Sie sechs verschiedene Farbflächen:

▶ Orange Farbfläche 1 (Rot: 255, Grün: 128, Blau: 0)
  ▶ Breite: 500.
  ▶ Höhe: 400.
  ▶ Position: 160,0 , 107,0.
  ▶ Deckkraft: 50%.
▶ Mittel-gelbe Farbfläche 1 (Rot: 255, Grün: 255, Blau: 168)
  ▶ Breite: 200.
  ▶ Höhe: 200.
  ▶ Position: 100,0 , 140,0.
  ▶ Deckkraft: 50%.
▶ Tief-cyan Farbfläche 1 (Rot: 0, Grün: 128, Blau: 128)
  ▶ Breite: 300.
  ▶ Höhe: 100.
  ▶ Position: 170,0 , 190,0.
  ▶ Deckkraft: 50%.
▶ Magenta Farbfläche 1 (Rot: 255, Grün: 0, Blau: 255)
  ▶ Breite: 100.
  ▶ Höhe: 100.
  ▶ Position: 270,0 , 50,0.
  ▶ Deckkraft: 50%.

- Tief-blaue Farbfläche 1 (Rot: 0, Grün: 0, Blau: 160)
- Breite: 400.
- Höhe: 100.
- Position: 180,0 , 100,0.
- Deckkraft: 50%.
- Bitte speichern Sie Ihre Arbeit regelmäßig.
- Blass-orange Farbfläche 1 (Rot: 212, Grün: 208, Blau: 200)
- Breite: 100.
- Höhe: 200.
- Position: 50,0 , -80,0.
- Deckkraft: 50%.

Abb. 4.34: Alle Farbflächen fertig

4.4 Einstellungsebene

Sie können auf jeder Ebene in After Effects so viele Effekte einfügen, wie Sie benötigen. Diese Effekte werden nur auf der ausgewählten Ebene wirksam. Wenn Sie aber einen bestimmten Effekt auf mehreren Ebenen gleichzeitig anwenden wollen, bietet After Effects die Möglichkeit, über *Ebene /Neu/Einstellungsebene* eine Einstellungsebene zu erstellen. Die Effekte auf der Einstellungsebene wirken auf alle unter ihr liegenden Ebenen.

4.5 Ungültiges Objekt

Jede Ebene bietet die Möglichkeit, einer anderen Ebene unter- oder übergeordnet zu werden. Diese Ebenen sind ganz normale Ebenen mit allen Eigenschaften, wie Deckkraft und Position. Wenn Sie aber eine übergeordnete Ebene erstellen möchten, die zwar auf anderen Ebenen wirkt, aber keine sichtbare Eigenschaft besitzt, können Sie diese über *Ebene / Neu / Ungültiges Objekt* in Version 6 und über E*bene / Neu / Null-Objekt* in Version 6.5 erstellen. Sie können dieses ungültige Objekt als eine Art Ordner für mehrere Ebenen in der Zeitleiste benutzen.

4.6 3D-Ebenen

Sie finden zwar keinen Begriff namens 3D-Ebene bei der Erstellung von Ebenen, aber für den dreidimensionalen Raum bietet After Effects die Möglichkeit, jede Ebene in eine 3D-Ebene zu verwandeln (Sie brauchen nur das 3D-Ebene-Kästchen in der Zeitleiste für jede Ebene zu aktivieren). Um eine noch genauere Darstellung zu erreichen, können Sie sowohl Kameras als auch Lichter in den Raum einfügen.

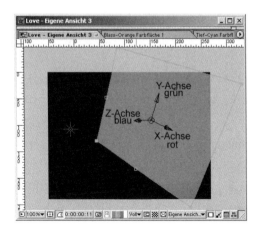

Abb. 4.35: 3D-Ebene

Die Standard-Eigenschaften der 2D-Ebenen haben wir schon behandelt. Sobald Sie eine 2D-Ebene in eine 3D-Ebene umwandeln, öffnen sich mehrere Möglichkeiten für die Arbeit in drei Dimensionen:

Abb. 4.36: **Eigenschaften einer 3D-Ebene**

▶ *Ankerpunkt* kann auch in die Tiefe Z bewegt werden.

▶ *Position* kann auch in die Tiefe Z bewegt werden.

▶ Anstatt Drehung sind jetzt vier Möglichkeiten hinzugekommen.

▶ *Ausrichtung* bietet alle drei Achsen in der gleichen Eigenschaft; und Sie können nur bis 360° drehen, danach fangen Sie wieder bei 0° an.

▶ *X-Drehung*, *Y-Drehung* und *Z-Drehung* können getrennt verändert und animiert werden. Sie können mehrere Drehungen bei jeder Achse eingeben.

▶ Wie in 3D-Programmen haben Sie jetzt auch einige Materialoptionen für das Zusammenwirken von Licht und Schatten:

  ▶ *Wirft Schatten*: Wenn Sie eine Lichtquelle einfügen, kann diese Ebene auf andere Ebenen Schatten werfen, jedoch nicht auf den Hintergrund.

- *Lichtübertragung*: Wenn die Deckkraft abnimmt, kann das Licht einer Lichtquelle durch diese Ebene andere Ebenen bestrahlen.
- *Empfängt Schatten*: Diese Ebene kann Schatten aus anderen Ebenen empfangen.
- *Empfängt Licht*: Die Wirkung eines Lichts beeinflusst diese Ebene.
- *Umgebung*: Hier wird bestimmt, wie stark die Lichtquelle mit Lichtart-Umgebung auf diese Ebene wirkt.
- *Diffus*: Jede Ebene streut Licht in alle Richtungen je nachdem, wie *Diffus* eingestellt ist. Je niedriger der Wert, desto weniger Licht wird gestreut.
- *Glanz*: Licht wird zusätzlich zur Streuung auch gespiegelt. Je niedriger der Wert, desto weniger Licht wird gespiegelt.
- *Glanzlichtschärfe*: Die Stärke der Spiegelreflexion wird hier festgelegt. Dieser Wert wirkt im Zusammenhang mit Glanz.
- *Metall*: Hier legen Sie den Einfluss der Ebenenfarbe auf das Glanzlicht fest. Je höher der Wert, desto mehr glänzt die Ebene.

Kamera

In einer 3D-Umgebung können Sie die Objekte aus verschiedenen Perspektiven betrachten. Dafür bietet After Effects die Möglichkeit, über *Ebene / Neu / Kamera...* mehrere Kameras einzusetzen.

- *Name:* Sie können jeder Kamera einen eigenen Namen geben.
- *Voreinst.:* After Effects bietet mehrere voreingestellte Brennweiten von Kameras von 15 mm bis zu 200 mm zur Auswahl an.

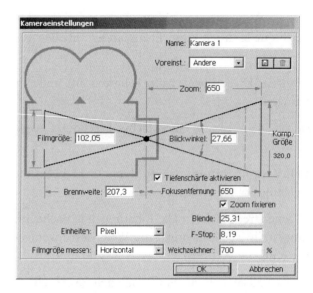

Abb. 4.37: Kameraeinstellungen

▶ *Zoom:* Dies ist der Abstand zwischen der Kamera und der Bildebene.

▶ *Filmgröße:* In Verbindung mit der Kompositionsgröße (hier 320) durch den eingestellten Blickwinkel und dem Zoom ergibt sich eine Filmgröße von 102,05, die Belichtungsfläche des Films.

▶ *Blickwinkel:* Er ist die Breite der Szene, die in dem Bild zu sehen ist.

▶ *Brennweite:* Sie ist der Abstand zwischen der Belichtungsfläche des Films und dem Kameraobjektiv.

▶ *Tiefenschärfe aktivieren:* Wenn dieses Kästchen aktiv ist, werden die Ebenen relativ zur Kameraentfernung scharf oder unscharf dargestellt. Ansonsten sind alle Ebenen gleich scharf.

▶ *Fokusentfernung:* Wenn die Tiefenschärfe aktiv ist, sind alle Ebenen innerhalb der Fokusentfernung scharf; alle anderen werden unschärfer, je weiter sie entfernt sind.

- *Einheiten:* Pixel, Zoll oder Millimeter.
- *Filmgröße messen:* Sie können die Filmgröße horizontal, vertikal oder diagonal messen.
- *Zoom fixieren:* Um den Zoom konstant zu halten, können Sie *Zoom fixieren* aktivieren, so bleiben die Werte der Kamera bei jeder Bewegung gleich.
- *Blende*: Wie bei einer normalen Kamera ist die Blende die Größe der Objektivöffnung. Dieser Wert beeinflusst die Tiefenschärfe.
- *F-Stop:* Dies ist das Verhältnis zwischen dem Blickwinkel und der Blende.
- *Weichzeichner:* Ebenen außerhalb der Fokusentfernung werden unscharf; diesen Effekt schafft After Effects mit dem Weichzeichner. Für bessere Darstellung der Unschärfe werden Werte über 100% eingegeben.

Zusätzlich zu diesen Optionen kann man eine Eigenschaft namens *Point of Interest* einstellen:

- *Point of Interest:* Das ist der Punkt, auf den die Kamera gerichtet ist. Normalerweise ist dieser Punkt auch der Mittelpunkt der Komposition.

In der Komposition *Love* des Projekts *love.aep* erstellen Sie eine neue Kamera.

Übernehmen Sie die Einstellungen von Kamera 1 in der Grafik der Kameraeinstellungen.

Licht

Sie können eine unbegrenzte Anzahl von Lichtern über *Ebene / Neu / Licht...* erstellen. Damit beleuchten Sie verschiedene Bereiche in der 3D-Welt.

Lichter werden in der Zeitleiste wie jede Ebene eingeordnet. Hier spielt es aber keine Rolle, ob sie oben oder unten sind, denn Lichter haben keine Deckkraft, also sind sie bei der Vorschau oder beim Rendern nicht sichtbar.

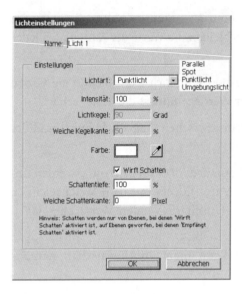

Abb. 4.38: Lichteinstellungen

Im Dialogfenster *Lichteinstellungen* können folgende Einstellungen vorgenommen werden:

▶ *Name:* Wie alle Elemente in After Effects können Sie den Lichtern auch einen Namen geben.

▶ *Lichtart:* Sie haben vier Lichtarten zur Verfügung.

  ▶ *Parallel:* Diese Lichtart wirft unbegrenztes Licht in Richtung des Point of Interest und wirkt wie ein Zylinder, dessen Durchmesser unendlich groß ist.

  ▶ *Spot:* Diese Lichtart hat ein kegelförmiges Licht, das je nach Abstand zur bestrahlten Ebene ab- oder zunimmt. Zu den Ebeneneigenschaften kommen einige hinzu, wie Ausrichtung und X-, Y- und Z-Drehung.

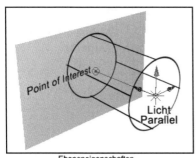

Abb. 4.39: Lichtart *Parallel*

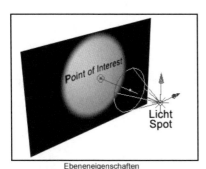

Abb. 4.40: Licht *Spot*

Mit Ebenen arbeiten

▶ *Punktlicht:* Diese Lichtart strahlt Licht in alle Richtungen, ähnlich wie die Sonne oder auch eine Glühbirne. Das Licht nimmt mit zunehmendem Abstand an Intensität ab.

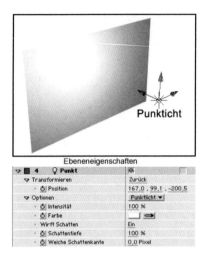

Abb. 4.41: Lichtart *Punktlicht*

▶ *Umgebung:* Diese Lichtart hat keine Quelle an sich; sie dient nur dazu, die gesamte Szene gleichmäßig zu beleuchten.

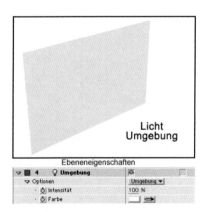

Abb. 4.42: Lichtart *Umgebung*

▶ *Intensität:* Die Stärke des Lichts bzw. die Helligkeit wird hier bestimmt. 100% ist die volle Helligkeit der gewählten Farbe. Höhere Werte machen das Licht greller und geringere Werte dunkler. Negative Werte subtrahieren Farbigkeit der bestrahlten Ebenen.

▶ *Lichtkegel:* Er ist nur bei Spotlichtern aktiv. Der Kegel bestimmt die Breite des Lichts und kann zwischen 0° und 180° gesetzt werden.

▶ *Weiche Kegelkante:* Sie ist nur bei Spotlichtern aktiv. Die Ränder des Lichtkegels können glatter oder hartkantig gesetzt werden.

▶ *Farbe:* Hier können Sie die Farbe auswählen, indem Sie auf das Rechteck klicken oder die Pipette benutzen.

▶ *Wirft Schatten:* Diese Möglichkeit kann eingeschaltet werden, damit bestrahlte Ebenen Schatten auf andere werfen.

▶ *Schattentiefe:* Die Dunkelheit bestimmt den Schatten.

▶ *Weiche Schattenkante:* Die Kanten eines Schattens können damit weicher oder härter eingestellt werden.

Zusätzlich zu diesen Einstellungen haben Lichter je nach Art einige Eigenschaften:

▶ *Point of Interest: Licht Parallel* und *Punktlicht* haben einen Punkt, auf den das Licht gerichtet ist.

▶ *Position:* Bis auf *Licht Umgebung* können Sie die Position des Lichtes in der Szene bestimmen.

▶ *Ausrichtung:* Nur Punktlichter können gedreht werden. Bei der Drehung wird der Point of Interest mitgedreht.

▶ *X-, Y-, und Z-Drehung:* Nur Punktlichter können in den einzelnen Achsen gedreht werden.

4.7 In Version 6.5 Adobe Encore DVD

Für die Erstellung von Schaltflächen oder Schaltflächenebenen für DVDs, die Sie in das Programm Adobe Encore DVD importieren können, verwenden Sie den Befehl *Ebene / Adobe Encore DVD / Schaltfläche erstellen*.

Sie müssen entweder eine Ebene oder eine Gruppe von Ebenen verwenden. Diese Ebenen können sogar animiert sein, damit haben Sie später bei der Erstellung von Menüs auf Ihren DVDs animierte Schaltflächen.

Wenn Sie das Format AVI für den Export bzw. für die Ausgabe in der Renderliste bestimmen, können sogar Ebenenzeitmarken von Adobe Encore DVD erkannt und weiter verwendet werden.

4.8 Zusammenfassung, Fragen und Übungen

Zusammenfassung

▶ Jedes Footage-Element in einer Komposition wird zur Ebene.

▶ Die Änderung einer Ebene beeinflusst das Footage-Element nicht.

▶ Sie können eine Ebene mehrmals duplizieren.

▶ Sie können die Dauer einer Ebene durch Ziehen von In-Point und Out-Point verändern.

▶ Standbilder werden so lang wie die Komposition.

▶ Im Ebenenfenster können Sie Masken erstellen.

▶ Eine 2D-Ebene kann in eine 3D-Ebene umgewandelt werden.

▶ Einstellungsebenen beeinflussen die darunter liegenden Ebenen.

Zusammenfassung

1. Wie können Sie den Namen einer Ebene ändern?
2. Ändern Sie die Reihenfolge einer Ebene.
3. Wie können Sie eine 2D-Ebene in eine 3D-Ebene ändern?
4. Erstellen Sie eine Text-Ebene mit dem Namen *Textebene*.
5. Erstellen Sie eine weiße Farbfläche 340 breit und 240 hoch.

5 Masken

Adobe After Effects 6/6.5

5 Masken

Masken sind Vektorformen, die Bereiche in einer Ebene unsichtbar machen, die sich nicht innerhalb der Form befinden. Wie jede Vektorform ist eine Maske ein Pfad, der aus Pfadsegmenten und Scheitelpunkten besteht; und genau so kann ein Pfad geschlossen oder offen sein. Zu beachten ist, dass nur ein geschlossener Pfad Bereiche maskieren kann.

Eine der Stärken von After Effects ist die Möglichkeit, bei jeder Ebene in einer Komposition eine unbegrenzte Anzahl von Masken zu erstellen und sogar miteinander zu kombinieren.

5.1 Neue Maske erstellen

Sie können Masken im Kompositions- oder im Ebenenfenster erstellen. Wenn Sie die Maske im Kompositionsfenster erstellen, müssen Sie die Ebene zuerst auswählen und dann die Maske erstellen. Wenn Sie die Maske im Ebenenfenster erstellen wollen, müssen Sie auf die Ebene im Zeitdiagramm doppelklicken oder Sie markieren alternativ die gewünschte Ebene in der Zeitleiste und wählen dann aus der Menüleiste *Ebene / Ebenenfenster*. Im Ebenenfenster können Sie nun die Maske erstellen. Welches Fenster Sie dazu verwenden, spielt keine Rolle, achten Sie aber darauf, dass Sie bei der Arbeit im Kompositionsfenster nicht versehentlich eine andere Ebene auswählen.

Die hier verwendeten Dateien sind *Lampy.bmp* und *Striche.bmp*.

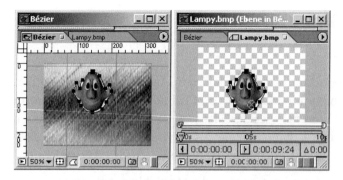

Abb. 5.1: Maske in Kompositionsfenster und Ebenenfenster in Version 6

Abb. 5.2: Untere Leiste in Kompositionsfenster und Ebenenfenster in Version 6.5

Um eine neue Maske zu erstellen, bietet After Effects zwei Möglichkeiten:

▶ Vordefinierte Formen

▶ Frei gezeichnete Formen

Die vordefinierten Formen finden Sie im Werkzeug-Fenster:

▶ Wenn Sie auf das Rechteckige-Maske-Werkzeug klicken, können Sie direkt auf der aktiven Ebene ein Rechteck aufziehen. Sobald Sie die Maus loslassen, ist die Maske fertig. Wenn Sie die ⇧-Taste gleichzeitig drücken, wird die Maske ein Quadrat.

▶ Wenn Sie eine ovale Maske brauchen, klicken Sie auf das Elliptische-Maske-Werkzeug. Ziehen Sie die Maske bei gedrückter linker Maustaste in die gewünschte Größe und lassen Sie die Maustaste los. Wenn Sie die ⇧-Taste während des Aufziehens gedrückt halten, erstellen Sie eine kreisförmige Maske.

Abb. 5.3: Rechteckige Maske

Abb. 5.4: Elliptische Maske

Wenn Sie eine Maske eigenhändig bzw. frei zeichnen wollen, aktivieren Sie das Zeichenstift-Werkzeug und setzen Sie so viele Scheitelpunkte, wie Sie für die Form brauchen. Sie haben insgesamt vier Werkzeuge zur Verfügung, die Sie miteinander kombinieren können.

Abb. 5.5: Zeichenstift-Werkzeuge

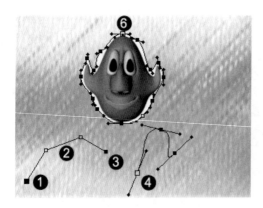

Abb. 5.6: Freihändige Maske

Sie können eine offene oder eine geschlossene Maske erstellen. Bei einer offenen Maske treffen der *Anfangsscheitelpunkt* (1) und der *Endscheitelpunkt* (3) nicht aufeinander. Bei jeder Art von Maske können Sie gerade *Pfadsegmente* (2) oder *bézierartige* (runde) (4) Pfadsegmente erstellen; bei geraden Pfadsegmenten brauchen Sie nur mit der Maus zu klicken und sie gleich wieder loszulassen, um den nächsten Scheitelpunkt auf die gleiche Art und Weise zu erstellen; der Scheitelpunkt wird auch als *Eckpunkt* bezeichnet. Bei bézierartigen Pfadsegmenten (4) klikken Sie mit der Maustaste und halten die Taste gedrückt, dann ziehen Sie die gedrückte Maus in die Richtung, wo Sie den nächsten Punkt setzen wollen. Sie sehen Tangenten, die aus dem Punkt gezogen werden; diese bestimmen die Abrundung der Kurve. Lassen Sie die Maustaste los und ziehen Sie zum nächsten Punkt usw. Die Scheitelpunkte werden *Übergangspunkte* genannt.

Ein geschlossener Pfad wird genauso wie ein offener Pfad erstellt, nur der Anfangsscheitelpunkt und der Endscheitelpunkt treffen sich (6), um den Pfad zu schließen. Nur geschlossene Pfade (6) können Teile einer Ebene maskieren. Offene Pfade können für Effekte verwendet werden.

HINWEIS Bézier-Kurven sind Kurvenverläufe, die durch zwei Endpunkte einer Kurve und die Besonderheiten der an ihnen angelegten Tangenten definiert sind. Durch Unterteilung von Kurvenzügen lassen sich alle Kurven als Bézier-Kurven darstellen. Viele moderne Grafikprogramme arbeiten mit dieser geometrischen Konstruktion, die von einem französischen Ingenieur entwickelt wurde. Bézier-Kurven finden auch bei der Gestaltung von Computerschriften Anwendung.

Abb. 5.7: Zeichenstift vor dem ersten Scheitelpunkt

Bei der Erstellung von Bézier-Kurven sehen Sie, wie sich beim Ziehen der Tangenten die Mausdarstellung ändert. Solange Sie die Maustaste gedrückt halten, können Sie die Richtung der Kurve bestimmen. Sobald Sie aber die Maustaste loslassen, wird die Kurve unveränderlich.

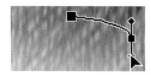

Abb. 5.8: Tangenten aus einem Scheitelpunkt ziehen

Falls Sie eine offene Maske bzw. einen Pfad erstellt haben und diesen Pfad weiterführen wollen, wählen Sie den Scheitelpunkt aus, an dem Sie die nächsten Segmente weiterzeichnen möchten. Sie müssen zuerst die Maske auswählen, damit die Auswahl sich nur auf diese Maske beschränkt; am besten öffnen Sie die Eigenschaften der Ebene und danach die Masken; Sie können auch das Tastaturkürzel für Masken [M] und dann die entsprechende Maske auswählen.

Abb. 5.9: Ausgewählte Maske

Alle Scheitelpunkte der Maske sind ausgewählt, wenn Sie eine Maske komplett auswählen. Sie sehen es daran, dass alle Scheitelpunkte gefüllt dargestellt werden. Der Unterschied zwischen ausgewählten und nicht ausgewählten Scheitelpunkten ist, dass die ausgewählten Scheitelpunkte gefüllt und die nicht ausgewählten Scheitelpunkte nicht gefüllt sind.

Abb. 5.10: Ausgewählte Scheitelpunkte

Ziehen Sie eine rechteckige Auswahl mit dem Auswahl-Werkzeug über den letzten Punkt des offenen Pfades. Wählen Sie das Scheitelpunkt-Werkzeug aus, danach können Sie weitere Scheitelpunkte zu dem Pfad hinzufügen.

Abb. 5.11: Maske schließen

Sie können einen offenen Pfad jederzeit schließen. Wenn Sie den ersten Punkt wieder treffen, ändert sich das Zeichenstift-Werkzeug: es hat nun einen weißen Kreis auf der rechten unteren Seite. Wenn Sie den ersten

Punkt wieder treffen, wird die Maske geschlossen, und Sie sehen die Wirkung der Maske sofort.

> **HINWEIS**
> Sie können jederzeit eine offene Maske zu einer geschlossenen Maske machen.

Geschlossene Maske öffnen

Eine Maske zu schließen ist relativ einfach, aber um eine geschlossene Maske wieder zu öffnen, müssen Sie *Ebene / Maskieren / Geschlossen* wählen. Es reicht nicht, einen oder mehrere Scheitelpunkte zu entfernen, denn die Maske bleibt trotzdem geschlossen.

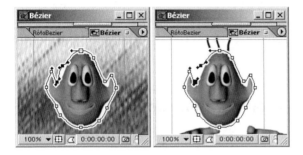

Abb. 5.12: Geschlossene Maske öffnen

Abb. 5.13: Untere Leiste im Kompositionsfenster Version 6.5

Sie müssen After Effects sagen, welches Pfadsegment entfernt werden soll, damit die Maske geöffnet werden kann. Wählen Sie ein Pfadsegment der geschlossenen Maske, die Sie öffnen wollen, und wählen Sie *Ebene / Maskieren / Geschlossen*, um die Maske zu öffnen.

Die Maske hat keine Wirkung mehr über die Ebene, weil sie jetzt offen ist.

RotoBézier-Maske

Eine RotoBézier-Maske ist eine Maske mit Bézier-Kurven, aber ohne Tangenten; die Kurven werden automatisch berechnet.

Abb. 5.14: RotoBézier-Maske

Um eine RotoBézier-Maske zu zeichnen, schalten Sie diese Option in der Werkzeug-Palette an, sobald Sie das Zeichenstift-Werkzeug aktivieren. Fahren Sie um die Form herum, ohne weiter an jedem Scheitelpunkt zu ziehen; die Rundung der Maske wird automatisch an die Punkte angepasst.

Ebeneneigenschaften der Masken

Sobald Sie eine Maske erstellen, wird diese auf der entsprechenden Ebene angezeigt und die Masken werden auch sofort durchnummeriert. Dabei ist es egal, ob sie offen oder geschlossen ist. Maske 1 (offen gerade), Maske 2 (offen Bézier) und Maske 3 (geschlossen).

Abb. 5.15: Masken auf der Ebene

Maskenform

Die Maskenform kann in Kompositionen oder in Ebenenfenstern jederzeit numerisch oder manuell geändert werden. Sie können die Maske verschieben, vergrößern, verkleinern, drehen, Scheitelpunkte hinzufügen, Scheitelpunkte entfernen und sogar all diese Änderungen als Animation speichern.

> **HINWEIS** Für einige Änderungen brauchen Sie nur das Auswahl-Werkzeug, für andere das Zeichenstift-Werkzeug.

Um die Maske numerisch zu ändern, öffnen Sie die Eigenschaften der Ebene und unter *Masken* öffnen Sie alle Eigenschaften der erstellten Masken, Sie finden den Begriff *Form*, klicken Sie darauf und das Dialogfenster *Maskenform* öffnet sich.

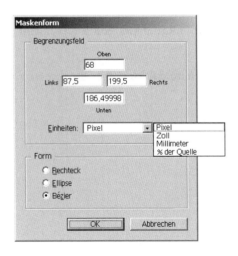

Abb. 5.16: Dialogfeld *Maskenform*

Die Einstellungen, die Sie im Dialogfenster *Maskenform* einstellen können, betreffen das rechteckige Begrenzungsfeld, das jede Maske hat.

Also sind die angegebenen Werte der Abstand der seitlichen Begrenzung der Maske. Wenn Sie die Werte ändern, dehnen oder stauchen Sie die Maske.

Die Einheiten sind in der Regel *Pixel*, aber Sie können zwischen *Zoll*, *Millimeter* und % (Prozent) *der Quelle* wählen.

Standardmäßig steht *Bézier* (kurvenartig) als *Form*, wenn Sie aber auf das Rechteck klicken, ändert sich die Form in ein Rechteck und bei selbst gezeichneten Formen verlieren Sie alle Scheitelpunkte, die für ein Rechteck nicht notwendig sind. Wenn Sie auf *Ellipse* klicken, geschieht das Gleiche, aber die Form ist rund.

Für die manuelle Veränderung einer Maskenform klicken Sie in der Werkzeug-Palette auf den Zeichenstift. Durch längeres Drücken der Maustaste können Sie auf die anderen Werkzeuge für die Veränderung der Scheitelpunkte zugreifen. Mit den verschiedenen Werkzeugen stehen Ihnen mehrere Möglichkeiten zur Verfügung, um die Maskenform zu ändern:

▶ Sie können die einzelnen Scheitelpunkte auswählen und verschieben, um die Form zu verändern.

▶ Sie können bei kurvenartigen Scheitelpunkten die Tangenten in eine andere Richtung ziehen.

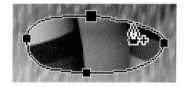

Abb. 5.17: Scheitelpunkt-hinzufügen-Werkzeug

▶ Sie können Scheitelpunkte auf die Pfadsegmente der Maske mit dem *Scheitelpunkt-hinzufügen-Werkzeug* hinzufügen. Die Maus bekommt ein Plus-Symbol an der rechten unteren Seite.

Abb. 5.18: Scheitelpunkt-löschen-Werkzeug

▶ Sie können Scheitelpunkte von der Maske entfernen, indem Sie auf den zu löschenden Scheitelpunkt mit dem *Scheitelpunkt-löschen-Werkzeug* klicken. Die Maus bekommt ein Minus-Symbol an der rechten unteren Seite.

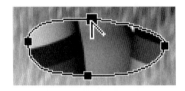

Abb. 5.19: Scheitelpunkt-konvertieren-Werkzeug

▶ Sie können Eckpunkte in Übergangspunkte ändern, indem Sie mit dem *Scheitelpunkt-konvertieren-Werkzeug* auf einen Eckpunkt klicken und die Tangenten ziehen; die Pfadsegmente werden abgerundet. Die Maus wird zu einem Winkel-Symbol.

▶ Sie können Übergangspunkte in Eckpunkte umwandeln, indem Sie mit dem *Scheitelpunkt-konvertieren-Werkzeug* auf einen Übergangspunkt klicken. Die Tangenten werden sofort zurückgezogen und die runden Pfadsegmente werden gerade.

▶ Sie können auf die Maske mit dem Auswahl-Werkzeug doppelklicken, um den Begrenzungsrahmen zu aktivieren, damit können Sie die Maske in der Breite oder/und in der Höhe verändern. Sie können damit auch die Maske drehen.

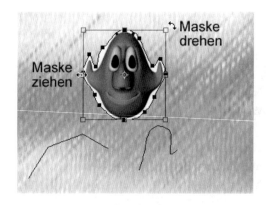

Abb. 5.20: Begrenzungsrahmen einer Maske

Weiche Maskenkante

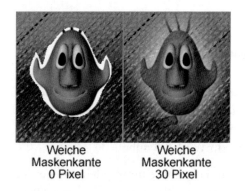

Abb. 5.21: Weiche Maskenkante im Vergleich

Die Begrenzung jeder Maske ist standardmäßig ohne Glättung. Über weiche Maskenkante kann sowohl vertikal als auch horizontal numerisch oder manuell geändert werden.

Die Maske wird zur Hälfte nach außen und zur Hälfte nach innen geglättet. Das heißt, dass bei einem Wert von 30 Pixel die Begrenzung 15 Pixel nach innen und 15 Pixel nach außen ist.

Maskendeckkraft

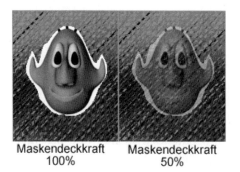

Maskendeckkraft 100%   Maskendeckkraft 50%

Abb. 5.22: Vergleich der Maskendeckkraft

Die Maskendeckkraft kann von 100% bis 0% eingestellt werden; damit wird der maskierte Bereich der Ebene transparenter dargestellt. Diese Deckkraft beeinflusst nicht die Deckkraft-Eigenschaft der Ebene, das heißt, wenn mehrere Ebenen auf der Ebene aktiv sind, kann jede Maske in ihrer Deckkraft unterschiedlich beeinflusst werden.

Maskenausweitung

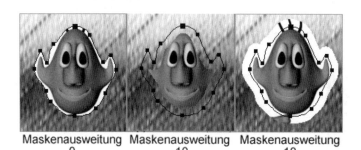

Maskenausweitung 0   Maskenausweitung -10   Maskenausweitung 10

Abb. 5.23: Maskenausweitung im Vergleich

Jede Maske kann gleichmäßig mit *Maskenausweitung* um eine feste Anzahl Pixel in alle Richtungen verkleinert oder vergrößert werden.

Wenn Sie die Werte negativ setzen, wird die Maske kleiner, bei positiven Werten wird die Maske größer.

Maskenmodi

Wenn Sie mehr als eine Maske auf einer Ebene erstellen, können Sie die Wirkung der Masken untereinander beeinflussen, um spezielle Maskenformen zu bekommen. Die *Maskenmodi* arbeiten wie Teile einer mathematischen Operation. Der erste Modus heißt *Ohne* und bedeutet, dass die Maske keine Wirkung auf die Ebene hat.

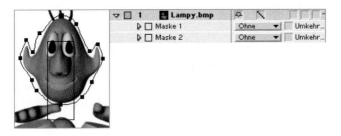

Abb. 5.24: Zwei Masken im Modus *Ohne*

Der Maskenmodus *Ohne* schaltet die Maske eigentlich aus.

Abb. 5.25: Zwei Masken im Modus *Addieren*

Der Maskenmodus *Addieren* zeigt die Summe beider Masken.

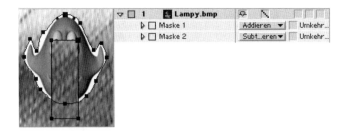

Abb. 5.26: Obere Maske im Modus *Addieren*, untere im Modus *Subtrahieren*

Der Maskenmodus *Subtrahieren* zeigt die Maske 1 ohne die Maske 2.

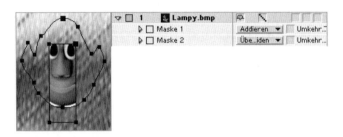

Abb. 5.27: Obere Maske im Modus *Addieren*, untere im Modus *Überschneiden*

Der Maskenmodus *Überschneiden* zeigt nur den Bereich, in dem sich beide Masken überlagern.

Abb. 5.28: Obere Maske im Modus *Addieren*, untere im Modus *Aufhellen*

Der Maskenmodus *Aufhellen* basiert auf Deckkraftwerten; wenn die Deckkraft der Maske 1 auf 100% liegt, wird die Maske 2 dazu addiert.

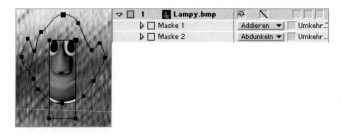

Abb. 5.29: Obere Maske im Modus *Addieren*, untere im Modus *Abdunkeln*

Der Maskenmodus *Abdunkeln* addiert die Deckkraft aller Masken, jedoch nur im dem Bereich, in dem sich die Masken überschneiden.

Abb. 5.30: Obere Maske im Modus *Addieren*, untere im Modus *Differenz*

Der Maskenmodus *Differenz* addiert alle Masken, aber zeigt den Bereich nicht, in dem sich die Masken überschneiden.

Maskennamen

Um den Maskenamen zu ändern, gehen Sie genauso vor wie beim Umbenennen von Ebenen.

Abb. 5.31: Standardnamen von Masken

Zuerst müssen Sie die Maske auswählen. Sie können das Tastaturkürzel für Masken [M] drücken, um nur die Masken zu öffnen. Drücken Sie die [↵]-Taste. Der Maskennamen wird ausgewählt.

Abb. 5.32: Maskenname ausgewählt

Sie können jetzt einen eigenen Namen mit maximal 32 Zeichen eingeben. Denken Sie also daran, keine zu langen Namen zu vergeben.

Abb. 5.33: Neuen Maskennamen eingegeben

Drücken Sie [↵] oder [↵], um die Auswahl aufzuheben.

Abb. 5.34: Maskenname fertig

Sie können die Masken jederzeit umbenennen.

5.2 Andere Ebenen als Maske verwenden

Sie können den Alpha-Kanal einer Ebene verwenden, um andere Ebenen zu maskieren; und Sie können auch die Maske einer Ebene auf andere Ebenen übertragen.

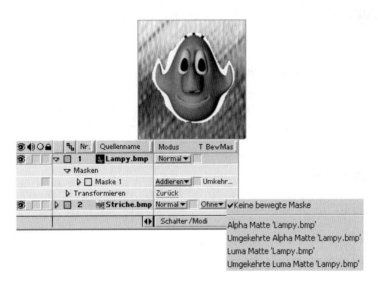

Abb. 5.35: Standardeinstellungen der Ebenen

Der normale Zustand einer Maske wirkt sich nur auf die Ebene aus, auf der die Maske erstellt worden ist.

Im normalen Modus ist die Spalte *Schalter/Modi* auf *Schalter* eingestellt; klicken Sie auf *Schalter/Modi*, um auf *Modus* und *Bewegte Maske* umzuschalten. Das Pulldown-Menü unter *BewMas* ist auf *Ohne* eingestellt; wenn Sie darauf klicken, öffnen sich die Möglichkeiten zur Maskierung. Standardmäßig ist die Einstellung *Keine bewegte Maske*.

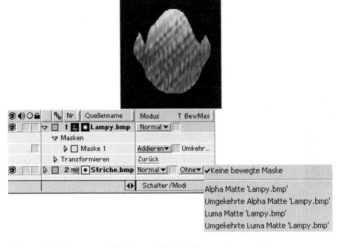

Abb. 5.36: *Bewegte Maske* auf *Alpha Matte* eingestellt

Klicken Sie auf das Pulldown-Menü der bewegten Maske (*BewMas*) und wählen Sie *Alpha Matte*. Die untere Ebene bekommt ein Symbol neben dem Ebenennamen mit einem schwarzen Kreis auf einer weißen Fläche. Gleichzeitig ist das Videosymbol der Ebene dunkler dargestellt; das ist die Ebene, die später sichtbar wird. Die obere Ebene bekommt ein Symbol mit einem weißen Kreis auf einer schwarzen Fläche; gleichzeitig ist das Videosymbol der Ebene ausgeschaltet, das heißt, diese Ebene ist nicht sichtbar, aber ihre Maske wird auf die darunter liegende angewendet. Diese Ebeneneinstellungen gelten für die anderen bewegten Masken.

Abb. 5.37: Umgekehrte Alpha Matte

Masken **197**

Hier verwenden Sie die Maske der Ebene aber im umgekehrten Sinn, also alle Bereiche der Ebene innerhalb der Maske werden transparent, der Rest der Ebene ist sichtbar.

Abb. 5.38: Luma Matte

Im Videobereich wird normalerweise zur Bilddarstellung das RGB-Format verwendet. Bei diesem Format werden die roten, grünen und blauen Farbanteile zu einer Mischfarbe kombiniert.

Das Bildformat *YUV* enthält im Gegensatz zum Bildformat *RGB* nicht drei verschiedene Farbanteile, sondern einen Anteil Helligkeit und zwei Farbanteile: *Luminanz* und *Chrominanz*.

Luminanz (Y) ist der Teil eines Videosignals, das den Helligkeitswert angibt – grundsätzlich die Schwarz-Weiß-Grundierung eines Farbbildes.

Die *Chrominanz* (U und V) beschreibt die Farbart eines Bildes, die sich aus Farbton und Farbsättigung zusammensetzt. Der Farbton wird durch den Anteil des Lichts bestimmt, den ein Objekt reflektiert.

Also werden mit *Luma Matte* die Helligkeitswerte der unteren Ebene als Transparenz für die obere Ebene verwendet.

In *Ungekehrte Luma Matte* werden die Helligkeitswerte der unteren Ebene im umgekehrten Modus als Transparenz für die obere Ebene verwendet.

Abb. 5.39: Umgekehrte Luma Matte

5.3 Pausstift

Mit dem *Pausstift* haben Sie die Möglichkeit, den Alpha-Kanal einer Ebene in eine oder mehrere Masken zu konvertieren. Sie können sogar einen der Farbkanäle für die Erstellung von Masken verwenden. Die Ebene und der Alpha-Kanal bleiben erhalten.

Für die Übung mit dem Pausstift können Sie eine fertige Datei mit Alpha-Kanal verwenden.

Erstellen Sie ein neues Projekt und speichern Sie es unter *Bongos.aep*.

▶ Importieren Sie die Datei *Lampy_Bongos.tif*.

▶ Erstellen Sie eine neue Komposition.

▶ Neu *Bongos*, Breite 320, Höhe 240, Framerate 25, Dauer 0:00:02:00.

▶ Ziehen Sie *Lampy_Bongos.tif* in die Zeitleiste.

▶ Wählen Sie die Ebene *Lampy_Bongos* aus.

Abb. 5.40: Ausgewählte Ebene

▶ Öffnen Sie das Dialogfenster *Pausstift* über *Ebenen / Pausstift*....

Abb. 5.41: Dialogfenster *Pausstift*

▶ Die Zeitspanne kann auf ein einziges Frame gesetzt werden oder auf die Länge des Arbeitsbereiches. Wenn Sie einen längeren Arbeitsbereich übernehmen, können Sie eine ganze Animation maskieren. Mehrere Masken werden erstellt und gleichzeitig animiert. Das bedeutet eine sehr hohe Anzahl von Keyframes in der Maskenform.

▶ Unter den Optionen finden Sie:

 ▶ *Toleranz*: Die Toleranz legt fest, wie stark die Maskenkontur der Form des Alpha-Kanals entspricht. Je höher der Wert, desto ungenauer, eckiger und schneller wird die Maske erstellt. Je kleiner der Wert, umso genauer wird die Maske nach dem Alpha-Kanal erstellt.

 ▶ *Schwellenwert*: Hier wird bestimmt, ob die Maske näher der weißen Farbe oder der schwarzen Farbe nachgezeichnet wird. Je höher der Prozentwert, desto näher wird der weißen Farbe nachgezeichnet, je niedriger der Wert, desto näher wird der schwarzen Farbe nachgezeichnet, also der Transparenz.

 ▶ *Kanal*: Sie können zwischen Alpha-Kanal, Rot-Kanal, Grün-Kanal, Blau-Kanal oder Luminanz wählen.

- *Umkehren*: Sie können damit die transparenten Bereiche sichtbar machen und die sichtbaren unsichtbar.
- *Weichzeichnen*: Niedrige Werte zeichnet die Maske enger an dem Alpha-Kanal nach.
- *Auf neue Ebene anwenden:* Erstellt eine Farbfläche mit den neuen Masken.

Abb. 5.42: Pausstift auf einer neuen Ebene

Abb. 5.43: Untere Leiste im Kompositionsfenster Version 6.5

After Effects erstellt so viele Masken, wie notwendig sind, um die Form oder Formen nachzuzeichnen. Sie sehen in der Abbildung, dass die Maske sich nicht nur auf die Kompositionsgröße beschränkt, sondern auf die gesamte Größe der Ebene.

Abb. 5.44: Vier neue Masken erstellt

In diesem Fall wurden vier neue Masken erstellt. Damit die Masken untereinander das Bild richtig darstellen können, ist der Modus für alle Masken *Differenz*.

Bitte speichern Sie Ihre Arbeit regelmäßig.

5.4 Masken aus Text erstellen

Eine Variante für die Erstellung von Masken ist, einen Text zu erstellen, und aus diesem eine oder mehrere Masken zu erstellen. Die neue Maske wird in einer neuen Ebene erstellt.

Für die nächste Übung nehmen Sie ein Bild, schreiben einen Text darüber und erstellen Masken in Form vom Buchstaben.

▶ Erstellen Sie ein neues Projekt und speichern Sie es als *STOP.aep*.

▶ Importieren Sie die Datei *Striche.bmp*.

▶ Erstellen Sie eine neue Komposition.

▶ Neu *Textmaske*, Breite 320, Höhe 240, Framerate 25, Dauer 0:00:02:00.

▶ Ziehen Sie *Striche.bmp* in die Zeitleiste.

▶ Erstellen Sie eine Text-Ebene.

▶ STOP, Arial Black, Italic, Vordergrundfarbe Weiß, Größe 90 Pixel.

Abb. 5.45: Text-Ebene über Bild-Ebene

Abb. 5.46: Untere Leiste im Kompositionsfenster Version 6.5

Wählen Sie die Ebene *T STOP* und wählen Sie *Ebene / Outlines erstellen*.

Bitte speichern Sie Ihre Arbeit regelmäßig.

Abb. 5.47: Masken aus Text erstellen

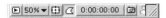

Abb. 5.48: Untere Leiste im Kompositionsfenster Version 6.5

Für jedes Textzeichen wurde eine Maske erstellt, für die Buchstaben wie
O oder *P* wurden sogar jeweils zwei Masken erstellt, um die inneren
Formen auszulassen. Die neue Ebene bekommt den Namen der Text-
Ebene und *Outlines* dazu. Jede Maske bekommt den Namen des Zei-
chens, das nachgestellt worden ist.

Masken kopieren

Sie können Masken von einer Ebene in eine andere kopieren oder in einer Ebene ausschneiden und in eine andere einfügen. Die Position der
Maske bleibt auf der neuen Ebene gleich.

Die Masken aus der Ebene *STOP Outlines* werden in die Ebene *Stri-
che.bmp* eingefügt.

Abb. 5.49: Alle Masken ausgewählt

Abb. 5.50: Untere Leiste im Kompositionsfenster Version 6.5

Wählen Sie alle Masken aus der Ebene *STOP Outlines*. Sie können dazu
die ⇧-Taste drücken. Kopieren Sie die Masken in die Zwischenablage
über *Bearbeiten / Kopieren* oder Strg + C.

Abb. 5.51: Eingefügte Masken

Abb. 5.52: Untere Leiste im Kompositionsfenster Version 6.5

Wählen Sie die Ebene *Striche.bmp* aus und fügen Sie die Masken der Zwischenablage über *Bearbeiten / Einfügen* oder [Strg] + [V] ein.

Die eingefügten Masken werden in die gleiche Position eingefügt, aber sie haben den Standard-Modus *Addieren*. Dieses ist klar zu sehen in den Zeichen O und P. Sie könnten alle Masken auf den Modus *Subtrahieren* oder *Differenz* setzen, aber eigentlich reicht es in den Masken, deren Form in den Zeichen liegt. Hier heißen sie O1 und P1; diese Namen sind nach dem Einfügen vom Programm vergeben worden.

Abb. 5.53: Zwei Maskenmodi geändert

Abb. 5.54: Untere Leiste im Kompositionsfenster Version 6.5

Wählen Sie die Masken *O1* und *P1* mit [Strg] aus; wenn Sie zusätzlich die Taste [⇧] gedrückt halten, werden alle dazwischen liegenden Masken auch ausgewählt.

5.5 Masken aus Adobe Illustrator oder Adobe Photoshop kopieren

Wenn Sie mit den Programmen Adobe Illustrator oder Adobe Photoshop vertraut sind, kennen Sie die Möglichkeiten dieser Programme, mit Pfaden zu arbeiten.

Öffnen Sie z.B. Adobe Illustrator und erstellen Sie ein neues Dokument.

Setzen Sie am besten die Einheiten auf Pixel.

Setzen Sie die Breite auf 320 und die Höhe auf 240. Das werden die Maße für die Komposition in After Effects sein. Die Maße müssen nicht gleich sein, aber es erleichtert die Arbeit.

Ziehen Sie mit dem Stern-Werkzeug einen Stern.

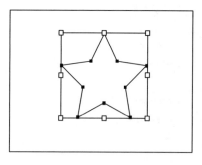

Abb. 5.55: Stern in Adobe Illustrator erstellt

Nachdem Sie den Stern erstellt haben, wählen Sie ihn aus und kopieren Sie ihn in die Zwischenablage über *Bearbeiten / Kopieren* oder Strg + C.

In After Effects erstellen Sie ein neues Projekt und speichern es als *Illumask.aep*.

▶ Erstellen Sie eine neue Komposition.

▶ Name: *Komp 1*, Breite 320, Höhe 240, Framerate 25, Länge 0:00:05:00.

▶ In der Komposition erstellen Sie eine neue Farbfläche.

▶ Name *Hellgraue Farbfläche 1*, Breite 320, Höhe 240, Farbe Gelb: Rot 191, Grün 191, Blau 191.

▶ Speichern Sie das Projekt als *Illumask.aep*.

▶ Wählen Sie die Farbfläche aus und über *Bearbeiten / Einfügen* fügen Sie den in Illustrator kopierten Pfad ein.

Abb. 5.56: Pfad aus Adobe Illustrator als Maske eingefügt

Der Pfad wird als Maske hinzugefügt und alles um den Stern herum ist transparent.

▶ Öffnen Sie die Eigenschaften der Ebene.

▶ Öffnen Sie Masken, um die Eigenschaften der Masken zu sehen.

▶ Der Masken-Modus wurde auf *Differenz* gesetzt.

▶ Bitte speichern Sie Ihre Arbeit regelmäßig.

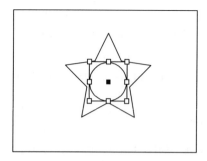

Abb. 5.57: Kreisförmiger Pfad aus Illustrator kopiert

▶ Wenn Sie die Wirkung mehrerer Masken sehen wollen, erstellen Sie einen kreisförmigen Pfad in Illustrator, der kleiner ist als der Stern, und kopieren Sie ihn in die Zwischenablage.

▶ In After Effects fügen Sie den kopierten kreisförmigen Pfad in die Ebene mit der Farbfläche ein.

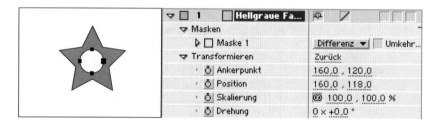

Abb. 5.58: Zweite Maske mit Differenz-Modus

Die kopierten Pfade sind geschlossen, Sie können genauso offene Pfade verwenden, aber in der Ebene wird nichts maskiert. Sie können jedoch diese Pfade als Bewegungspfad verwenden, wie Sie im Kapitel über Animation lernen werden.

Sie können die gleiche Methode anwenden, um Pfade aus Photoshop in After Effects zu kopieren.

> **HINWEIS** Sie können zwar Pfade in anderen vektororientierten Programmen wie z.B. Macromedia FreeHand oder CorelDRAW erstellen, aber die Masken können Sie nur aus Adobe Photoshop oder Adobe Illustrator über die Zwischenablage kopieren.

5.6 Masken mehrmals verwenden

Aufwendige Masken können sehr viel Zeit in Anspruch nehmen, und oft möchten Sie bestimmte Masken wiederverwenden. Sie können Masken als solches nicht speichern oder exportieren, aber Sie können die Masken für andere Projekte verfügbar machen, indem Sie:

▶ Die Masken über die Zwischenablage in eine Extra-Datei in Photoshop als Pfad einfügen und die Datei speichern. Wenn Sie die Maske wiederverwenden wollen, können Sie die Maske oder Masken über die Zwischenablage wieder in After Effects einsetzen.

▶ Die Masken über die Zwischenablage in eine Extra-Datei in Illustrator einfügen und die Datei speichern. Sie können die Maske oder Masken über die Zwischenablage wieder verwenden.

▶ Die Masken über die Zwischenablage in ein neues Projekt einfügen.

▶ Das Projekt mit den Masken in das neue Projekt importieren und die Masken aus der Ebene über die Zwischenablage in die Ziel-Ebene einfügen.

Sie können sogar animierte Masken über die Zwischenablage kopieren und in andere Ebenen mit der Animation einfügen.

5.7 Maske mit dem Ausschnitt-Werkzeug verschieben

Wenn Sie eine Ebene mit Maske mit dem Auswahl-Werkzeug verschieben, ändert sich die Position der Ebene und gleichzeitig die Position der Maske relativ zum Kompositionsfenster.

Wenn Sie das Ausschnitt-Werkzeug zum Verschieben einer Ebene mit Maske verwenden, ändern Sie den Ankerpunkt der Ebene. Die Position der Ebene relativ zum Kompositionsfenster ändert sich, aber die Maske bleibt in der gleichen Position relativ zum Kompositionsfenster.

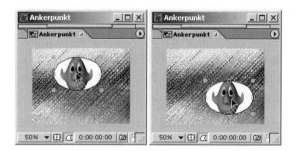

Abb. 5.59: Ebene mit Auswahl-Werkzeug bewegen

Abb. 5.60: Untere Leiste im Kompositionsfenster Version 6.5

Die Position der Ebene in einer Komposition wird immer zwischen dem Ankerpunkt der Ebene und dem Null-Punkt der Komposition (links oben) gemessen.

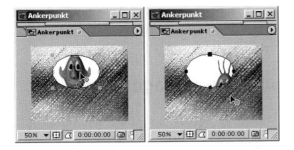

Abb. 5.61: Ebene mit Ausschnitt-Werkzeug bewegen

Abb. 5.62: Untere Leiste im Kompositionsfenster Version 6.5

Wenn Sie den Ankerpunkt verschieben, bleibt zwar der Ankerpunkt in der gleichen Position relativ zur Komposition, aber die Ebene liegt in einer anderen Position.

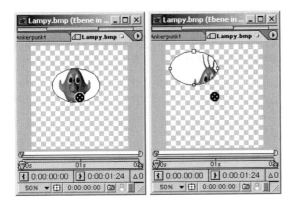

Abb. 5.63: Maske im Ebenenfenster nach dem Verschieben mit Ausschnitt-Werkzeug

Abb. 5.64: Untere Leiste im Kompositionsfenster Version 6.5

Masken

Im Ebenenfenster ist deutlich zu sehen, dass der Ankerpunkt Mittelpunkt der Ebene bleibt, aber die Maske wurde verschoben.

5.8 Zusammenfassung, Fragen und Übungen

Zusammenfassung

- ▶ Masken sind Vektorformen, die in einer Ebene bestimmte Bereiche transparent machen können.
- ▶ Sie können offene und geschlossene Masken erstellen.
- ▶ Sie können Masken direkt aus der Werkzeug-Palette erstellen.
- ▶ Sie können eine offene Maske schließen, und auch eine geschlossene Maske öffnen.
- ▶ Sie können mehrere Masken miteinander kombinieren.
- ▶ Sie können Masken aus Adobe Illustrator und Adobe Photoshop über die Zwischenablage kopieren.

Fragen und Übungen

1. Erstellen Sie eine quadratische Maske.
2. Wie können Sie eine offene Maske schließen?
3. Können Sie Masken von einer Ebene in eine andere einfügen?
4. Was ist die Funktion des Pausstifts?
5. Wie können Sie eine Maske aus Adobe Illustrator in After Effects verwenden?

Animation

Adobe After Effects 6/6.5

6 Animation

In Adobe After Effects können Sie alle Eigenschaften eines Elements in einer Ebene animieren. Sie brauchen dazu nur dem Programm mitzuteilen, dass Sie bestimmte Eigenschaften in der Zeitleiste animieren wollen After Effects setzt danach für jeden Animationsstart einen *Keyframe* (aus dem Englischen für *Schlüsselbild*), also eine Art Markierung. Die Erstellung der Animation zwischen zwei Keyframes wird vom Programm übernommen, diese Veränderung heißt *Interpolation*.

Abb. 6.1: Animation der Skalierung und Position innerhalb von 25 Frames

6.1 Stoppuhr aktivieren

Um eine Animation bei einer Ebene anzufangen, gehen Sie zu dem Zeitpunkt, an dem Sie die Animation starten wollen. Um die Eigenschaften einer Ebene zu öffnen, klicken Sie auf das kleine Dreieck neben der Ebenennummer, Sie sehen den Begriff *Transformieren*, klicken Sie auf das kleine Dreieck neben *Transformieren*, alle Eigenschaften sind dann sichtbar .Bei der Eigenschaft, die Sie animieren wollen, schalten Sie die Stoppuhr an.

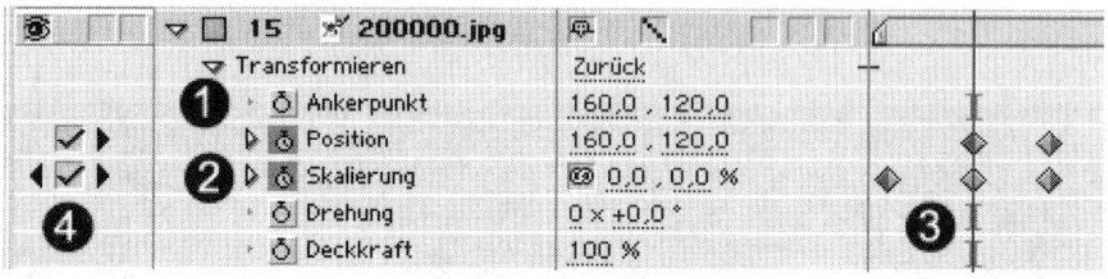

Abb. 6.2: Stoppuhr aktiviert

▶ (1) Die Eigenschaft *Ankerpunkt* hat keine Stoppuhr aktiviert.

▶ Die Eigenschaft *Position* und die Eigenschaft *Skalierung* (2) haben die Stoppuhr aktiviert.

▶ (3) Sobald die Stoppuhr aktiv ist, wird der erste Keyframe erstellt; bei jeder Veränderung der Werte wird an der Position der Zeitmarke ein neuer Keyframe eingefügt.

▶ Vom ersten Keyframe an wird der *Keyframe-Navigator* (4) aktiv. Mit dem Keyframe-Navigator können Sie zwischen den Keyframes hin und her gehen. Wenn Sie auf die schwarzen Dreiecke klicken, können Sie die Zeitmarke zum nächsten Keyframe verschieben; das Häkchen wird aktiv, wenn die Zeitmarke auf einem Key ist.

Sie können eine Animation starten, ohne direkt auf die Stoppuhr zu klicken. Sie brauchen nur die Zeitmarke dahin zu stellen, wo Sie die Animation starten wollen. Danach wählen Sie die Eigenschaft, die animiert wird, z.B. die Position, und über *Animation / Position Keyframe hinzufügen* wird die Stoppuhr beim ersten Key automatisch gestartet.

Keyframe-Symbole ändern

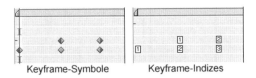

Abb. 6.3: Keyframe-Darstellung in der Zeitleiste

Die Keyframes einer Animation werden standardmäßig als Rauten-Symbole dargestellt. Diese Symbole stellen den Anfang, eine Veränderung in der Mitte und das Ende der Animation dar. Das Anfang-Symbol hat die linke Hälfte dunkelgrau und die rechte hellgrau, das Ende-Symbol hat die linke Hälfte hellgrau und die rechte dunkelgrau, alle Symbole dazwischen sind hellgrau.

Statt Keyframe-Symbole können Sie auch Keyframe-Indizes anzeigen lassen. Unter den Optionen der Zeitleistenfenster können Sie eine der beiden Möglichkeiten wählen.

6.2 Erste Animation erstellen

Bevor Sie mit einer Animation anfangen, sollten Sie sich im Klaren sein, wie der Ablauf der Animation, also dessen Veränderung durchgeführt werden soll.

Storyboard

Am besten skizzieren Sie die einzelnen Veränderungen in Form von Schlüsselbildern, die später die Keyframes sein werden. Erstellen Sie also ein *Storyboard* für Ihre Animation. Es muss nicht detailgetreu sein, aber je mehr Zeit Sie in das Storyboard investieren, desto präziser können Sie später arbeiten.

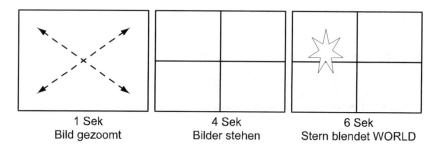

Abb. 6.4: Anfang vom Storyboard

Vier verschiedene Standbilder werden jeweils innerhalb einer Sekunde von der Mitte aus gezoomt und dann wieder verkleinert und jeweils in eine Ecke verschoben.

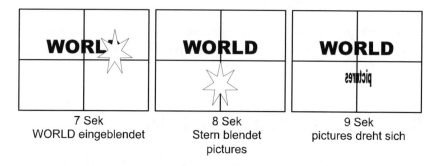

Abb. 6.5: Zweiter Teil vom Storyboard

Danach werden die einzelnen Buchstaben des Worts *WORLD* mit einem Stern eingeblendet, dann wird das gesamte Wort *pictures* mit demselben Stern eingeblendet und zwei Mal in sich gedreht.

Am Ende bleibt der Titel *WORLD pictures* stehen.

Für die Umsetzung dieser Animation gehen Sie so vor:

Öffnen Sie das Projekt *WORLD.aep*. Öffnen Sie die Komposition *WORLDp*.

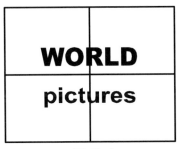

10 Sek
WORLD pictures
steht

Abb. 6.6: Ende der Animation

Wählen Sie die Ebene 14 mit dem Bild *20000.jpg* und öffnen Sie die Eigenschaften. Sie werden die Skalierung und die Position animieren. Wenn Sie nur bestimmte Eigenschaften sehen wollen, ohne alle Eigenschaften jedes Mal öffnen zu müssen, können Sie die Tastaturkürzel für die entsprechenden Eigenschaften verwenden: [S] für Skalierung und [P] für Position. Wenn Sie zuerst [S] für die Skalierung drücken und später die Position dazu öffnen wollen, drücken Sie auf [⇧] + [P], um die Position zu öffnen.

Gehen Sie auf Zeit 0:00:00:00 oder verschieben Sie die Zeitmarke, bis Sie diesen Frame erreichen.

Für die Animation können Sie zuerst die Stoppuhr bei Skalieren starten und nachher den Wert eingeben oder zuerst den Wert eingeben und nachher die Stoppuhr starten; wichtig ist nur, dass Sie bei der Zeit 0:00:00:00 bleiben. Setzen Sie den Wert auf 0%. Sie können den Wert mit der Maus ändern, indem Sie auf die Zahl in der Spalte *Schalter/Modi* klicken, die Maustaste gedrückt halten und die Maus nach links ziehen, bis Sie 0 erreichen. Wenn Sie aber weiterziehen, werden die Werte negativ und die Ebene wird wieder vergrößert, aber spiegelverkehrt. Sie können auf den Wert klicken und loslassen, danach die Zahl eingeben.

- Gehen Sie auf Zeit 0:00:00:13.
  - Setzen Sie die Skalierung auf 100%.
  - Starten Sie die Stoppuhr bei der Position, der Wert ist 160,0, 120,0.
- Bitte speichern Sie Ihre Arbeit regelmäßig.
- Gehen Sie auf Zeit 0:00:01:00.
  - Setzen Sie die Skalierung auf 50%.
  - Setzen Sie die Position auf 80,0 , 60,0.

Die Keyframes schauen folgendermaßen aus:

Abb. 6.7: Skalierung animiert

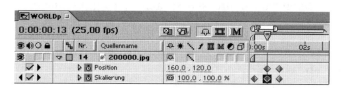

Abb. 6.8: Skalierung und Position animiert

Falls Sie eine Änderung bei einem der Keyframes vornehmen wollen, können Sie entweder wieder mit der Zeitmarke auf den Zeitpunkt gehen, indem Sie auf dem Keyframe-Navigator die Pfeile anklicken, bis Sie den Zeitpunkt erreichen, Sie können die Zeitmarke manuell verschieben, oder Sie können auf den entsprechenden Keyframe doppelklicken und die Werte in dem Dialogfenster ändern.

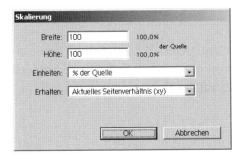

Abb. 6.9: Werte für die Skalierung beim zweiten Keyframe

Sie müssen nicht mit der Zeitmarke bei diesem Zeitpunkt sein, um das Dialogfenster *Skalierung* zu öffnen.

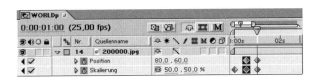

Abb. 6.10: Ende der Animation für Skalierung und Position

Falls Sie einen oder mehrere Keyframes in der Zeit verschieben möchten, können Sie mit dem Auswahl-Werkzeug einen Auswahlrahmen über die Keyframes ziehen, danach die Keyframes mit der Maus in die entsprechende Zeit platzieren; als Hilfe können Sie die Keyframe-Zeit (Zeitveränderung) in der Info-Palette beobachten.

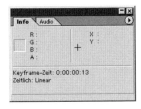

Abb. 6.11: Info über verschobene Keyframes

Animation

Bewegungspfad

Wenn Sie die Position einer Ebene animieren, bekommt diese Ebene einen *Bewegungspfad*, also eine punktierte Linie, die eine Verbindung zwischen allen Position-Keyframes auf der Ebene erstellt.

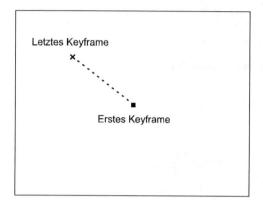

Abb. 6.12: Bewegungspfad

Die einzelnen Punkte des Pfades zeigen die Frames, die für die Animation verwendet worden sind. Der erste Keyframe wird als Viereck dargestellt, alle weitere Keyframes werden als X gezeigt.

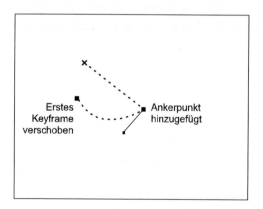

Abb. 6.13: Bewegungspfad mit dem Zeichenstift-Werkzeug verändert

Der Bewegungspfad kann wie ein normaler Pfad behandelt werden; die einzelnen Keyframes sind die Ankerpunkte und die punktierte Linie das Pfadsegment. Sie können also mit dem Zeichenstift-Werkzeug Ankerpunkte hinzufügen oder entfernen und mit dem Auswahl-Werkzeug verschieben; die Ankerpunkte werden in der Zeitleiste entsprechend als Keyframes dargestellt.

Bewegungspfad aus Adobe Illustrator oder Adobe Photoshop kopieren

Wie im Kapitel über Masken erwähnt worden ist, können Pfade aus Programmen wie Illustrator oder Photoshop als Masken eingefügt werden.

Sie können aber die Pfade aus diesen Programmen auch als Bewegungspfade einfügen.

▶ Öffnen Sie das Projekt *Illumask.aep*, das Sie im Kapitel über Masken erstellt haben.

▶ In Illustrator erstellen Sie einen Kreis, der größer ist als der fünfzackige Stern, ca. 186 Pixel.

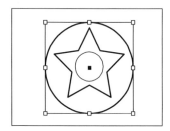

Abb. 6.14: Kreis in Illustrator für die Animation

▶ Kopieren Sie den Kreis in die Zwischenablage.

▶ In After Effects erstellen Sie in *Komp 1* eine neue Farbfläche über die hellgraue Farbfläche 1.

▶ Name: Schwarze Farbfläche 1, Breite 20, Höhe 20, Farbe Schwarz Rot 255, Grün 255, Blau 255.

▶ Bitte speichern Sie Ihre Arbeit regelmäßig.

▶ Öffnen Sie die Eigenschaften der Ebene *Schwarze Farbfläche 1*.

▶ Öffnen Sie *Transformieren* und wählen Sie *Position*; Sie können gleich das Tastaturkürzel P für Position benutzen.

Abb. 6.15: *Position* **auswählen**

▶ Fügen Sie den in die Zwischenablage kopierten Pfad ein.

Abb. 6.16: Erstellte Keyframes aus Illustrator-Pfad

Der Pfad aus Illustrator wurde nicht als Maske eingesetzt, sondern als Bewegungspfad. Insgesamt sind fünf Keyframes eingefügt worden, das liegt an der Anzahl der Scheitelpunkte, die den Kreis bestimmen. Um einen geschlossenen Pfad zu erzeugen, muss sich der erste Scheitelpunkt mit dem letzten Scheitelpunkt treffen. Hier besitzen der erste Keyframe und der fünfte Keyframe eine andere Interpolation als die mittleren drei. Durch diese Art der Interpolation können Sie die Länge der Animation verändern, indem Sie den letzten Keyframe in die richtige Zeit verschieben, alle anderen Keyframes werden gleichmäßig verteilt.

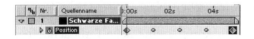

Abb. 6.17: Gesamte Animation verlängert

Verschieben Sie den fünften Keyframe auf Zeit 0:00:04:24. Beachten Sie die Info-Palette für die genaue Zeit. Die Animation ist jetzt fünf Sekunden lang.

Keyframes kopieren

Für die drei anderen Ebenen mit Standbildern in der Komposition *WORLDp* können die Keyframes für die Skalierung kopiert werden, denn diese Animation ist für die Ebenen *200005.jpg*, *200020.jpg*, *200050.jpg* gleich, nur die Position ist für jede Ebene anders.

Um Keyframes zu kopieren, reicht es, wenn Sie den entsprechenden Keyframe auswählen und über *Bearbeiten / Kopieren* oder mit Strg + C in die Zwischenablage kopieren. Wenn Sie alle Keyframes einer Eigenschaft kopieren wollen, klicken Sie auf den Namen der Eigenschaft und alle Keyframes werden ausgewählt. Kopieren Sie die drei Keyframes in die Zwischenablage.

Abb. 6.18: Alle Keyframes der Skalierung ausgewählt

▶ Gehen Sie auf Zeit 0:00:01:00. Wählen Sie die Ebene *200005.jpg* aus.

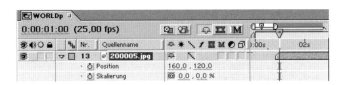

Abb. 6.19: Ausgewählte Ebene 200005.jpg ohne Keyframes

▶ Fügen Sie die in die Zwischenablage kopierten Keyframes ein; die Skalierung bekommt jetzt die drei Keyframes ab diesem Zeitpunkt.

▶ Bitte speichern Sie Ihre Arbeit regelmäßig.

Abb. 6.20: Eingefügte Keyframes ab Zeitpunkt 0:00:01:00

> **HINWEIS**
> Auf welchen Zeitpunkt Sie die Keyframes kopieren, ist vollkommen egal; wann Sie die Keyframes einfügen, ist sehr wichtig, denn die Animation wird ab diesem Zeitpunkt erstellt.

▶ Solange die Ebene *200005.jpg* aktiv ist, gehen Sie auf Zeit 0:00:01:13.

▶ Starten Sie die Stoppuhr bei der Position, der Wert ist 160,0 , 120,0.

▶ Gehen Sie auf Zeit 0:00:02:00

▶ Setzen Sie die Position auf 240,0 , 60,0.

▶ Wenn Sie in die Zwischenablage nichts Neueres kopiert haben, bleiben die Keyframes vorhanden und sie können auf den anderen Ebenen eingefügt werden.

▶ Wählen Sie die Ebene *200020.jpg* aus und gehen Sie auf Zeit 0:00:02:00, fügen Sie die drei kopierten Keyframes der Skalierung wieder ein.

▶ Bitte speichern Sie Ihre Arbeit regelmäßig.

▶ Gehen Sie auf Zeit 0:00:02:13.

▶ Starten Sie die Stoppuhr bei der Position, der Wert ist 160,0 , 120,0.

▶ Gehen Sie auf Zeit 0:00:03:00.

▶ Setzen Sie die Position auf 80,0 , 180,0.

▶ Wählen Sie die Ebene *200050.jpg* aus und gehen Sie auf Zeit 0:00:03:00, fügen Sie die drei kopierten Keyframes der Skalierung wieder ein.

▶ Gehen Sie auf Zeit 0:00:03:13.

▶ Starten Sie die Stoppuhr bei der Position, der Wert ist 160,0 , 120,0.

▶ Gehen Sie auf Zeit 0:00:04:00.

▶ Setzen Sie die Position auf 160,0 , 120,0.

▶ Bitte speichern Sie Ihre Arbeit regelmäßig.

Keyframes mit Zeitdehnung gleichmäßig verteilen

Wenn Sie eine Animation erstellt haben, indem Sie eine oder mehrere Eigenschaften in einer Ebene mit vielen Keyframes geändert haben, und die gesamte Animation verkürzen oder verlängern müssen, könnten Sie jeden Keyframe zwar einzeln verschieben, aber das würde zu viel Zeit kosten und Sie müssen die zeitlichen Abstände der Frames selber ausrechnen.

Die Zeitdehnung der Ebenen, die im Kapitel über Ebenen behandelt worden ist, kann in diesen Fall sehr hilfreich sein.

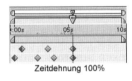

Abb. 6.21: Dauer der Ebene auf 100%

Wählen Sie die Ebene aus, und über *Ebene / Zeitdehnung...* ändern Sie die Dehnung.

Abb. 6.22: Alle Frames werden um 50% zusammengezogen

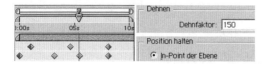

Abb. 6.23: Alle Frames werden um 150% auseinander gezogen

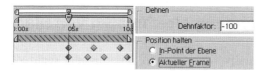

Abb. 6.24: Durch Umkehren wird auch die Animation rückwärts laufen

Wenn Sie einen negativen Wert angeben, wird die Ebene mitsamt Keyframes in die umgekehrte Richtung laufen.

Zeitverzerrung aktivieren

Mit der Zeitdehnung haben Sie entweder die gesamte Dauer verkürzt, die gesamte Dauer verlängert oder die Ebene rückwärts laufen lassen.

Mit *Zeitverzerrung* können Sie all diese Veränderungen innerhalb einer Ebene nach Belieben kombinieren. Sie können das Video anhalten, kurz zurückspielen, schnell vorspielen, rückwärts abspielen und wieder anhalten usw.

Um diese Möglichkeiten besser anschauen zu können, nehmen Sie ein Video mit einer durchlaufenden Bewegung, z.B. ein laufendes Tier. Falls Sie kein Video zur Verfügung haben, nehmen Sie *Explosi.mov*.

Erstellen Sie ein neues Projekt.

Importieren Sie das QuickTime-Movie *Explosi.mov*. Dieses Video hat eine Breite von 320 und eine Größe von 240, die Länge ist 13:10 bei 25 fps. In diesem Video wird im Weltall ein Meteorit von zwei Plasmatorpedos getroffen, er explodiert und es bleibt nur ein Stern.

▶ Erstellen Sie eine neue Komposition.

▶ Name: Zeitverzerrung, Breite 320, Höhe 240, Framerate 25, Dauer 0:00:15:00.

▶ Gehen Sie auf Zeit 0:00:00:00.

▶ Ziehen Sie das Footage-Element *Explosi.mov* in die Zeitleiste.

▶ Wählen Sie die Ebene *Explosi.mov* aus und fügen Sie die Zeitverzerrung über *Ebene / Zeitverzerrung* ein.

▶ Bitte speichern Sie Ihre Arbeit regelmäßig.

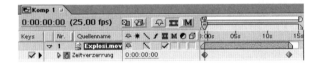

Abb. 6.25: Die Zeitverzerrung fügt zwei Keyframes ein

Die Zeitverzerrung fügt gleich zwei Keyframes ein, am In-Point und am Out-Point der Ebene; es wurde aber noch nichts verändert. Durch die Verzerrung wird die Länge der Ebene an die Länge der Komposition angepasst. Wenn Sie die Komposition länger ziehen, wird die Ebene automatisch länger.

Abb. 6.26: Setzen Sie zusätzliche Keyframes ein.

- Gehen Sie auf 0:00:02:00.
  - Setzen Sie die Zeitverzerrung auf 0:00:05:00. Die Animation wird beschleunigt, denn die ersten fünf Sekunden werden innerhalb von zwei Sekunden abgespielt.
- Gehen Sie auf 0:00:04:00.
  - Setzen Sie die Zeitverzerrung auf 0:00:05:00. Die Animation wird für zwei Sekunden gestoppt.
- Gehen Sie auf 0:00:06:00.
  - Setzen Sie die Zeitverzerrung auf 0:00:07:13. Die Animation wird zu dem Zeitpunkt beschleunigt, an dem der Stern am größten ist.
- Gehen Sie auf 0:00:07:04.
  - Setzen Sie die Zeitverzerrung auf 0:00:06:15. Die Animation wird schnell zu dem Zeitpunkt zurückgespielt, an dem der Stern anfängt zu glühen.
- Bitte speichern Sie Ihre Arbeit regelmäßig.
- Gehen Sie auf 0:00:08:00.
  - Setzen Sie die Zeitverzerrung auf 0:00:07:13. Die Animation beschleunigt wieder zum größten Stern.
- Gehen Sie auf 0:00:08:23.
  - Setzen Sie die Zeitverzerrung auf 0:00:06:15. Zurück zum Anfang des Sterns.
- Gehen Sie auf 0:00:09:19.
  - Setzen Sie die Zeitverzerrung auf 0:00:07:13. Der größte Stern wird noch einmal angezeigt.
- Gehen Sie auf 0:00:10:13.
  - Setzen Sie die Zeitverzerrung auf 0:00:06:16. Noch einmal zurück zum Anfang des Sterns.

▶ Gehen Sie auf 0:00:13:10.

▶ Lassen Sie die Zeitverzerrung auf 0:00:13:10, das Ende des Videos.

Abb. 6.27: Frame-Überblendung eingeschaltet

Um die Veränderung der Frameraten durch Beschleunigen, Verlangsamen und Anhalten auszugleichen, schalten Sie am besten die Frame-Überblendung für die Ebene und in der Zeitleiste an, damit After Effects die Frames miteinander ausgleichen kann.

Bewegung skizzieren

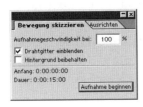

Abb. 6.28: Bewegung-skizzieren-Palette

Sie können mit Hilfe von *Bewegung skizzieren* einen Bewegungspfad für eine ausgewählte Ebene selber zeichnen. After Effects nimmt Ihre Mausbewegung auf und wandelt die gezeichnete Linie in Keyframes für die Änderung der Position um.

Bevor Sie die Aufnahme beginnen, sollten Sie die Länge der Arbeitsbereiche auf die Länge der Animation einstellen, ansonsten wird die Bewegung so lang wie die Komposition sein.

Auf der Registerkarte *Bewegung skizzieren* können Sie folgende Einstellungen vornehmen:

- *Aufnahmegeschwindigkeit bei*: Bei 100% wird die Wiedergabegeschwindigkeit mit der Skizziergeschwindigkeit identisch sein.

- *Drahtgitter einblenden*: Das Begrenzungsfeld der Ebene wird beim Skizzieren die Maus verfolgen.

- *Hintergrund beibehalten*: Die Hintergrundfarbe wird eingeschaltet, falls Sie gerade mit Transparentraster arbeiten.

- *Anfang und Dauer*: Beide Werte orientieren sich am Anfang und Ende des Arbeitsbereichs.

- *Aufnahme beginnen*: Klicken Sie auf diese Schaltfläche, wenn Sie mit der Animation anfangen wollen. Sobald Sie mit der Maus auf das Kompositionsfenster klicken, fängt die Aufnahme an. Wenn Sie noch einmal die Schaltfläche anklicken, wird die neue Aufnahme die alte überschreiben.

Um die besten Ergebnisse beim Skizzieren zu bekommen, setzen Sie die Aufnahmegeschwindigkeit auf 50%, klicken mit der Maus auf die Stelle, wo Sie anfangen wollen, und ziehen eine einfache Linie mit der Maus.

Animation glätten

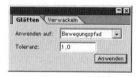

Abb. 6.29: Glätten-Palette

Wenn Sie einen Bewegungspfad skizziert und die Animation in der Vorschau abgespielt haben, wird Ihnen auffallen, dass die Bewegung an manchen Stellen teilweise ruckartig läuft, außerdem sind so viele Keyframes wie Frames vorhanden, was die Korrektur sehr schwierig macht.

Sie können aber den Bewegungspfad über *Fenster / Glätten* korrigieren und gleichzeitig die Anzahl Keyframes stark verringern.

Vorschau

Sobald Sie mit Ihrer ersten Animation fertig sind, ist der nächste Schritt, die Animation anzuschauen und zu kontrollieren, denn nur so können Fehler korrigiert werden.

Sie können ganz einfach die Schaltfläche *Abspielen* in der Zeitsteuerung anklicken oder die [Leer]-Taste drücken.

Abb. 6.30: Abspielen ohne Echtzeit

Die Animation wird abgespielt, aber meistens wird im Zusammenspiel zwischen Grafikkarte und Prozessor die Animation nicht in Echtzeit abgespielt, das heißt, die Animation wird nur so schnell abgespielt, wie die Hardware-Komponenten es schaffen Somit kann die Vorschau zu langsam abgespielt werden, um die Bewegungen richtig zu beurteilen. In der Zeitsteuerung wird in Rot angezeigt, mit welcher Anzahl von Bildern pro Sekunde die Animation abgespielt wird.

Um die Animation in Echtzeit abzuspielen, klicken Sie in der Zeitsteuerung auf *RAM-Vorschau* oder wählen *Komposition / Vorschau / RAM-Vorschau*, Sie können auch die Taste [0] drücken.

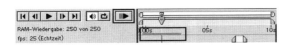

Abb. 6.31: Geladene Bilder im Arbeitsspeicher

Zuerst werden alle Bilder in den verfügbaren Arbeitsspeicher geladen; das kann einige Minuten in Anspruch nehmen, abhängig davon, wie

datenintensiv Ihre Animation ist. After Effects zeigt den Fortschritt in
der Zeitsteuerung mit der Anzahl von Bildern an, die geladen worden
sind. Auch in der Zeitleiste kann man den Fortschritt mit einem grünen Balken auf dem Zeitlineal sehen.

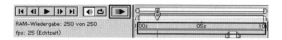

Abb. 6.32: RAM-Vorschau in Echtzeit

Die RAM-Vorschau wird so oft abgespielt, bis Sie auf irgendeine Taste
drücken oder mit der Maus auf eine Stelle im Bildschirm klicken.

Drahtgitter-Vorschau

Zusätzlich zur RAM-Vorschau können Sie eine schnellere Vorschau erstellen, bei der nur die Bewegungen in Form von punktierten Linien gezeigt werden. Diese Vorschau heißt *Drahtgitter-Vorschau* und ist unter
Komposition / Vorschau / Drahtgitter-Vorschau zu finden; sie zeigt nur
eine Vorschau der ausgewählten Ebenen.

Abb. 6.33: Drahtgitter-Vorschau – Anfang

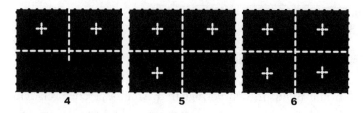

Abb. 6.34: Drahtgitter-Vorschau – Ende

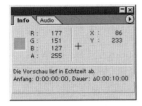

Abb. 6.35: Hinweis in der Info-Palette über die Drahtgitter-Vorschau

Bewegung mit Spuren

Diese Art von Vorschau wird fast genauso wie die Drahtgitter-Vorschau erstellt mit dem Unterschied, dass die punktierten Linien eine Spur auch in Form von punktierten Linien hinterlassen. Wie der Name schon sagt, dient diese Vorschau nur für ausgewählte Ebenen mit Bewegung, alle anderen animierten Eigenschaften werden hier nicht dargestellt.

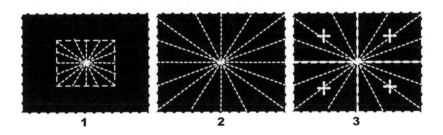

Abb. 6.36: Bewegung mit Spuren – Anfang

Diese Form bringt oft eine nicht sehr deutliche Darstellung der Bewegung, was die Korrektur von Keyframes schwierig macht.

HINWEIS Sie können die Anzahl der Frames für jede der drei Vorschau-Varianten begrenzen, indem Sie den Arbeitsbereich auf einen bestimmten Bereich verkürzen.

6.3 Text animieren

Eine Neuerung in Adobe After Effects sind Text-Ebenen. Diese eröffnen fast unbegrenzte Möglichkeiten, Text zu animieren, denn für den Text stehen zusätzlich zu den Eigenschaften unter Transformieren, wie Ankerpunkt, Position, Skalierung, Drehung und Deckkraft, die so genannten *Animator-Gruppen* zur Verfügung. Eine Animator-Gruppe ist eine Sammlung von allen Text-Eigenschaften. Sie können so viele Animator-Gruppen hinzufügen, wie Sie wollen.

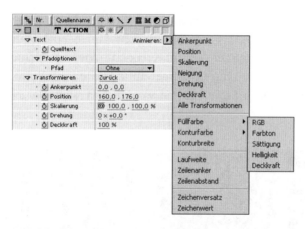

Abb. 6.37: Animator-Gruppe über die Zeitleiste wählen

Zu jeder Animator-Gruppe können mehrere Animator-Eigenschaften hinzugefügt werden.

▶ Erstellen Sie ein neues Projekt, um eine Animation mit einer Text-Ebene zu erstellen.

▶ Erstellen Sie eine neue Komposition.

▶ Speichern Sie das Projekt als *ACTION.aep*.

▶ Name der Komposition: *ACTION*.

▶ Breite: 320, Höhe 240.

- Framerate: 25.
- Dauer: 0:00:03:00.
- Bitte speichern Sie Ihre Arbeit regelmäßig.
- Erstellen Sie eine Farbfläche *Ebene / Neu / Farbfläche*.
- Name: Gelbe Farbfläche 1.
- Breite: 320, Höhe 240.
- Farbe: Rot 255, Grün 255, Blau 0.
- Auf der Farbfläche erstellen Sie zwei ovale Masken. Die weiche Maskenkante und der Masken-Modus sind geändert worden.

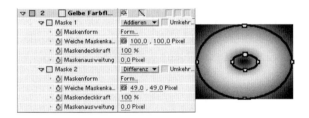

Abb. 6.38: Einstellungen für die Farbfläche

Wählen Sie das Text-Werkzeug und schreiben Sie den Text ACTION in die Mitte des Kompositionsfensters.

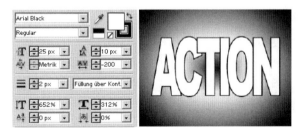

Abb. 6.39: Einstellungen für die Text-Ebene ACTION

Für die Animation des Textes verwenden wir drei Animatoren, einen für die Skalierung, einen für die Position und einen für die Füllfarbe.

Wählen Sie die Text-Ebene *ACTION* und *Animation / Text animieren / Skalierung*, oder öffnen Sie die Eigenschaften der Ebene und im Pull-down-Menü *Animieren* wählen Sie *Skalierung*.

Unter den Pfadoptionen Sie zum ersten *Animator*, der den Namen *Animator 1* bekommt. Öffnen Sie den Animator in der Zeitleiste, danach öffnen Sie die *Bereichauswahl 1*, wir werden den Start und das Ende animieren.

Bereichauswahl

Eine Bereichauswahl ist ein Teil einer Animator-Gruppe. Solange Sie keinen Wert in den Eigenschaften der Bereichauswahl ändern, werden alle Textzeichen gleichmäßig in der Bereichauswahl eingeschlossen.

▶ Animator 1

▶ Gehen Sie auf Zeit 0:00:00:00.

   ▶ Starten Sie die Stoppuhr bei Start 0%.

   ▶ Starten Sie die Stoppuhr bei Ende 5%.

   ▶ Skalierung: 0,0 , 0,0%

Skalierung 100%   Skalierung 50%

Abb. 6.40: Bereichauswahl mit Start und Ende geändert

Hier sehen Sie die Wirkung von Bereichauswahl. Aus dem Wort ACTION wird nur das erste Zeichen ausgewählt. Der linke Strich mit einem Dreieck auf der linken Seite zeigt den Start der Bereichauswahl auf 0%, der rechte Strich mit einem Dreieck auf der rechten Seite zeigt das Ende der Bereichauswahl auf 5%. Der Prozentsatz ist relativ zu der Anzahl von Zeichen in jedem Wort, das heißt, alle Zeichen sind 100%. Der Wert der Skalierung wurde hier nur zum Vergleich auf dem rechten Bild auf 50% heruntergesetzt, durch die Bereichauswahl wird nur ein Zeichen verkleinert.

▶ Bitte speichern Sie Ihre Arbeit regelmäßig.

▶ Animator 1

▶ Gehen Sie auf Zeit 0:00:02:00.

   ▶ Start 95%.

   ▶ Ende 100%.

Damit ist die Animation der Skalierung fertig; durch die Veränderung von Start und Ende werden die Zeichen abwechselnd skaliert.

Um die Zusammenarbeit zwischen mehreren Animator-Gruppen zu nutzen, setzen Sie einen zweiten Animator, *Animation / Text animieren / Position*.

▶ Animator 2.

▶ Gehen Sie auf Zeit 0:00:00:00.

   ▶ Starten Sie die Stoppuhr bei Start 0%.

   ▶ Starten Sie die Stoppuhr bei Ende 5%.

   ▶ Starten Sie die Stoppuhr bei Position 342,0 , 0,0.

▶ Gehen Sie auf Zeit 0:00:00:12.

   ▶ Position: 16,0 , 0,0.

▶ Gehen Sie auf Zeit 0:00:01:00.

   ▶ Position: -41,0 , 0,0.

- ▶ Gehen Sie auf Zeit 0:00:01:13.
  - ▶ Position: -98,0 , 0,0.
- ▶ Bitte speichern Sie Ihre Arbeit regelmäßig.
- ▶ Gehen Sie auf Zeit 0:00:02:00.
  - ▶ Start: 90%.
  - ▶ Ende: 100%.
  - ▶ Position: 0,0 , 0,0.

Wählen Sie *Animation / Text animieren / Füllfarbe / RGB*.

- ▶ Animator 3.
- ▶ Gehen Sie auf Zeit 0:00:02:00.
  - ▶ Starten Sie die Stoppuhr bei Start 0%.
  - ▶ Starten Sie die Stoppuhr bei Ende 0%.
  - ▶ Füllfarbe: R 255, G 0, B 0.
- ▶ Gehen Sie auf Zeit 0:00:02:15.
  - ▶ Starten Sie die Stoppuhr bei Start 0%.
  - ▶ Starten Sie die Stoppuhr bei Ende 100%.

Am besten spielen Sie die RAM-Vorschau ab, um die Animation zu kontrollieren. Die Zeichen sollen einzeln von der Mitte aus vergrößert werden und sich nachher von Weiß auf Rot färben.

Textanimatoren entfernen

Sie können mit den Animator-Gruppen so viel experimentieren, wie Sie es für notwendig halten. Wenn Sie aber durch die Menge der Veränderungen ein wenig die Übersicht verlieren, können Sie die Wirkung eines Animators kurzzeitig ausschalten, indem Sie das Videosymbol ausschalten, oder einen Animator löschen, indem Sie den Animator direkt mit der Maus auswählen und nachher entfernen.

Es besteht natürlich die Möglichkeit, alle Animatoren gleichzeitig über *Animation / Alle Textanimatoren löschen* zu löschen.

Text entlang eines Pfades animieren

Sie haben vorher den Text mit Animatoren animiert. Sie können aber auch den Text entlang eines offenen oder geschlossenen Pfades laufen lassen, eine sehr verbreitete Form der Textanimation.

Text entlang eines offenen Pfades

Um den Text so zu animieren, als würde er entlang einer Welle reiten, verwenden wir einen offenen Pfad.

▶ Erstellen Sie ein neues Projekt.

▶ Erstellen Sie eine neue Komposition.

▶ Name *Pfad offen*, Breite 320, Höhe 240, Framerate 25, Länge 0:00:05:00.

▶ Speichern Sie das Projekt als *Pfadtext.aep*.

▶ Erstellen Sie einen Text mit dem Text-Werkzeug.

▶ Text *Pfadtext offen* Arial Black, Vordergrundfarbe Weiß, Größe 18 Pixel, Laufweite 50, Absatz linksbündig.

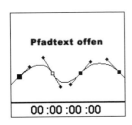

Abb. 6.41: Text und Pfad

▶ Auf der Text-Ebene erstellen Sie einen offenen Pfad. Hier ist wichtig, wo Sie den ersten Scheitelpunkt setzen; für diese Animation setzen Sie ihn auf die linke Seite und die weiteren Scheitelpunkte nach rechts, ziehen Sie die Tangenten bei jedem Punkt, um die Wellenform zu erstellen.

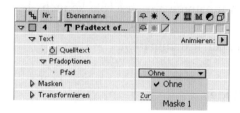

Abb. 6.42: **Eigenschaften von Text öffnen**

▶ Öffnen Sie die Eigenschaften von Text. Öffnen Sie die Pfadoptionen, und im Pulldown-Menü wählen Sie *Maske 1*, was der Name der offenen Maske ist.

▶ Bitte speichern Sie Ihre Arbeit regelmäßig.

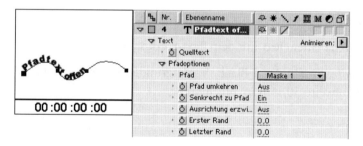

Abb. 6.43: **Text entlang des Pfades**

▶ Sobald Sie *Maske 1* gewählt haben, läuft der Text entlang des Pfades. Die Absatzeinstellungen hier sind linksbündig, deswegen läuft der Text von links nach rechts, und der erste Scheitelpunkt bestimmt, wo der Text anfängt zu laufen.

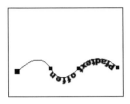

Abb. 6.44: Pfad umkehren

Pfad umkehren: Wenn Sie auf *Ein* umschalten, fängt der Text an, vom letzten Scheitelpunkt in umgekehrter Form zu laufen.

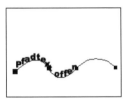

Abb. 6.45: Senkrecht zu Pfad *Aus*

Senkrecht zu Pfad: Wenn Sie auf *Aus* umschalten, läuft der Text in senkrechter Richtung.

Erster Rand: Dies gibt die Position vom Text relativ zum ersten Scheitelpunkt an und wirkt nur mit Absatz linksbündig oder zentriert.

Letzter Rand: Dies gibt die Position vom Text relativ zum letzen Scheitelpunkt an und wirkt nur mit Absatz rechtsbündig oder zentriert.

▶ Gehen Sie auf Zeit 0:00:00:00.
▶ Starten Sie die Stoppuhr bei Erster Rand -180,0.
▶ Gehen Sie auf Zeit 0:00:01:24.
▶ Erster Rand 384,0.
▶ Erstellen Sie eine RAM-Vorschau.
▶ Bitte speichern Sie Ihre Arbeit regelmäßig.

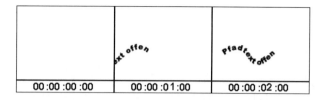

Abb. 6.46: Anfang der Animation

Der Text läuft von links aus dem sichtbaren Bereich nach rechts wieder aus dem sichtbaren Bereich heraus. Auf dem ersten Keyframe ist der Wert bei *Erster Rand* negativ, was den Text weit entfernt vom ersten Scheitelpunkt bringt. Die Richtung ist eine gerade Verlängerung vom Scheitelpunkt, und der letzte Scheitelpunkt wird auch geradlinig verlängert.

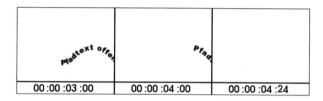

Abb. 6.47: Ende der Animation

Text entlang eines geschlossenen Pfades

Wenn Sie eine geschlossene Maske erstellen, wird der Text nur innerhalb dieser Maske gezeigt. Damit Sie den geschlossenen Pfad nicht als Maske verwenden, sondern nur als Pfad, schalten Sie den Masken-Modus auf *Ohne* (standardmäßig steht er auf *Addieren*).

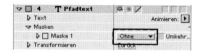

Abb. 6.48: Pfad nicht als Maske verwenden

- ▶ Im Projekt *Pfadtex.aep* erstellen Sie eine neue Komposition.
- ▶ Name *Pfad geschlossen*, Breite 320, Höhe 240, Framerate 25, Länge 0:00:05:00.
- ▶ Erstellen Sie einen Text mit dem Text-Werkzeug.
- ▶ Text *Pfadtext* Arial Black, Vordergrundfarbe Weiß, Größe 18 Pixel, Laufweite 50, Absatz zentriert.
- ▶ Bitte speichern Sie Ihre Arbeit regelmäßig.
- ▶ Erstellen Sie eine kreisförmige Maske mit dem Elliptische-Maske-Werkzeug.
- ▶ Schalten Sie den Masken-Modus auf *Ohne*.
- ▶ Schalten Sie in den Pfadoptionen auf *Maske 1*.

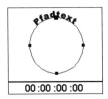

Abb. 6.49: Kreisförmiger Pfad

Pfad umkehren auf *Ein*.

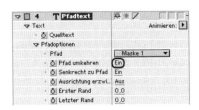

Abb. 6.50: *Pfad umkehren* eingeschaltet

- Gehen Sie auf Zeit 0:00:00:00.
  - Schalten Sie die Stoppuhr vom ersten Rand -144,0 an.
  - Gehen Sie auf Zeit 0:00:04:24.
  - Erster Rand 140,0.
- Bitte speichern Sie Ihre Arbeit regelmäßig.

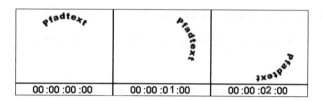

Abb. 6.51: Kreistext oben am Anfang der Animation

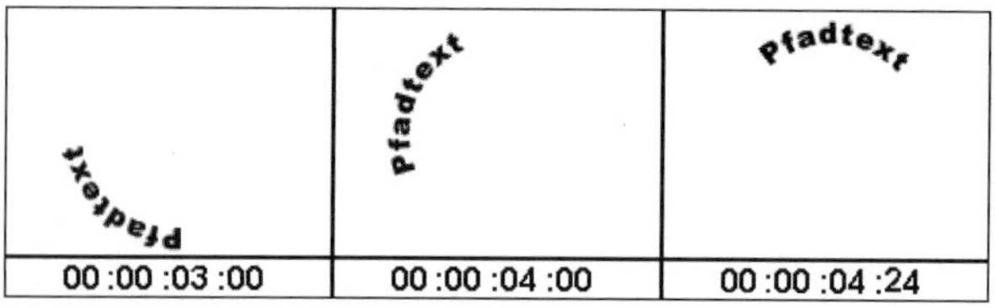

Abb. 6.52: Kreistext am Ende der Animation

6.4 Masken animieren

Zu den Eigenschaften einer Maske gehören: Maskenform, weiche Maskenkante, Maskenkraft und Maskenausweitung. All diese Werte können, wie alle anderen Eigenschaften einer Ebene, animiert werden.

- Erstellen Sie ein neues Projekt.
- Erstellen Sie eine neue Komposition.

- Speichern Sie das Projekt als *Masken01.aep*.
- Name der Komposition: Maskenform.
- Breite: 320, Höhe 240.
- Framerate: 25.
- Dauer: 0:00:02:00.
- Erstellen Sie eine Farbfläche *Ebene / Neu / Farbfläche*.
- Name: Tief-Königsblaue Farbfläche 1.
- Breite: 320, Höhe 240.
- Farbe: Rot 0, Grün 64, Blau 128.
- Erstellen Sie einen Text.

Abb. 6.53: Einstellungen für die Text-Ebene MASKE

- Wählen Sie das Rechteckige-Maske-Werkzeug aus der Werkzeug-Palette.
- Ziehen Sie eine Maske auf der linken Seite ein wenig höher als den Text, aber nicht breiter als ein paar Pixel außerhalb des Zeichens M. Durch die Maske wird der gesamte Text unsichtbar.
- Bitte speichern Sie Ihre Arbeit regelmäßig.
- Setzen Sie die weiche Maskenkante auf 22,0 , 22,0 Pixel.

Abb. 6.54: Maske am Anfang der Animation

- Öffnen Sie die Eigenschaften der Ebene T MASKE.
- Öffnen Sie die Masken.
- Gehen Sie auf Zeit 0:00:00:00.
- Bei *Maskenform* starten Sie die Stoppuhr.
- Gehen Sie auf Zeit 0:00:02:00.
- Ziehen Sie die Maske breiter als den Text MASKE.
- Bitte speichern Sie Ihre Arbeit regelmäßig.

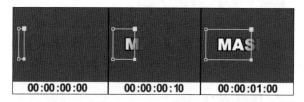

Abb. 6.55: Ablauf der Animation der Maskenform

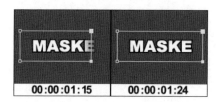

Abb. 6.56: Ende der Animation

Um die Maske in die Zielgröße zu bringen, können Sie:

▶ Mit der aktiven Maske die beiden rechten Scheitelpunkte über das Auswahl-Werkzeug mit einem Auswahlrechteck einrahmen und diese nach rechts ziehen; mit Hilfe der ⇧-Taste können Sie die Scheitelpunkte gerade ziehen, aber Sie müssen zuerst ziehen und nachher ⇧ drücken.

▶ Mit dem Auswahl-Werkzeug auf die Maske doppelklicken und das Begrenzungsfeld nach rechts ziehen, bis Sie den gesamten Text sehen können.

▶ Auf *Form* klicken und die Werte numerisch eingeben.

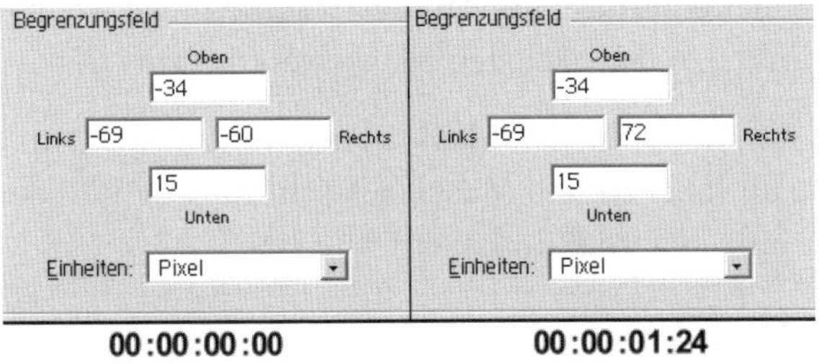

Begrenzungsfeld			Begrenzungsfeld		
Oben			Oben		
-34			-34		
Links -69	-60	Rechts	Links -69	72	Rechts
15			15		
Unten			Unten		
Einheiten: Pixel			Einheiten: Pixel		
00:00:00:00			00:00:01:24		

Abb. 6.57: Numerische Angabe für das Begrenzungsfeld

Masken als Animationsziel festlegen

Sie können für das Verformen von Masken im Laufe der Zeit das automatische Verfahren verwenden. Sie brauchen nur eine Maske am Anfang der Animation zu erstellen und eine andere zu einem anderen Zeitpunkt, und After Effects wird die Interpolation der Maske erstellen.

▶ Erstellen Sie ein neues Projekt als *Maskform.aep*.

▶ In einer neuen zwei Sekunden langen Komposition erstellen Sie eine blaue Farbfläche.

▶ Gehen Sie auf 0:00:00:00.

 ▶ Erstellen Sie eine viereckige Maske auf der Farbfläche.

▶ Speichern Sie das Projekt als *Maskform.aep*.

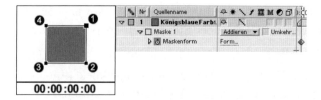

Abb. 6.58: Stoppuhr für Maskenform starten

▶ Bei der Erstellung einer Maske folgt After Effects einer Reihenfolge für die Scheitelpunkte, und in dieser Reihenfolge werden die Scheitelpunkte zu der nächsten Maske verschoben.

▶ Schalten Sie die Stoppuhr der Maskenform von *Maske 1* auf der Farbfläche an (falls Sie die Maske gelöscht haben, wird der Maskenname eine andere Zahl haben).

▶ Gehen Sie auf 0:00:01:00.

▶ Öffnen Sie das Ebenenfenster der Farbfläche.

▶ Wählen Sie als Ziel: Maske 1.

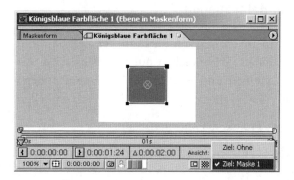

Abb. 6.59: Maske 1 als Ziel

▶ Erstellen Sie eine kreisförmige Maske.

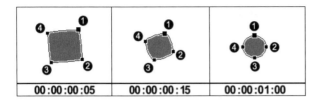

Abb. 6.60: Rechteck wird zum Kreis

- ▶ After Effects erstellt eine Maskenanimation aus den beiden Masken.
- ▶ Spielen Sie die Animation im Ebenenfenster oder im Kompositionsfenster ab.
- ▶ Bitte speichern Sie Ihre Arbeit regelmäßig.
- ▶ Gehen Sie auf Zeit 0:00:01:24.
- ▶ Im Ebenenfenster der Farbfläche erstellen Sie eine neue geschlossene Maske mit dem Zeichenstift-Werkzeug aus vier Scheitelpunkten.

Abb. 6.61: Kreis wird zur Freihandform

- ▶ Spielen Sie die Animation noch einmal ab.
- ▶ Bitte speichern Sie Ihre Arbeit regelmäßig.

HINWEIS Um aufwendigere Maskenanimationen zu erstellen, sollten Sie die Anzahl der Scheitelpunkte für alle Ebenen gleich halten, damit können Sie die Veränderungen besser steuern.

Masken Frame für Frame animieren

Die vorherige Animation wurde mit der gleichen Anzahl von Scheitelpunkten erstellt, nur die Position der Scheitelpunkte wurde verändert. Eine andere Variante der Animation für Masken ist, einer Animation in ihrem Verlauf Scheitelpunkte hinzuzufügen oder sie davon zu entfernen. Am besten schalten Sie das Kontrollkästchen für konstante Scheitelpunktzahl bei Maskenbearbeitung in den Voreinstellungen aus.

Abb. 6.62: Allgemeine Voreinstellungen

▶ Öffnen Sie das Projekt *Love.aep*.
▶ Öffnen Sie die Komposition *Love*.
▶ Schalten Sie *Solo* für die Ebene *T L* ein, um konzentriert auf einer einzelnen Ebene zu arbeiten.

Abb. 6.63: *Solo* für Ebene *T L* eingeschaltet

▶ Erstellen Sie eine neue Maske auf die Ebene *T L* über dem Zeichen *L*, um den Buchstaben am Anfang zu verstecken.
▶ Gehen Sie auf Zeit 0:00:00:10.
▶ Starten Sie die Stoppuhr für Maskenform.
▶ Gehen Sie zum nächsten Frame 0:00:00:11. Sie können auf *Nächster Frame* in der Zeitsteuerung klicken oder die [Bild↓]-Taste drücken. Wählen Sie das Zeichenstift-Werkzeug.

Abb. 6.64: Scheitelpunkte hinzufügen

▶ Fügen Sie zwei Scheitelpunkte hinzu; die Maus ändert sich automatisch in das Zeichenstift-hinzufügen-Werkzeug, sobald Sie über das untere Pfadsegment streichen.

▶ Bitte speichern Sie Ihre Arbeit regelmäßig.

▶ Wechseln Sie zum Auswahl-Werkzeug. Verschieben Sie die neuen Scheitelpunkte so, dass Sie die Spitze von L sehen.

▶ Bitte vergessen Sie nicht, immer wieder Ihre Arbeit zu speichern.

▶ Gehen Sie zum nächsten Frame 0:00:00:12. Fügen Sie zwei neue Scheitelpunkte hinzu. Sie können die Tastaturkürzel wählen, um vom Zeichenstift-Werkzeug [G] zum Auswahl-Werkzeug [V] zu wechseln.

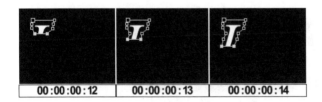

Abb. 6.65: Scheitelpunkte hinzufügen und verschieben

▶ Wiederholen Sie die Schritte Frame für Frame.

Abb. 6.66: Weitere Scheitelpunkte hinzufügen

▶ Um sicher zu sein, dass Sie die Scheitelpunkte in den richtigen Abständen erstellt haben, gehen Sie immer wieder ein oder zwei Frames zurück; dazu können Sie [Bild↑] und [Bild↓] auf Ihrer Tastatur mehrmals drücken.

▶ Bitte speichern Sie Ihre Arbeit regelmäßig.

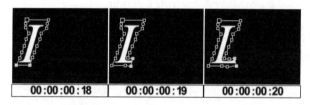

Abb. 6.67: Weitere Scheitelpunkte hinzufügen

Abb. 6.68: Letzte Scheitelpunkte

Bei der ersten Animation haben Sie wenige Scheitelpunkte gesetzt und den Übergang zwischen den beiden Keyframes dem Programm überlassen, dieser Übergang wird *Interpolation* genannt. After Effects sucht sich den kürzesten Weg zwischen zwei Keyframes, was meistens eine gerade Linie ist.

Diese Art der Animation ist viel zeitintensiver als die erste, die Sie gewählt haben, weil Sie die Veränderung der Maske in eine für das Programm willkürliche Richtung bringen.

Für sehr viele Überblendungen von Bildern oder von Texten wird die erste Art von Masken-Animation verwendet, denn die Veränderung ist linear und die Animation einfacher. Die Masken-Animation Frame für Frame bietet sich nur an, wenn die Form der veränderten Bilder nicht gerade, sondern kurvenartig ist.

6.5 Interpolation

Interpolation ist der mathematische Fachausdruck für die Berechnung eines neuen Wertes zwischen zwei schon vorhandenen Werten.

Inzwischen haben Sie einige Animationen erstellt, und After Effects hat die Übergänge zwischen allen Keyframes automatisch definiert. Sie haben die Werte für mindestens zwei Keyframes vergeben, und das Programm hat die Berechnung zwischen den beiden Keyframes erstellt.

Abb. 6.69: Keyframe-Symbole

Die *Keyframe-Symbole* zeigen die Art der Interpolation, die in der Animation vorhanden ist:

Nr.	Interpolation	Beschreibung
(1)	Zeitliche Interpolation	Linear, geometrische Interpolation: Bézier, gleichmäßig
(2)	Eingang zeitliche Interpolation	Linear, Ausgang unterdrücken, geometrische Interpolation: Bézier, gleichmäßig

(3)	Zeitliche Interpolation	Bézier, geometrische Interpolation: Linear
(4)	Zeitliche Interpolation	Bézier, automatisch, geometrische Interpolation: Linear
(5)	Zeitlich nicht fixiert	
(6)	Eingang Linear, Ausgang Bézier	
(7)	Zeitliche Interpolation	Unterdrücken, geometrische Interpolation: Bézier, automatisch

Tab. 6.1: Erklärung für Keyframe-Symbole

Um die Wirkung der unterschiedlichen Interpolationen selber einzustellen, erstellen Sie eine einfache Animation und verändern die Keyframes, so dass Sie die verschiedenen Interpolations-Varianten einsetzen können.

▶ Erstellen Sie ein neues Projekt.

▶ Erstellen Sie eine neue Komposition.

▶ Name *Komp 1*, Breite 320, Höhe 240, Framerate 25, Dauer 0:00:04:00.

▶ Erstellen Sie eine neue Farbfläche:

▶ Name *weiße Farbfläche 1*, Breite 20, Höhe 20, Farbe Weiß: Rot 255, Grün 255, Blau 255.

▶ Erstellen Sie eine Animation, indem Sie die Farbfläche von links nach rechts mit drei Keyframes bewegen.

Abb. 6.70: Zeitliche Interpolation: Linear, geometrische Interpolation: Bézier, gleichmäßig

Die *zeitliche Interpolation* der drei Keyframes ist *linear* und die *geometrische Interpolation* ist *Bézier, automatisch*.

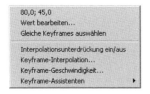

Abb. 6.71: Keyframe-Interpolation aufrufen

Um die Informationen zu bekommen, aktivieren Sie einen der Keyframes und klicken mit der rechten Maustaste auf den Keyframe oder wählen Sie *Animation / Keyframe-Interpolation...* bzw. drücken Sie [Strg] + [⇧] + [K].

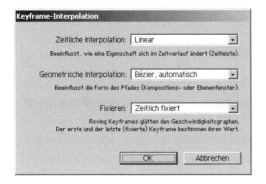

Abb. 6.72: Keyframe-Interpolation

Die zeitliche Interpolation ist hier auf *Linear* eingestellt; das bedeutet, dass die Abstände zwischen den einzelnen Frames gleichmäßig sind, was eine fast mechanische Bewegung ergibt.

Die geometrische Interpolation ist hier auf *Bézier, automatisch* eingestellt; das bedeutet, dass die Bewegung keine gerade Linie ist, sondern eine Kurve.

Wählen Sie den mittleren Keyframe und setzen Sie die geometrische Interpolation auf *linear*.

Abb. 6.73: Zeitliche Interpolation: Bézier, geometrische Interpolation: Linear

Die Bewegung ist nicht kurvenartig, sondern eckig.

Stellen Sie die zeitliche Interpolation auf *Unterdrücken* und die geometrische Interpolation auf *Bézier* oder *linear*.

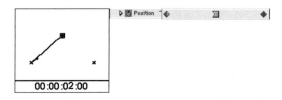

Abb. 6.74: Zeitliche Interpolation: Unterdrücken, geometrische Interpolation: Linear

Wenn Sie die Interpolation unterdrücken, schalten Sie die Bewegung zwischen den beiden Keyframes aus, was die Veränderung von Frame 2 zu Frame 3 abrupt erstellt.

Schalten Sie *Fixieren in Keyframe-Interpolation* auf *Zeitlich nicht fixiert*.

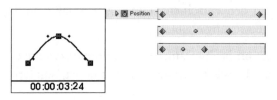

Abb. 6.75: Keyframe zeitlich nicht fixiert

Falls Sie die gesamte Animation in der Länge verändern wollen, ohne jeden einzelnen Keyframe manuell ändern zu müssen, verwenden Sie die Einstellung *Zeitlich nicht fixiert*. Damit können Sie den ersten oder den letzten Keyframe zeitlich verschieben, und alle anderen Keyframes werden angepasst.

Zusätzlich zu der Interpolation zwischen den Keyframes können Sie die Geschwindigkeit der Interpolation beeinflussen. Die Keyframe-Geschwindigkeit wird durch die Eingangsgeschwindigkeit und Ausgangsgeschwindigkeit bestimmt.

Die Geschwindigkeit kann numerisch oder optisch geändert werden. Wenn Sie die Geschwindigkeit numerisch ändern wollen, wählen Sie einen Keyframe aus und wählen *Animation / Keyframe-Geschwindigkeit* oder drücken [Strg] + [⇧] + [K].

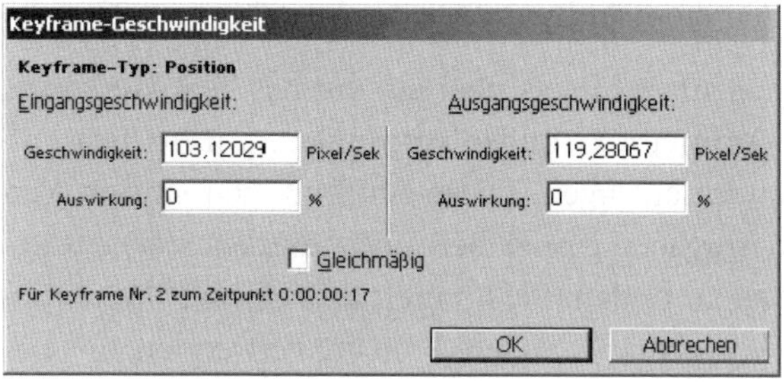

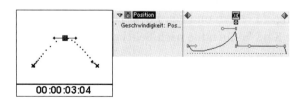

Abb. 6.76: Keyframe-Geschwindigkeit

Die Positionsveränderung geschieht gleichmäßig zwischen zwei Keyframes, solange die *Auswirkung* auf *0* eingestellt ist.

Abb. 6.77: Geschwindigkeitskurve

Hier wird die Bewegung am Anfang zwischen dem ersten und dem zweiten Keyframe sehr stark verlangsamt, dann ab der Mitte der Bewegung sehr rapide beschleunigt. Zwischen Keyframe 2 und Keyframe 3 ist die Kurve gerade, was eine gleichmäßige Bewegung bedeutet.

Im Bewegungspfad ist sehr deutlich zu sehen, wie die einzelnen Frames (jeder Punkt repräsentiert einen Frame) am Anfang enger zusammen liegen, und in der Nähe des zweiten Keyframes sich weiter auseinander ziehen. Dagegen haben die Frames zwischen dem zweiten und dem dritten Keyframe alle den gleichen Abstand.

6.6 Animationsvorgaben

In der Version 6 können Sie Effekteinstellungen als Favoriten speichern, in der Version 6.5 werden diese Animationen als Vorgaben gespeichert.

Seit der Version 6 verfügt After Effects über ein eigenes Text-Werkzeug, zusätzlich können Sie Animator-Gruppen verwenden, um im Text aufwendigere Animationen zu erzeugen. Diese Animationen sind in Version 6.5 als Animationsvorgaben gespeichert und unter *Fenster / Effekte und Animationsvorgaben* zu finden. Sie können Ihre eigenen Animationen speichern und als Vorgaben für andere Projekte verwenden.

Sie finden unter den Animationsvorgaben 15 verschiedene Ordner mit insgesamt 291 Animationen.

Hier sind einige Beispiele: Sie brauchen nur einen Text mit dem Text-Werkzeug zu erstellen, in der Effekte-und-Vorgaben-Palette die Animationsvorgaben zu öffnen, dort den Text-Ordner zu öffnen und darin einen der Ordner, z.B. Drehung, zu öffnen und den Effekt per Drag&Drop auf den Text zu ziehen. Die Keys können Sie nach Belieben verschieben.

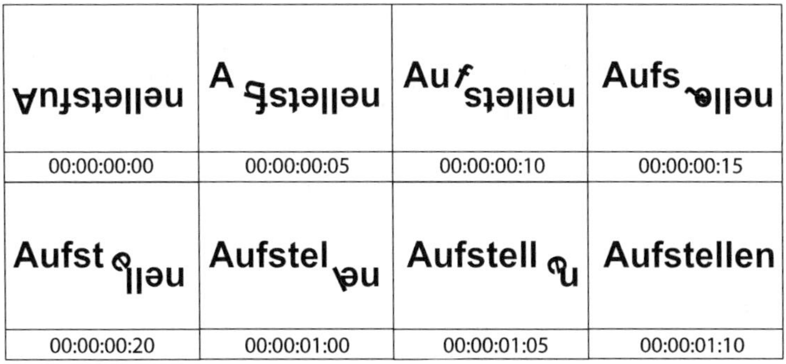

nelletstuA	nellestfuA	Aufstellen	Aufstellen
00:00:00:00	00:00:00:05	00:00:00:10	00:00:00:15
Aufstellen	Aufstellen	Aufstellen	Aufstellen
00:00:00:20	00:00:01:00	00:00:01:05	00:00:01:10

Abb. 6.78: Drehung – Aufstellen

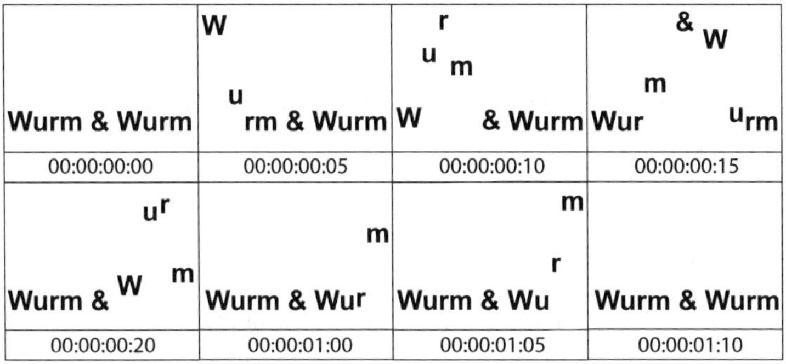

Wurm & Wurm	urm & Wurm	W r u m & Wurm	& W m Wur urm
00:00:00:00	00:00:00:05	00:00:00:10	00:00:00:15
Wurm & W m ur	Wurm & Wur m	Wurm & Wu m r	Wurm & Wurm m
00:00:00:20	00:00:01:00	00:00:01:05	00:00:01:10

Abb. 6.79: Expressions – Wurm

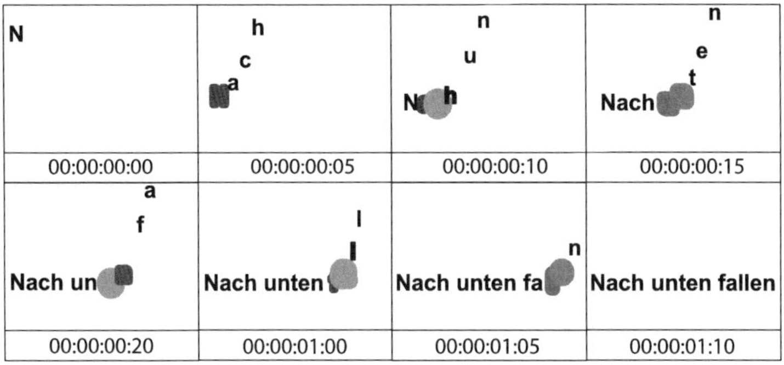

N	h c a	n u N h	n e t Nach
00:00:00:00	00:00:00:05	00:00:00:10	00:00:00:15
Nach un a f	Nach unten l l	Nach unten fa n	Nach unten fallen
00:00:00:20	00:00:01:00	00:00:01:05	00:00:01:10

Abb. 6.80: Fläche und Kontur – Nach unten fallen

Animation   **261**

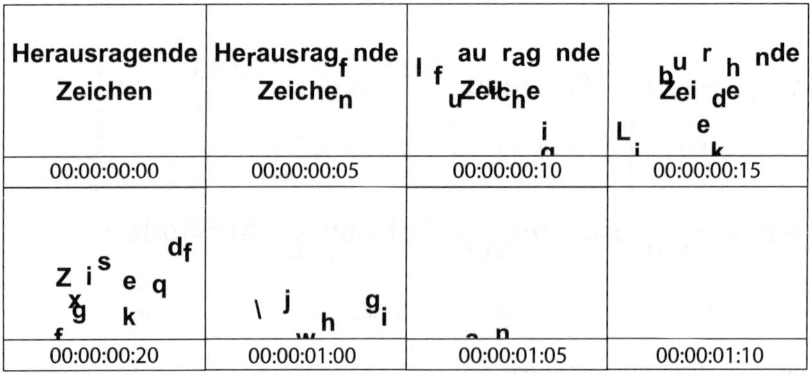

Herausragende Zeichen	Herausrag_f nde Zeiche_n	I_f au r_ag nde u Zeich e i	b u r h nde Z ei d e L e
00:00:00:00	00:00:00:05	00:00:00:10	00:00:00:15
Z i s e q x g k f d_f	\ j h g_i	n	
00:00:00:20	00:00:01:00	00:00:01:05	00:00:01:10

Abb. 6.81: Heraus animieren – Herausragende Zeichen

6.7 Zusammenfassung, Fragen und Übungen

Zusammenfassung

▶ Alle Eigenschaften in After Effects sind animierbar.

▶ Um eine Animation anzufangen, brauchen Sie nur auf die Stoppuhr zu klicken.

▶ Sie können Keyframes kopieren, verschieben und löschen.

▶ Masken können auch animiert werden.

▶ Um eine Animation anzuschauen, müssen Sie nur eine Vorschau erstellen, am besten eine RAM-Vorschau, dann können Sie alles in Echtzeit betrachten.

▶ Der Ablauf von Animationen kann durch Änderungen der Einstellungen der Interpolation beeinflusst werden.

Fragen und Übungen

1. Erstellen Sie eine Animation mit einer kleinen Farbfläche von links nach rechts über zwei Sekunden.
2. Was ist Interpolation?
3. Wie viele Keyframes brauchen Sie mindestens, um eine Animation zu erstellen?
4. Können Keyframes von einer Ebene in eine andere Ebene eingefügt werden?
5. Wie können Sie einen Text entlang eines Pfades animieren?

7 Effekte

Adobe After Effects 6/6.5

7 Effekte

After Effects bietet eine sehr große Anzahl von Effekten, die das Aussehen der Elemente auf den Ebenen korrigieren, verändern, verbessern, optimieren, mit anderen Ebenen kombinieren und noch einiges mehr. Die Anzahl der Effekte hängt in erster Linie davon ab, ob Sie mit der Standard- oder der Professional-Version von After Effects arbeiten. Die Professional-Version enthält alle Effekte, die Sie in der Standard-Version finden, und zusätzlich Effekte für die Arbeit mit 3D-Dateien, mehr Keying-, Audio- und Verzerren-Effekte.

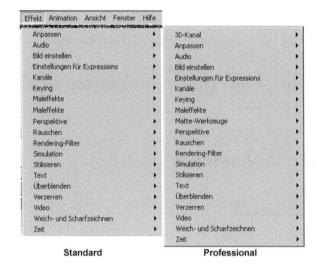

Abb. 7.1: Kategorien für Effekte

Die Effekte, die Sie über den Menüpunkt *Effekte* aufrufen können, sind in Kategorien geordnet. Zu den im Programm installierten Kategorien können zusätzliche Effekte von Drittherstellern hinzugefügt werden, die in eigene Kategorien geordnet werden, was die Möglichkeiten von After Effects fast unbegrenzt erscheinen lässt.

Jede Kategorie und jeden Effekt zu beschreiben, würde den Rahmen dieses Buches sprengen; aber Sie werden hier anhand von einigen Beispielen lernen, wie Sie mit den Effekten arbeiten können.

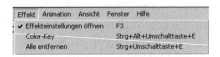

Abb. 7.2: Effektfenster aufrufen

Für die Einstellungen der Effekte hat After Effects ein Effektfenster, in dem Sie bequemer die Werte verändern können. Dieses Fenster kann über *Effekt / Effekteinstellungen öffnen* geöffnet werden.

Der zuletzt benutzte Effekt wird im Menü angezeigt, damit er direkt ausgewählt werden kann, ohne ihn wieder in den Kategorien suchen zu müssen.

Alle verwendeten Effekte auf einer Ebene können leicht über *Effekt / Alle entfernen* gelöscht werden.

7.1 Favoriten in Version 6

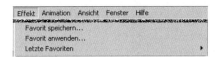

Abb. 7.3: Favoriten verwalten

Als *Favorit* bezeichnet After Effects einen Effekt mit all seinen Einstellungen, den Sie öfter verwenden wollen und der in einem Ordner in After Effects gespeichert werden kann. Den Effekt können Sie so leichter finden und in verschiedenen Projekten verwenden.

7.2 Animationsvorgaben speichern in Version 6.5

In Version 6.5 können die Effekteinstellungen eines Effekts unter *Animation / Animationsvorgabe* gespeichert und wieder angewendet werden.

Abb. 7.4: Animationsvorgaben verwalten

Diese Vorgaben werden als eigene Datei mit der Endung *.ffx* im Ordner *Presets* im After-Effects-Programm-Ordner gespeichert.

Abb. 7.5: In Effekt-Palette ausgewählten Effekt als Vorgabe speichern

Die gespeicherten Effekte können auch wieder aus dem Presets-Ordner gelöscht werden. Sie müssen nur in den Optionen der Effekte-und-Vorgaben-Palette *Ordner im Explorer* wählen, den Effekt auswählen und den Befehl *Im Explorer anzeigen* wählen, im Windows-Explorer bzw. Mac-Finder können Sie dann den Effekt entfernen. Danach wählen Sie in den Optionen der Effekte-und-Vorgaben-Palette den Befehl *Liste aktualisieren* und die Liste der Effekte wird aktualisiert.

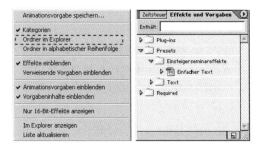

Abb. 7.6: Effekte-und-Vorgaben-Palette-Optionen

7.3 Effekte hinzufügen

Effekte können auf ausgewählten Ebenen hinzugefügt oder entfernt werden. Sie brauchen nur eine oder mehrere Ebenen gleichzeitig auszuwählen und über *Effekt / Bild einstellen / Einfärben* den bestimmten Effekt auf der Ebene hinzufügen.

Sie können Effekte direkt aus der Effektpalette auf die entsprechende Ebene ziehen. Öffnen Sie die Effektpalette über *Fenster / Effekte*. Klikken Sie auf das kleine Dreieck der Kategorie, aus dem Sie den Effekt haben wollen, ziehen Sie per Drag&Drop den gewünschten Effekt auf die Zielebene.

Sobald Sie auf einer Ebene einen Effekt hinzugefügt haben, öffnet sich das Effektfenster. Dieser Effekt kann jederzeit eingesetzt werden und wirkt über die gesamte Länge der Ebene. Wenn Sie aber den Effekt teilweise aussetzen und später wieder einsetzen wollen, müssen Sie die Werte mit Keyframes verändern.

Effektfenster

Das Effektfenster für eine Komponente rufen Sie auf, indem Sie das gewünschte Element in der Zeitleiste markieren und dann aus der Menüleiste den Punkt *Effekte / Effekteinstellungen öffnen* wählen.

Wenn Sie das Effektfenster schließen und wieder öffnen wollen, gehen Sie folgendermaßen vor:

▶ Wie schon erwähnt, wählen Sie eine Ebene mit einem Effekt aus und öffnen über *Effekt / Effekteinstellungen* das Effektfenster. Sie können zwar jede Ebene auswählen, aber nur bei Ebenen mit Effekt werden Sie die Effekte im Fenster sehen, ansonsten sehen Sie nur ein leeres Effektfenster.

▶ Wählen Sie eine Ebene mit einem Effekt aus und drücken Sie den Kurzbefehl für das Effektfenster F3.

Abb. 7.7: Auf den Effekt doppelklicken, um das Effektfenster zu öffnen

▶ Wählen Sie eine Ebene aus und öffnen Sie die Eigenschaften der Ebene so weit, bis Sie die Effekte finden, danach doppelklicken Sie auf einen der Effekte.

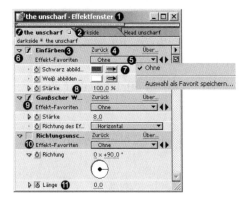

Abb. 7.8: Effektfenster in Version 6

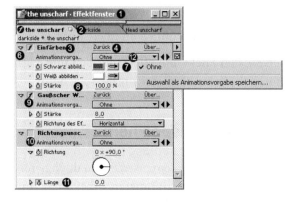

Abb. 7.9: Effektfenster in Version 6.5

Im Folgenden werden die Einstellmöglichkeiten im Effektfenster erläutert.

▶ (1) Ebenenname im Effektfenstertitel.

▶ Mehrere Ebenennamen in der Registerkarte (2) mit Effekten werden im Effektfenster gezeigt.

▶ Effektname (3) im Effektfenster.

▶ Alle Einstellungen vom Effekt können wieder auf den Ursprungswert eingestellt werden, wenn Sie auf *Zurück* (4) klicken.

▶ In Version 6 kann ein Effekt als Favorit (5) gespeichert werden. Im Pulldown-Menü wählen Sie *Auswahl als Favorit speichern...*, um den Ordner in After Effects zu öffnen.

▶ (6) Eigenschaften des Effekts offen mit dem Effektschalter aktiv.

▶ (7) Einstellungen für den Effekt.

▶ (8) Numerische Werte können wie in jeder Ebeneneigenschaft geändert werden.

▶ (9) Mehrere Effekte werden der Reihe nach gezeigt.

▶ (10) Das *f*-Symbol zeigt, ob ein Effekt aktiv ist. Sie können dieses Symbol ausschalten, um kurzzeitig die Wirkung der Ebene ohne Effekt zu sehen.

▶ (11) Alle Eigenschaften eines Effekts können animiert werden.

▶ In Version 6.5 können Sie den Effekt, die Effektvorgaben und sogar die gesamte Animation des Effekts als Dateivorgabe speichern.

In Version 6 Effekt als Favorit speichern

Um einige Effekte auf vorhandenen Ebenen einzusetzen, zu duplizieren, als Favorit zu speichern und gleichzeitig zu animieren, arbeiten Sie mit einem vorhandenen Projekt. Öffnen Sie das Projekt *darkside.aep*.

Öffnen Sie die Komposition *darkside*.

▶ Wählen Sie die Ebene *the unscharf*.

▶ Wählen Sie *Effekt / Bild einstellen / Einfärben*.

▶ Schwarz abbilden auf R 255, G 0, B 0.

▶ Weiß abbilden unverändert.

▶ Stärke 100,0%.

▶ Wählen Sie *Effekt-Favoriten: Auswahl als Favorit speichern... unter*

▶ Speichern Sie unter *Einfärben_darkside.ffx*.

▶ Bitte speichern Sie Ihre Arbeit regelmäßig.

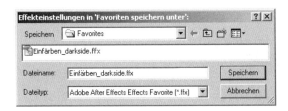

Abb. 7.10: Effekt im Favoriten-Ordner speichern

▶ Wählen Sie *Effekt / Weich- und Scharfzeichnen / Gaußscher Weichzeichner*.

▶ Stärke 8,0.

▶ Richtung des Effekts horizontal.

▶ Effekt als Favorit unter *Gaußscher_darkside.ffx* speichern.

▶ Wählen Sie *Effekt / Weich- und Scharfzeichnen / Richtungsunschärfe*.

▶ Richtung 0 x +90,0°.

▶ Gehen Sie auf die Zeit 0:00:0015.

▶ Starten Sie die Stoppuhr bei Länge 100.0.

▶ Gehen Sie auf die Zeit 0:00:00:21.

▶ Länge 0,0.

▶ Effekt als Favorit unter *Richtungsunschärfe_darkside.ffx* speichern.

▶ Bitte speichern Sie Ihre Arbeit regelmäßig.

In Version 6.5 Effekt als Animationsvorgabe speichern

Effekte und ihre Animationen können am besten innerhalb eines Projekts verwendet und gespeichert werden.

Öffnen Sie die Komposition *darkside*.

▶ Wählen Sie die Ebene *the unscharf*.

▶ Wählen Sie *Effekt / Bild einstellen / Einfärben*.

▶ Schwarz abbilden auf R 255, G 0, B 0.

▶ Weiß abbilden unverändert.

▶ Stärke 100,0%.

▶ Wählen Sie *Animationsvorgaben,* klicken Sie auf *Ohne* und wählen Sie *Auswahl als Animationsvorgaben speichern...*

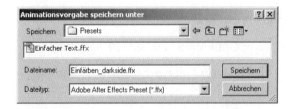

Abb. 7.11: Effekt im Presets-Ordner speichern

- ▶ Wählen Sie *Effekt / Weich- und Scharfzeichnen / Gaußscher Weichzeichner*.
- ▶ Stärke 8,0.
- ▶ Richtung des Effekts horizontal.
- ▶ Effekt als Animationsvorgabe unter *Gaußscher_darkside.ffx* speichern.
- ▶ Wählen Sie *Effekt / Weich- und Scharfzeichnen / Richtungsunschärfe*.
- ▶ Richtung 0 x +90,0°.
- ▶ Gehen Sie auf die Zeit 0:00:00:15.
- ▶ Starten Sie die Stoppuhr bei Länge 100.0.
- ▶ Gehen Sie auf die Zeit 0:00:00:21.
- ▶ Länge 0,0.
- ▶ Effekt als Animationsvorgaben unter *Richtungsunschärfe_darkside.ffx* speichern.
- ▶ Bitte speichern Sie Ihre Arbeit regelmäßig.

Effekte über die Ebeneneigenschaften ändern

Die Einstellungen für die Effekte, die Sie im Effektfenster festgelegt haben, können auch über die Ebeneneigenschaften verändert oder animiert werden. Sobald Sie einen Effekt zur Ebene hinzugefügt haben, wird eine neue Eigenschaft unter der Ebene zu finden sein.

Falls Sie das Projekt *darkside.aep* geschlossen haben, öffnen Sie es noch einmal.

Öffnen Sie die Komposition *darkside*.

Öffnen Sie die Ebene *the unscharf*. Sie sehen *Effekte* und *Transformieren*.

Öffnen Sie die Effekte. Sie sehen *Einfärben*, *Gaußscher Weichzeichner* und *Richtungsunschärfe*.

Abb. 7.12: Effekte in der Zeitleiste

Öffnen Sie die Eigenschaften jedes Effekts. Hier sehen Sie die gleichen Einstellungen wie im Effektfenster.

Abb. 7.13: Wert eines Effekts mit der Maus ändern

Sie können jeden Wert genauso behandeln wie die Standardwerte der Ebene, wie Position oder Deckkraft. Das heißt, wenn Sie mit der Maus über einen Wert gehen, können Sie ihn nach links oder nach rechts ziehen.

Abb. 7.14: Mit der rechten Maustaste den Wert aufrufen

Klicken Sie mit der rechten Maustaste über dem Wert, den Sie verändern möchten, und wählen Sie das Dialogfenster für *Wert bearbeiten*....

Abb. 7.15: Dialogfenster für die Stärke vom Effekt-Einfärben

Das Dialogfenster zeigt den Mindestwert und den Höchstwert, den Sie für die Stärke des Effekt-Einfärbens einstellen können. Nachdem Sie den Wert geändert haben, klicken Sie auf die *OK*-Schaltfläche, um das Dialogfenster zu schließen.

7.4 Effekte auf Masken anwenden

Sie können bestimmte Effekte auf Masken anwenden oder auf Ebenen, die eine Maske haben. Mit Hilfe der Maske können Sie dem Effekt eine bestimmte Form oder Position geben.

Die Effekte, die auf Masken verwendet werden können, sind: Audiospektrum, Wellenform, Füllen, Strich, Pfadtext und Schmieren.

7.5 Photoshop-Effekte anwenden

Wenn Sie eine Photoshop-Datei als Komposition importieren, werden alle Ebeneneffekte, die in dieser Datei vorhanden sind, mit importiert. After Effects erstellt eine neue Ebene, die mit dem Effekt belegt ist.

Öffnen Sie das Projekt *WORLD.aep*.

Sie haben die Datei *Glow.psd* am Anfang des Projekts als Komposition importiert. In den Ordner *Glow Komp 1* dieser Datei wurde zwar nur eine Ebene importiert, aber in der Komposition *Glow Komp 1* sehen Sie zwei Ebenen. Auf der *Ebene 1* sehen Sie nur das weiße Rechteck, auf der

Ebene 1s Schein nach außen sehen Sie das gleiche Rechteck mit dem Effekt *Photoshop Schein nach außen*.

▶ Doppelklicken Sie auf die Komposition *Glow Komp 1*.

▶ Sie sehen zwei Ebenen: *Ebene 1* und *Ebene 1s Schein nach außen*.

▶ Öffnen Sie die Eigenschaften der *Ebene 1s Schein nach außen*.

▶ Öffnen Sie die Effekte.

▶ Öffnen Sie *Photoshop Schein nach außen*.

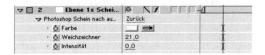

Abb. 7.16: Photoshop-Ebeneneffekt Schein nach außen

Wenn Sie die Wirkung aller Ebeneneffekte mit Photoshop sehen wollen, gehen Sie folgendermaßen vor:

▶ Öffnen Sie Adobe Photoshop.

  ▶ Erstellen Sie eine neue Datei 320 x 240 mit Hintergrund transparent.

  ▶ Mit dem Auswahl-Werkzeug ziehen Sie einen ca. 100 Pixel großen Kreis.

  ▶ Füllen Sie ihn mit rötlicher Farbe.

  ▶ Öffnen Sie die Optionen für die Ebeneneffekte und wählen Sie alle aus.

  ▶ Speichern Sie die Datei unter *PSDEffek.psd*.

▶ In After Effects erstellen Sie ein neues Projekt.

  ▶ Importieren Sie die Datei *PSDEffekt.psd* als Komposition.

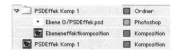

Abb. 7.17: Importierte Photoshop-Datei als Komposition

After Effects hat aus allen Effekten zwei Kompositionen erstellt. Die Komposition *Ebeneneffektkomposition* ist eine Unterkomposition der Komposition *PSDEffekt Komp 1*, anders ausgedrückt, die Komposition *Ebeneneffektkomposition* ist in die *PSDEffekt Komp 1* verschachtelt.

Öffnen Sie beide Kompositionen, um die Wirkung der Photoshop-Effekte in After Effects zu sehen.

7.6 Effekte auf andere Ebenen übertragen

Sie können Effekte von einer Ebene auf eine andere Ebene auf zwei Arten übertragen.

Über die Zwischenablage

Sie können die Eigenschaften einer Ebene auswählen und mit *Bearbeiten / Kopieren* oder ⟨Strg⟩ + ⟨C⟩ in die Zwischenablage kopieren. Danach wählen Sie die Zielebene aus, egal in welcher Komposition, und setzen die Eigenschaften der Zwischenablage über *Bearbeiten / Einfügen* oder ⟨Strg⟩ + ⟨E⟩ ein. Sobald Sie die Ebeneneigenschaften öffnen, sehen Sie den Effekt.

Im Projekt *WORLD.aep* haben Sie den Effekt *Schein nach außen* eingesetzt.

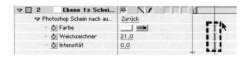

Abb. 7.18: Alle Eigenschaften auswählen

Mit dem Auswahl-Werkzeug wählen Sie alle Eigenschaften (Farbe, Weichzeichner und Intensität) aus und kopieren sie in die Zwischenablage.

▶ Öffnen Sie die Komposition *WORLDp*.

▶ Wählen Sie die Ebene *10 WORLD_02.mov* aus.

▶ Fügen Sie den Inhalt der Zwischenablage ein; der Effekt *Photoshop Schein nach außen* wird in den Effekten angezeigt.

▶ Setzen Sie den Weichzeichner auf 4,0.

▶ Setzen Sie die Intensität auf 300,0.

▶ Bitte speichern Sie Ihre Arbeit regelmäßig.

Abb. 7.19: Effekte eingefügt

> **HINWEIS** Diese Art, einen Effekt auf einer anderen Ebene zu verwenden, gilt nur, solange Sie das Programm geöffnet haben und nichts anderes in die Zwischenablage kopieren.

In Version 6 über die Favoriten

Sie können einen Effekt auf ein Element in einer Ebene anwenden und zu Ihrer Zufriedenheit einstellen. Alle Einstellungen dieses Effekts können als Favorit in einem Ordner gespeichert werden, um später den Effekt über *Effekt / Favorit anwenden...* zu verwenden.

▶ Öffnen Sie dazu das Projekt *darkside.aep*.

▶ Öffnen Sie die Komposition *darkside*.

▶ Wählen Sie die Ebene *the*.

▶ Wählen Sie *Effekt / Favorit anwenden...*

▶ Wählen Sie *Richtungsunschärfe_darkside.ffx*.

▶ Öffnen Sie die Eigenschaften der Ebene *the*.

▶ Öffnen Sie die Effekte; alle Einstellungen wurden eingefügt, sogar die Keyframes der Animation. Die Keyframes werden nach dem Anfang der Ebene in dem gleichen zeitlichen Abstand gesetzt.

▶ Bitte speichern Sie Ihre Arbeit regelmäßig.

Wählen Sie die Ebene *darkside unscharf*.

▶ Wählen Sie *Effekt / Letzte Favoriten / Einfärben_darkside*, um den ersten Effekt einzufügen.

▶ Wählen Sie *Effekt / Letzte Favoriten / Gaußscher_darkside*, um den zweiten Effekt einzufügen.

▶ Wählen Sie *Effekt / Letzte Favoriten / Richtungsunschärfe_darkside*, um den dritten Effekt einzufügen.

▶ Die Keyframes vom Effekt *Richtungsunschärfe* müssen auf die richtige Zeit gesetzt werden, auf die Zeiten 0:00:01:22 und 0:00:02:03.

▶ Wählen Sie die Ebene *darkside*.

▶ Sie können *Effekt / Favorit anwenden... Richtungsunschärfe_darkside.ffx* oder *Effekt / Letzte Favoriten / Richtungsunschärfe_darkside* wählen, um den Effekt auf der Ebene einzusetzen. Korrigieren Sie hier auch die Keyframes.

▶ Bitte speichern Sie Ihre Arbeit regelmäßig.

▶ Wählen Sie die Ebene *Head unscharf*.

▶ Wählen Sie *Effekt / Letzte Favoriten / Einfärben_darkside*, um den ersten Effekt einzufügen.

- Wählen Sie *Effekt / Letzte Favoriten / Gaußscher_darkside*, um den zweiten Effekt einzufügen.
- Wählen Sie *Effekt / Letzte Favoriten / Richtungsunschärfe_darkside*, um den dritten Effekt einzufügen.
- Wählen Sie die Ebene *Head*.
- Wählen Sie *Effekt / Letzte Favoriten / Richtungsunschärfe_darkside*, um den dritten Effekt einzufügen.
- Bitte speichern Sie Ihre Arbeit regelmäßig.
- Für diese Animation werden die Ebenen: *the unscharf, darkside unscharf* und *Head unscharf* mit einem roten, glühenden Effekt unscharf eingeblendet und die Ebenen *the, darkside* und *Head* mit einem Effekt unscharf eingeblendet. Da insgesamt sechs Ebenen immer wieder dieselben Effekte verwenden, ist die Variante über die Favoriten die schnellste. Animieren Sie auch die Deckkraft der Ebenen, damit die Ebenen mit der Musik sichtbar sind.

In Version 6.5 über Animationsvorgaben

Den Effekt, oder die Effekte, die Sie über *Animation / Animationsvorgaben speichern...* im Ordner *Presets* von After Effects gespeichert haben, können Sie auf gewählten Ebenen über *Animation / Animationsvorgabe anwenden...* anwenden. Sie können aber auch die zuletzt verwendeten Animationsvorgaben über *Animation / Zuletzt verwendete Animationsvorgaben wieder verwenden* noch einmal einsetzen.

- Öffnen Sie dazu das Projekt *darkside.aep*.
- Öffnen Sie die Komposition *darkside*.
- Wählen Sie die Ebene *the*.
- Wählen Sie *Animation / Animationsvorgabe anwenden...*.
- Wählen Sie *Richtungsunschärfe_darkside.ffx*.

▶ Öffnen Sie die Eigenschaften der Ebene *the*.

▶ Öffnen Sie die Effekte; alle Einstellungen wurden eingefügt, sogar die Keyframes der Animation. Die Keyframes werden nach dem Anfang der Ebene in dem gleichen zeitlichen Abstand gesetzt.

▶ Bitte speichern Sie Ihre Arbeit regelmäßig.

Wählen Sie die Ebene *darkside unscharf*.

▶ Wählen Sie *Animation / Zuletzt verwendete Animationsvorgaben / Einfärben_darkside*, um den ersten Effekt einzufügen.

▶ Wählen Sie *Animation / Zuletzt verwendete Animationsvorgaben / Gaußscher_darkside*, um den zweiten Effekt einzufügen.

▶ Wählen Sie *Animation / Zuletzt verwendete Animationsvorgaben / Richtungsunschärfe_darkside*, um den dritten Effekt einzufügen.

▶ Die Keyframes vom Effekt *Richtungsunschärfe* müssen auf die richtige Zeit gesetzt werden: auf die Zeiten 0:00:01:22 und 0:00:02:03.

▶ Wählen Sie die Ebene *darkside*.

▶ Sie können *Animation / Animationsvorgaben verwenden... Richtungsunschärfe_darkside.ffx* oder *Animation / Zuletzt verwendete Animationsvorgaben / Richtungsunschärfe_darkside* wählen, um den Effekt auf der Ebene einzusetzen. Korrigieren Sie hier auch die Keyframes.

▶ Bitte speichern Sie Ihre Arbeit regelmäßig.

▶ Wählen Sie die Ebene *Head unscharf*.

▶ Wählen Sie *Animation / Zuletzt verwendete Animationsvorgaben / Einfärben_darkside*, um den ersten Effekt einzufügen.

▶ Wählen Sie *Animation / Zuletzt verwendete Animationsvorgaben / Gaußscher_darkside*, um den zweiten Effekt einzufügen.

▶ Wählen Sie *Animation / Zuletzt verwendete Animationsvorgaben / Richtungsunschärfe_darkside*, um den dritten Effekt einzufügen.
▶ Wählen Sie die Ebene *Head*.
▶ Wählen Sie *Animation / Zuletzt verwendete Animationsvorgaben / Richtungsunschärfe_darkside*, um den dritten Effekt einzufügen.
▶ Bitte speichern Sie Ihre Arbeit regelmäßig.
▶ Für diese Animation werden die Ebenen *the unscharf, darkside unscharf* und *Head unscharf* mit einem roten, glühenden Effekt unscharf eingeblendet, und die Ebenen *the, darkside* und *Head* mit einem Effekt unscharf eingeblendet. Da insgesamt sechs Ebenen immer wieder gleiche Effekte verwenden, ist die Variante über die Favoriten die schnellste. Animieren Sie auch die Deckkraft der Ebenen, damit die Ebenen mit der Musik sichtbar sind.

7.7 Effekte animieren

Für die Favoriten haben wir schon einen Effekt animiert, um die Möglichkeiten dieser Funktion so weit wie möglich einzusetzen. Grundsätzlich gilt, alle Eigenschaften der Effekte sind animierbar; einfacher gesagt, wenn Sie eine Stoppuhr sehen, können Sie diesen Wert animieren.

Effekte auf der Einstellungsebene

Wie im Kapitel über Ebenen erwähnt wurde, können auf einer Ebene so viele Effekte wie erwünscht eingefügt werden. Diese Effekte werden nur auf der ausgewählten Ebene wirksam. Wenn Sie aber einen bestimmten Effekt auf mehreren Ebenen gleichzeitig anwenden wollen, bietet After Effects die Möglichkeit, eine Einstellungsebene zu verwenden. Die Effekte auf der Einstellungsebene wirken auf alle unter ihr liegenden Ebenen.

▶ Öffnen Sie das Projekt *WORLD.aep*.

▶ Öffnen Sie die Komposition *WORLDp*.

▶ Gehen Sie auf die Zeit 0:00:09:05.

▶ Setzen Sie eine Einstellungsebene über *Ebene / Neu / Einstellungsebene*.

▶ Die neue Ebene liegt ganz vorne in der Reihenfolge, und so würde jeder Effekt alle Ebenen beeinflussen; wir wollen jedoch nur die vier untersten Bildebenen beeinflussen: *200050.jpg*, *200020.jpg*, *200005.jpg* und *200000.jpg*. Also verschieben Sie die Einstellungsebene nach unten, vor die vier Ebenen.

▶ Bitte speichern Sie Ihre Arbeit regelmäßig.

Abb. 7.20: Einstellungsebene über vier Ebenen mit Bildinformation

▶ Wählen Sie die Einstellungsebene aus und fügen Sie den Effekt radialer Weichzeichner unter *Effekt / Weich- und Scharfzeichnen / Radialer Weichzeichner* ein.

▶ Das Effektfenster ist geöffnet, falls nicht, öffnen Sie es unter *Effekt / Effekteinstellungen öffnen*.

▶ Starten Sie die Stoppuhr für Stärke 0.

▶ Methode strahlenförmig.

▶ Antialiasing: Stark.

▶ Gehen Sie auf die Zeit 0:00:09:24.

▶ Radialer Weichzeichner Stärke 300.

In dieser Animation wird mit Hilfe von radialem Weichzeichner der Effekt *Auszoomen* auf allen vier Ebenen gleichzeitig erreicht.

Bei diesem Effekt ist deutlich zu sehen, dass ein Wert wie die Stärke des radialen Weichzeichners im Effektfenster nur über einen Regler einzustellen ist.

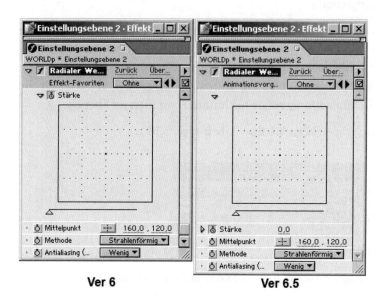

Abb. 7.21: Einstellungen über Regler

Dieser Regler hat aber standardmäßig einen viel kleineren Umfang, als der Effekt selbst erreichen kann; außerdem können Sie hier keinen numerischen Wert einstellen.

Sie können den numerischen Wert und gleichzeitig den Mindest- und Höchstwert des Effekts eingeben, indem Sie mit der rechten Maustaste auf *Stärke* klicken und *Wert bearbeiten...* wählen.

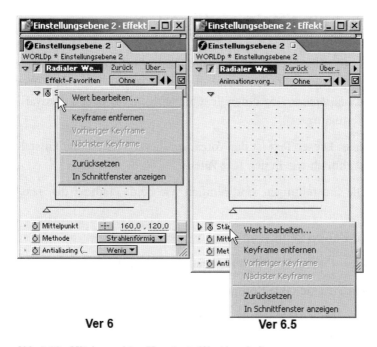

Abb. 7.22: Mit der rechten Maustaste Wert bearbeiten

Abb. 7.23: Dialogfenster für den Regelbereich und den Wert

In diesem Fall liegt der Reglerbereich nur zwischen 0 und 100, aber die Stärke des Effekts reicht bis 1000.

7.8 Text als Effekt einfügen

Sie können auf jeder Ebene, auf der eine Fläche vorhanden ist, den Effekt *Text* einfügen, Sie brauchen nur die Ebene auszuwählen und über *Effekt / Text / Einfacher Text* einen Text einzufügen, Sie haben drei Varianten zur Verfügung.

Einfacher Text: Dieser Text ist der Vorgänger dieser Version; die Einstellungen sind ähnlich wie in der Text-Palette.

Pfadtext: Die Einstellungen sind ähnlich wie beim Pfadtext der Text-Ebene.

Zahlen: Nur Zahlen können angezeigt werden.

Erstellen Sie ein neues Projekt und speichern Sie es als *Texteffe.aep*.

▶ Erstellen Sie eine neue Komposition.

▶ Neu Text-Effekt, Breite 360, Höhe 240, Framerate 25, Dauer 0:00:04:00.

▶ Speichern Sie das Projekt als *Texteffe.aep*.

▶ Erstellen Sie eine Farbfläche.

▶ Name *Einfacher Text*, wie Kompositionsgröße, Farbe z.B. Grün. Die Farbe hier ist irrelevant, denn der Text übernimmt die Oberfläche der Ebene und macht alles andere transparent.

▶ Wählen Sie *Effekt / Text / Einfacher Text*.

▶ Bitte speichern Sie Ihre Arbeit regelmäßig.

▶ Die Eingabe von Text kann nur in diesem Dialogfenster vorgenommen werden. Einstellungen wie Blocksatz sind hier nicht möglich. Geben Sie *Einfacher Text* in zwei Zeilen ein und klicken Sie auf *OK*.

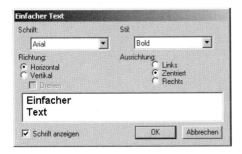

Abb. 7.24: Texteingabe für *Einfacher Text*

Abb. 7.25: Einstellungen im Effektfenster für *Einfacher Text*

▶ Die Einstellungen sind der Text-Palette sehr ähnlich. Lediglich die Position des Texts relativ zur Ebene ist anders.

▶ Wenn Sie den Text bearbeiten wollen, klicken Sie auf *Text bearb...* am oberen Rand.

▶ Alle Einstellungen mit einer Stoppuhr sind animierbar.

▶ Wenn Sie die Ebene nicht transparent machen wollen, aktivieren Sie das Kontrollkästchen vor *Mit Original kombinieren*.

Einfacher Text

Abb. 7.26: Text-Effekt *Einfacher Text*

▶ Schalten Sie das Video der Ebene *Einfacher Text* aus.
▶ Bitte speichern Sie Ihre Arbeit regelmäßig.
▶ Erstellen Sie eine neue Farbfläche.
  ▶ Name *Einfacher Text*, wie Kompositionsgröße, Farbe z.B. Grün. Die Farbe hier ist irrelevant, denn der Text übernimmt die Oberfläche der Ebene und macht alles andere transparent.
▶ Wählen Sie *Effekt / Text / Pfadtext*.

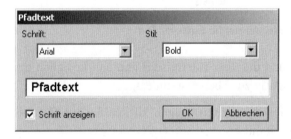

Abb. 7.27: Texteingabe für *Pfadtext*

▶ Durch die Führung vom Text innerhalb eines Pfades ist hier kein Absatz möglich.

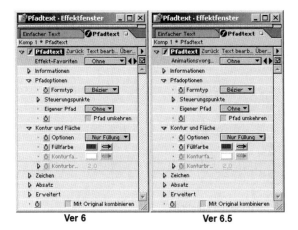

Abb. 7.28: Einstellungen im Effektfenster für *Pfadtext*

▶ Die Einstellungen für *Pfadtext* sind umfangreicher als bei *Einfacher Text*, ebenso wie die Möglichkeiten zur Animation.

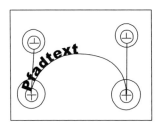

Abb. 7.29: Greifer für den vorgegebenen Pfad

▶ Der Pfadeffekt erstellt automatisch einen Pfad bestehend aus zwei Scheitelpunkten und zwei Tangenten, um den Pfad zu verändern.
▶ Schalten Sie das Video der Ebene *Pfadtext* aus.
▶ Erstellen Sie eine neue Farbfläche.
  ▶ Name *Zahlen*, wie Kompositionsgröße, Farbe z.B. Grün. Die Farbe hier ist irrelevant, denn der Text übernimmt die Oberfläche der Ebene und macht alles andere transparent.

▶ Wählen Sie *Effekt / Text / Zahlen*.

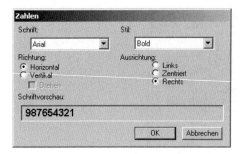

Abb. 7.30: Für Zahlen ist keine Texteingabe möglich

▶ Die Eingabe von Text ist nicht möglich, denn es können nur Zahlen erstellt werden.

▶ Bitte speichern Sie Ihre Arbeit regelmäßig.

Abb. 7.31: Einstellungen im Effektfenster für Zahlen in Version 6

▶ Unter *Typ* können Sie einen automatisch durchlaufenden *Timecode* wählen, sehr praktisch für die Korrektur von einzelnen Frames.

Abb. 7.32: Einstellungen im Effektfenster für Zahlen in Version 6.5

0,000	00:00:01:05	Mo, 11. Aug 2004
Zahl	Timecode [25]	Kurzes Datum

Abb. 7.33: Verschiedene Typen von Zahlen

Einige Unterschiede zwischen Text-Ebene und Text als Effekt auf einer Ebene sind:

▶ Auf eine Ebene mit Text-Effekt haben Masken keinerlei Wirkung.

▶ Der Textinhalt einer Ebene mit Text-Effekt kann nicht animiert werden.

▶ Animator-Gruppen sind nur in Text-Ebenen vorhanden.

▶ Ein Timecode kann nur mit Text-Effekt erstellt werden.

▶ Mit *Original kombinieren* kann nur im Text-Effekt eingestellt werden.

▶ Der Text-Effekt kann nur innerhalb der Breite und Höhe der Ebene sichtbar sein.

7.9 Audio-Effekt anwenden und animieren

Sie werden auf eine Audio-Ebene den Effekt *Stereo-Mischpult* anwenden, um einen Sound vom linken zum rechten Sound-Kanal zu animieren und umgekehrt.

▶ Öffnen Sie das Projekt *darkside.aep*, falls Sie es geschlossen haben.

▶ Öffnen Sie die Komposition *darkside*.

▶ Wählen Sie die unterste Ebene mit dem Ebenenname *Ende Sound* bzw. den Quellennamen *WOLVES3.AIF*.

▶ Wählen Sie *Effekt / Audio / Stereo-Mischpult* oder öffnen Sie die Effektpalette unter dem Menüpunkt *Fenster / Effekte* und öffnen Sie das Dreieck der Kategorie *Audio*, ziehen Sie dann den Effekt *Stereo-Mischpult* auf die Ebene *Ende Sound*.

▶ Klicken Sie auf das kleine Dreieck neben der Ebenennummer 11 der Ebene *Ende Sound*, beim Begriff *Audio* klicken Sie auf das kleine Dreieck, um die Eigenschaften zu öffnen, öffnen Sie das Dreieck der Wellenform, um die Sound-Wellen zu sehen. Sie sehen zwei Ströme, der obere für den linken Kanal, der untere für den rechten Kanal.

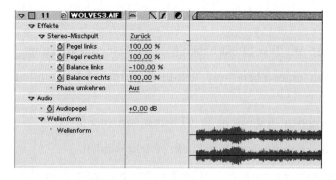

Abb. 7.34: Wellenform normal

- ▶ Gehen Sie auf Zeit 0:00:03:23.
- ▶ Starten Sie die Stoppuhr von Pegel links und Pegel rechts.
- ▶ Setzen Sie Pegel links auf 25%.
- ▶ Gehen Sie auf Zeit 0:00:05:00.
- ▶ Setzen Sie Pegel links auf 100% und Pegel rechts auf 25%.
- ▶ Gehen Sie auf Zeit 0:00:06:00.
- ▶ Setzen Sie Pegel links auf 25% und Pegel rechts auf 100%.
- ▶ Gehen Sie auf Zeit 0:00:07:00.
- ▶ Setzen Sie Pegel links auf 100% und Pegel rechts auf 25%.
- ▶ Gehen Sie auf Zeit 0:00:08:00.
- ▶ Setzen Sie Pegel links auf 25% und Pegel rechts auf 100%.
- ▶ Gehen Sie auf Zeit 0:00:09:00.
- ▶ Setzen Sie Pegel links auf 100% und Pegel rechts auf 25%.
- ▶ Der Sound wird von links nach rechts gespielt und am Ende ausgeblendet (ausfaden).
- ▶ Gehen Sie auf Zeit 0:00:09:24.
- ▶ Setzen Sie Pegel links auf 0% und Pegel rechts auf 0%.

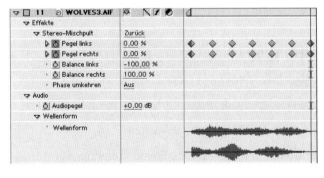

Abb. 7.35: Fertige *Stereo-Mischpult*-Animation

▶ Drücken Sie die [Einfg]-Taste, um eine RAM-Vorschau mit Sound zu erstellen, und kontrollieren Sie die Animation.

▶ Bitte speichern Sie Ihre Arbeit regelmäßig.

7.10 Zusammenfassung, Fragen und Übungen

Zusammenfassung

▶ Sie können auf jeder Ebene so viele Effekte einfügen, wie Sie möchten.

▶ Effekte verändern die Ebene, aber nicht das Original-Footage.

▶ Im Effektfenster können Sie alle Effekte einer Ebene kontrollieren, kurzzeitig ausschalten oder löschen.

▶ Die Effekte können auch über die Ebeneneigenschaften verändert oder animiert werden.

▶ Wenn Sie einen Effekt setzen, der keinerlei Wirkung auf eine Ebene hat, bringt After Effects weder eine Warnmeldung, noch stürzt das Programm ab.

▶ Sie können Effekte einstellen, animieren und über die Favoriten speichern, um sie später auf andere Ebenen zu verwenden.

Fragen und Übungen

1. Wie können Sie einen Effekt aus einer Ebene entfernen?
2. Nennen Sie zwei Unterschiede zwischen Text-Ebene und Text-Effekt.
3. Speichern Sie einen Effekt über die Favoriten.
4. Wie viele Effekte können Sie auf eine Ebene hinzufügen?
5. Welchen Vorteil hat eine Einstellungsebene?

8 Film erstellen

Adobe After Effects 6/6.5

8 Film erstellen

Sobald Sie alle Veränderungen, Animationen, Masken und Effekte in Ihre Komposition eingefügt haben, sind Sie so weit, aus ihrer Komposition einen Film zu erstellen.

Den Film zu erstellen bzw. zu rendern nimmt vielleicht nur einige Minuten in Anspruch, aber es kann auch mehrere Stunden, sogar Tage dauern. Das hängt von mehreren Faktoren ab, wie Anzahl der Ebenen, Breite und Höhe des Films, Länge des fertigen Films und Ausgabeformat.

Um aus einer Komposition einen Film zu erstellen, nehmen Sie folgende Schritte vor:

▶ Es empfiehlt sich, das Projekt regelmäßig zu speichern.

▶ Aktivieren Sie die Komposition, aus der Sie den Film erstellen wollen.

▶ Schalten Sie den Video-Schalter aller Ebenen ein, die Sie rendern wollen.

▶ Schalten Sie den Audio-Schalter aller Ebenen ein, die Sie rendern wollen.

Abb. 8.1: Video- und Audio-Schalter

▶ Setzen Sie den Arbeitsbereich auf die Länge des zu rendernden Films.

▶ Setzen Sie die Qualität der Komposition auf *Voll*.

▶ Wählen Sie *Komposition / Film erstellen...*, um die Renderliste zu öffnen.

▶ In der Renderliste haben Sie unter *Ausgabemodul* die Reihe *Speichern unter*, klicken Sie auf den Namen des Videos und suchen Sie einen Ordner, danach geben Sie einen eigenen Namen ein.

▶ In der Renderliste klicken Sie auf *Rendern*.

▶ Wenn der Film fertig gerendert ist, gehen Sie zu dem gewählten Ordner und schauen Sie sich den Film an.

▶ Erstellen Sie die Korrekturen, die Sie für notwendig halten, und wiederholen Sie den Vorgang.

Dieser Vorgang ist relativ einfach, wenn Sie die Standardeinstellungen verwenden. Wenn Sie aber Ihre eigenen Einstellungen verwenden wollen, müssen Sie die Rendereinstellungen und das Ausgabemodul verändern.

8.1 Video rendern

Wenn Sie ein Video rendern wollen, müssen Sie vorher Adobe After Effects sagen, welches Format Sie genau ausgeben wollen. Das zu rendernde Video wird als Render-Element in der Renderliste gespeichert. Sie können sogar mehrere Render-Elemente zusammenfügen, um alle jederzeit hintereinander rendern zu können.

Die Renderliste kann jederzeit geöffnet und geschlossen werden. Sie müssen nicht immer einen Film erstellen, um die Renderliste zu öffnen. Wählen Sie *Fenster / Renderliste*, um die Renderliste zu öffnen.

Alle Einstellungen werden in der Renderliste vorgenommen.

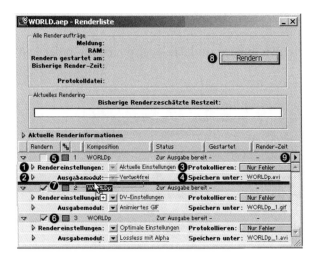

Abb. 8.2: Renderliste

In den *Rendereinstellungen* (1) legen Sie fest, welche Auflösung, welche Framerate, welche Dauer und welche Qualität Sie wollen.

Im *Ausgabemodul* (2) legen Sie fest, welches Format, welche Kompression und welche Soundqualität Sie wollen.

Am Ende werden bei der Ausgabe Fehler oder Sondereinstellungen protokolliert (3).

Hier (4) können Sie den Zielordner und den Namen der zu speichernden Datei festlegen.

Render-Elemente (5) können Sie in der Renderliste für die Ausgabe ausschalten. Sie können sie sogar entfernen.

Aktive (6) Render-Elemente werden der Reihe nach gerendert.

Render-Elemente können in der Reihenfolge (7) verschoben werden, solange sie noch nicht gerendert sind.

Sobald Sie auf die Render klicken, werden alle Render-Elemente von oben nach unten verschoben.

Einstellungen in der Renderliste öffnen

Sie können die Rendereinstellungen und das Ausgabemodul in der Renderliste öffnen.

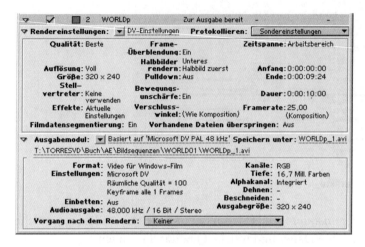

Abb. 8.3: Rendereinstellungen und Ausgabemodul in Version 6

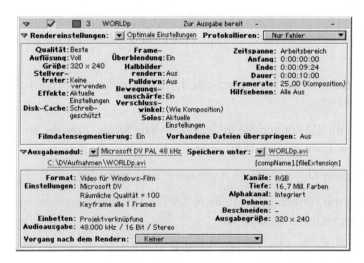

Abb. 8.4: Rendereinstellungen und Ausgabemodul in Version 6.5

8.2 Rendereinstellungen

Falls die Renderliste geschlossen sein sollte, wählen Sie *Fenster / Renderliste,* um sie zu öffnen. Aus der Renderliste können Sie direkt die Rendereinstellungen für das Video festlegen. In der Renderliste können Sie neben dem Begriff *Rendereinstellungen* auf die aktive Einstellung klicken, hier DV-Einstellungen.

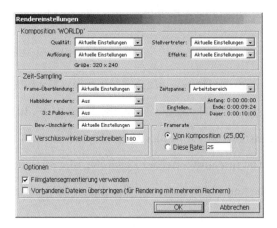

Abb. 8.5: Rendereinstellungen in Version 6

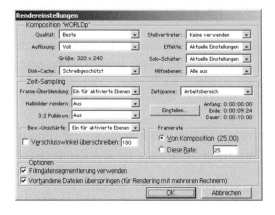

Abb. 8.6: Rendereinstellungen in Version 6.5

Der Begriff *Aktuelle Einstellungen* bedeutet, dass die Einstellungen aus dem Kompositionsfenster und der Zeitleiste übernommen werden.

- ▶ *Komposition*: Name.
- ▶ *Qualität*: Hier wird die Qualität für die Ausgabe eingestellt.
  - ▶ *Beste*: Die bestmögliche Qualität.
  - ▶ *Entwurf*: Niedrige Qualität.
  - ▶ *Drahtgitter*: Nur die viereckigen Begrenzungsfelder werden gerendert.
- ▶ *Auflösung*:
  - ▶ *Voll*: Die gesamte Breite und Höhe wird gerendert, hier 320 x 240.
  - ▶ *Halb*: Die Ausgabe ist nur die Hälfte der Zielgröße, hier 160 x 120.
  - ▶ *Drittel*: Die Ausgabe ist nur ein Drittel der Zielgröße, hier 107 x 80.
  - ▶ *Viertel*: Die Ausgabe ist nur ein Viertel der Zielgröße, hier 80 x 60.
  - ▶ *Andere*: Die Ausgabe kann hier anders als die Zielgröße gesetzt werden.
- ▶ In Version 6.5 *Disk-Cache*:
  - ▶ *Schreibgeschützt*: Damit werden keine Bilder auf der Festplatte gespeichert.
  - ▶ *Aktuelle Einstellungen*: Das sind die Standardeinstellungen, die in den Voreinstellungen gesetzt sind. Damit werden, wenn nötig, Bilder auf der Festplatte während des Renderns gespeichert.
- ▶ *Stellvertreter*:
  - ▶ *Alle Stellvertreter verwenden*: Wenn Sie Stellvertreter verwenden, werden diese anstatt der Originale für das Rendern verwendet.
  - ▶ *Nur die der Komposition verwenden*: Wenn Sie verschachtelte Kompositionen verwenden, die auch Stellvertreter haben, wer-

den nur die Stellvertreter der aktiven Komposition gerendert und die Originale der verschachtelten Kompositionen.

- ▶ *Keine verwenden*: Alle Originale werden verwendet.

▶ Effekte:

- ▶ *Alle ein*: Alle Effekte werden aktiviert für die Ausgabe.
- ▶ *Alle aus*: Alle Effekte werden ausgeschaltet, um den Rendervorgang zu beschleunigen.

▶ In Version 6.5 *Solo-Schalter*:

- ▶ *Aktuelle Einstellungen*: Die Ebenen mit eingeschaltetem Solo-Schalter werden gerendert.
- ▶ *Alle aus*: Die Ebenen mit eingeschaltetem Solo-Schalter werden nicht gerendert.

▶ In Version 6.5 *Hilfsebenen*:

- ▶ *Aktuelle Einstellungen*: Die als Hilfsebenen umgewandelten Ebenen werden mitgerendert.
- ▶ *Alle aus*: Keine Hilfsebene wird gerendert.

▶ *Zeit-Sampling*: Hier können Sie den Prozess, wie die Bilder berechnet werden, einstellen.

▶ *Frame-Überblendung*:

- ▶ *Ein für aktivierte Ebenen*: Die Überblendung wird nur für diejenige Ebenen wirksam sein, die den Frame-Überblenden-Schalter aktiv haben.
- ▶ *Aus für alle Ebenen*: Es wird keine Überblendung angewendet.

▶ *Halbbilder rendern*:

- ▶ *Aus*: Es werden nur ganze Bilder gerendert, bei Framerate 25 sind das 25 Bilder.

- *Oberes Halbbild zuerst*: Bei Framerate 25 werden 50 Halbbilder gerendert, mit dem oberen zuerst.
- *Unteres Halbbild zuerst*: Bei Framerate 25 werden 50 Halbbilder gerendert, mit dem unteren zuerst.
- *3:2 Pulldown*: Wenn Sie Halbbilder aus Footage mit unterschiedlichen Frameraten erstellen, können Fehler bei der Ausgabe entstehen. Die Reihenfolge wird aus drei Ganz- und zwei Halbbildern erstellt.
  - *Aus*: Es wird kein Pulldown verwendet.
  - *WSSWW*: Ganzbild, Halbbild, Halbbild, Ganzbild, Ganzbild.
  - *SSWWW*: Halbbild, Halbbild, Ganzbild, Ganzbild, Ganzbild.
  - *SWWWS*: Halbbild, Ganzbild, Ganzbild, Ganzbild, Halbbild.
  - *WWWSS*: Ganzbild, Ganzbild, Ganzbild, Halbbild, Halbbild.
  - *WWSSW*: Ganzbild, Ganzbild, Halbbild, Halbbild, Ganzbild
- *Bew.-Unschärfe*: Bewegungsunschärfe.
  - *Ein für aktivierte Ebenen*: Nur die Ebenen, deren Schalter aktiv sind, werden mit Bewegungsunschärfe gerendert.
  - *Aus für alle Ebenen*: Bewegungsunschärfe wird nicht gerendert.
- *Verschlusswinkel überschreiben*: Sie können einen anderen Winkel für den Verschluss der Kamera für die Belichtung anwenden.
- *Zeitspanne*: Bestimmt, wie lang die Ausgabe wird.
  - *Arbeitsbereich*: Die Ausgabe ist nur so lang wie der Arbeitsbereich.
  - *Länge der Komposition*: Die Länge des Arbeitsbereiches spielt keine Rolle, nur die Länge der Komposition.

- ▶ *Andere*: Sie werden aufgefordert, eine andere Zeitspanne zu bestimmen, bei der Sie Anfang und Ende festlegen. Wirkt wie die Schaltfläche *Einstellen*....

▶ *Verwendete Sampling-Rate*:

- ▶ *Von Komposition*: Die Framerate der Komposition bestimmt die Ausgabe.
- ▶ *Diese Rate*: Ihre Eingabe überschreibt die Framerate der Komposition.

▶ *Optionen*:

- ▶ *Filmdatensegmentierung verwenden*: Wenn die ausgegebene Datei zu groß für die Festplatte ist, wird diese segmentiert (in Teile getrennt) und auf der für den Überlauf bestimmten Festplatte gespeichert. Ist diese Option nicht aktiv, wird der Rendervorgang gestoppt, wenn die Datenmenge zu groß ist.
- ▶ *Vorhandene Dateien überspringen (für Rendering mit mehreren Rechnern)*: Wenn Sie mehrere Rechner für die Ausgabe verwenden, werden nur die nicht vorhandenen Frames gerendert. Ist diese Option nicht aktiv, werden jedes Mal alle Frames neu gerendert.

Vorlage für Rendereinstellungen

Sie können auch Ihre eigenen Rendereinstellungen nach Ihren Bedürfnissen einstellen, speichern und nach Bedarf abrufen.

Wählen Sie *Bearbeiten / Vorlage / Rendereinstellungen*....

Sie können unter den Standardeinstellungen des Programms wählen oder für jeden speziellen Fall eine neue Einstellung erstellen.

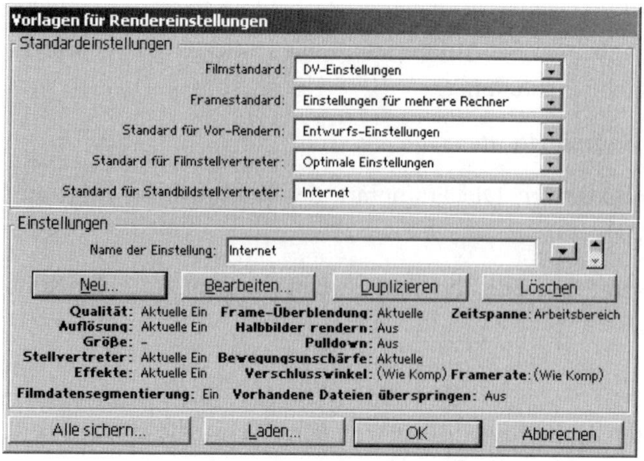

Abb. 8.7: Eigene Rendereinstellungen erstellen in Version 6

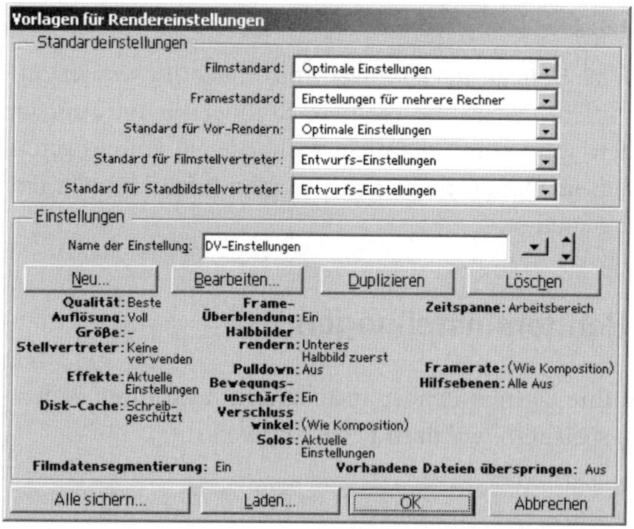

Abb. 8.8: Eigene Rendereinstellungen erstellen in Version 6.5

Sie haben Einstellungen für Filmstandard, Framestandard, Standard für Vor-Rendern, Standard für Filmstellvertreter und Standard für Standbildstellvertreter. Für all diese gibt es beim Installieren von After Effects die gleichen Möglichkeiten, aber im Laufe Ihrer Arbeit können Sie für jeden speziellen Fall Ihre eigenen Standards bestimmen.

Sie können auf *Neu* klicken, um neue Rendereinstellungen zu erstellen und zu benennen.

Sie können vorhandene bearbeiten, duplizieren und auch löschen.

Ihre Einstellungen können Sie in einem eigenen Format in einem Ordner über *Alle sichern...* speichern; die gespeicherten Einstellungen können Sie laden. Sie können die Rendereinstellungen auch für andere Rechner speichern.

8.3 Ausgabemodul

Aus der Renderliste können Sie das Format für die Ausgabe über das Ausgabemodul bestimmen.

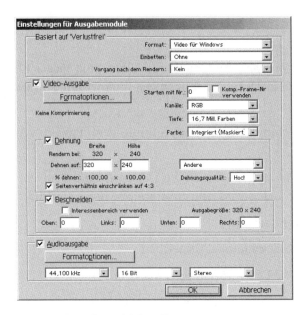

Abb. 8.9: Ausgabemoduleinstellungen

▶ *Basiert auf*: After Effects hat einige gespeicherte Module, die mit bestimmten Ausgabe-Formaten verbunden sind.

▶ *Format*: Hier können Sie das Ausgabe-Format festlegen. Fast alle Formate, die After Effects importieren kann, können auch ausgegeben werden.

Ver 6	Ver 6.5
Animiertes GIF	Animiertes GIF
BMP Sequenz	BMP Sequenz
Cineon Sequenz	Cineon Sequenz
ElectricImage IMAGE	ElectricImage IMAGE
FLC/FLI	FLC/FLI
Filmstreifen	Filmstreifen
IFF Sequenz	IFF Sequenz
JPEG Sequenz	JPEG Sequenz
MP3	MP3
PCX Sequenz	MPEG2
PICT Sequenz	MPEG2-DVD
PNG Sequenz	OMF
Photoshop Sequenz	PCX Sequenz
Pixar Sequenz	PICT Sequenz
QuickTime-Film	PNG Sequenz
RealMedia	Photoshop Sequenz
SGI Sequenz	Pixar Sequenz
TIFF Sequenz	QuickTime-Film
Targa Sequenz	RealMedia
Video für Windows	SGI Sequenz
Windows Media	TIFF Sequenz
	Targa Sequenz
	Video für Windows
	Windows Media

Abb. 8.10: Ausgabeformate

▶ *Einbetten*: Bei der Ausgabe von QuickTime-Filmen und Videos für Windows werden manche Informationen wie Internet-Links in die Datei eingebettet.

▶ *Projektverknüpfung*: Die Datei wird mit dem Projekt verknüpft.

▶ *Projektverknüpfung und Kopie*: Die Datei wird mit dem Projekt verknüpft und es wird eine unverknüpfte Kopie erstellt.

▶ *Vorgang nach dem Rendern*:

▶ *Kein*: Die Datei wird normal gespeichert.

▶ *Importieren*: Die Datei wird in das Projekt importiert.

▶ *Verwendung importieren und ersetzen*: Sie können ein Footage-Element im Projektfenster durch das gerenderte ersetzen;

öffnen Sie die Einstellungen des Ausgabemoduls in der Renderliste und ziehen Sie das Symbol mit der Maus auf das zu ersetzende Element im Projektfenster.

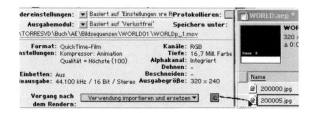

Abb. 8.11: Symbol ins Projektfenster ziehen

▶ *Stellvertreter festlegen*: Sie können mit der Ausgabe einen Stellvertreter für das aktuelle Projekt erstellen. Gehen Sie genau so vor wie mit *Verwendung importieren und ersetzen*.

▶ *Video-Ausgabe*: Nachdem Sie das Format ausgewählt haben, können Sie hier die Einstellungen für dieses Format festlegen.

▶ *Formatoptionen...*: Eingaben wie Farbtiefe, Kompression, Farbpalette usw. können hier für jedes Format bestimmt werden.

▶ *Starten mit Nr.*: Wenn Sie eine Standbild-Sequenz wie z.B. eine TIFF-Sequenz wählen, können Sie die Nummer des ersten Frames bestimmen, sonst fängt After Effects mit 0 an; *Datei0000.tif, Datei0002.tif, Datei0003.tif* usw.

▶ *Kanäle*: Sie können die Datei als *RGB, RGB + Alpha* oder nur *Alpha* speichern.

▶ *Tiefe*: Abhängig vom Format und den Kanälen stehen Ihnen verschiedene Auswahlmöglichkeiten zur Verfügung.

▶ *Farbe*: Sie können den Alpha-Kanal, wenn das Format es unterstützt, entweder *Direkt* (nicht maskiert) oder *Integriert* (maskiert) ausgeben.

```
Schwarz und Weiß
4 Farben
16 Farben
256 Farben
32768 Farben
16,7 Mill. Farben
Über 16,7 Mill. Farben
Trillionen Farben
Trillionen Farben+

4 Graustufen
16 Graustufen
256 Graustufen
Tausende von Graustufen
```

Abb. 8.12: Farbtiefe

- ▶ *Dehnung*: Die Ausgabe hat eine feste Größe, aber Sie können hier den Film kleiner oder größer ausgeben. Sogar Breite und Höhe können sehr unterschiedlich eingestellt werden.

- ▶ *Rendern bei*: Hier steht die Ausgabegröße.

- ▶ *Dehnen auf*: Sie können hier die Breite und Höhe eingeben oder eine feste Größe aus dem Pulldown-Menü auswählen.

- ▶ *Seitenverhältnis einschränken auf*: Wenn Sie diese Option ausschalten, können Sie die Breite und Höhe getrennt eingeben.

- ▶ *Beschneiden*: Sie können Teile des Films beschneiden, um nur interessante Bereiche zu rendern.

  - ▶ *Interessenbereich verwenden*: Wenn Sie im Kompositionsfenster eine relevante Region festlegen, können Sie diese hier als Interessenbereich verwenden; nur dieser Bereich wird gerendert.

  - ▶ *Oben, Links, Unten, Rechts*: Sie können hier eingeben, wie viel aus der Ausgabengröße ausgeschnitten wird.

- ▶ *Audioausgabe*: Wenn Sie Formate ausgeben, die Audio unterstützen, können Sie hier die Audioqualität bestimmen.

  - ▶ *Formatoptionen...*: Einige Audioformate erlauben noch genauere Einstellungen.

Vorlage für das Ausgabemodul

Genauso wie Rendereinstellungen können Sie auch eigene Ausgabemodule erstellen und speichern.

Abb. 8.13: Eigenes Ausgabemodul erstellen

Sie können auf *Neu* klicken und ein eigenes Modul erstellen.

Die vom Programm installierten Standardeinstellungen können Sie jederzeit bearbeiten oder als Vorlagen für neuere duplizieren.

Wenn Sie einzelne Frames speichern wollen, wird als Framestandard *Photoshop* genommen. Wenn Sie etwas anderes wollen, klicken Sie auf *Neu* und wählen ein anderes Format.

Rendern starten

Sobald Sie die Einstellungen festgelegt haben, können Sie auf *Rendern* klicken, um den Rendervorgang zu starten:

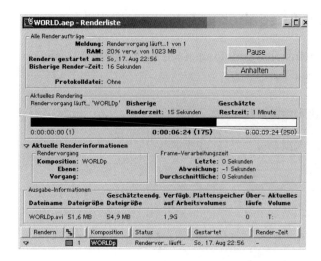

Abb. 8.14: Rendervorgang läuft

Der Rendervorgang läuft und zeigt mit dem schwarzen Balken den Fortschritt und eine ungefähre Restzeit an.

Sie können den Rendervorgang jederzeit kurz unterbrechen und später weiterführen oder ganz anhalten, und der Film wird nur bis zu diesem Zeitpunkt gerendert.

Wenn Sie *Aktuelle Renderinformationen* öffnen, können Sie während des Rendervorgangs sehen, wie groß die Datei wird und ob Sie genügend Festplattenspeicher zur Verfügung haben.

8.4 Weitere Ausgabemöglichkeiten

Einzelne Frames rendern

Sie können aus einer Komposition nicht nur ganze Filme ausgeben, sondern auch nur einzelne Frames rendern lassen. Der ausgegebene Frame kann eine Zusammenfassung aller Ebenen oder sogar aller Ebenen in einer Photoshop-Datei für die weitere Bearbeitung in Adobe Photoshop sein.

Wählen Sie *Komposition / Frame speichern unter / Datei*, um einen einzelnen Frame zu rendern. Das Programm übernimmt die Einstellungen des Framestandards, hier ist es das Programm Photoshop; Sie können aber auch etwas anderes wählen. Alle Ebenen werden auf jeden Fall zu einer reduziert. Der Name der Datei wird nach dem Zeitpunkt vergeben.

Abb. 8.15: Einzelframe als Photoshop speichern

Wählen Sie *Komposition / Frame speichern unter / Photoshop mit Ebenen...*, um eine Photoshop-Datei auszugeben. Das Programm fragt nach einem Namen und einem Ordner, in dem Sie die Datei speichern wollen.

Komposition ersetzen mit Vor-Rendern

Bei verschachtelten oder sehr aufwendigen Kompositionen empfiehlt es sich, die Kompositionen durch fertige Filme zu ersetzen, um die Arbeit zu beschleunigen. Sie können über *Komposition / Vor-Rendern...* ein Render-Element zur Renderliste hinzufügen, gemäß dessen Einstellung für *Vorgang nach dem Rendern* die gerendete Datei zu importieren und die aktuelle Komposition zu ersetzen ist.

Abb. 8.16: Vorgang nach dem Rendern mit Kompositionsnamen

8.5 Filme exportieren

Eine andere Möglichkeit, Filme aus einer aktiven Komposition auszugeben, ohne über die Renderliste zu gehen, ist über *Datei / Exportieren*. After Effects fragt Sie nach einem Namen und einem Ordner, um die Datei zu speichern; danach erscheinen je nach Format die Einstellungsmöglichkeiten, und After Effects startet das Rendern. Im Gegensatz zur Renderliste können Sie hier keine Einstellungen vor dem Exportieren-Befehl vornehmen, erst wenn Sie ein Format beim Exportieren wählen, können Sie die Ausgabe genau bestimmen.

Hier ist eine Liste der Formate, die After Effects exportieren kann:

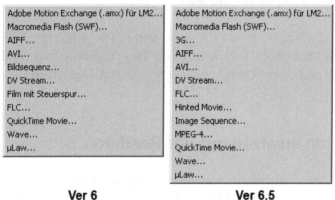

Abb. 8.17: Exportformate

In Version 6 finden Sie hier einige Formate, die es in der Renderliste nicht gibt, wie Adobe Motion Exchange für das Programm Adobe Live Motion, DV Stream oder µLaw.

In Version 6.5 stehen hier einige Formate, die in der Renderliste nicht zu finden sind, wie Adobe Motion Exchange für das Programm Adobe Live Motion, das QuickTime-Server-orientierte Format 3G, DV Stream, Hinted Movie oder µLaw.

Flash-Animationen erstellen

Sie können in After Effects das im Internet sehr verbreitete Format Flash (SWF) exportieren. Aus dem Projekt *darkside.aep* werden wir einen Flash-Film exportieren.

Öffnen Sie das Projekt *darkside.aep*.

Wählen Sie *Datei / Exportiern / Macromedia Flash (SWF)....*

Sie werden aufgefordert, die Datei in einem Ordner zu speichern.

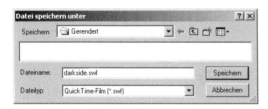

Abb. 8.18: Datei speichern

Als Nächstes müssen Sie die Einstellungen für den Export festlegen.

Abb. 8.19: SWF-Einstellungen

Theoretisch können Sie alle Effekte und Bilder in der Komposition als SWF ausgeben, aber die Datei wird nicht besser als ein Video mit schlechter Qualität und außerdem für das Internet zu groß.

Wenn Sie bei *Bilder* auf *Ignorieren* klicken, werden alle Effekte und Bilder ignoriert, die nicht als Vektor gespeichert werden können, was praktisch alle Effekte auslässt.

Wenn Sie bei *Bilder* auf *Rastern* klicken, werden alle Bilder in die JPEG-Qualität gerendert, die Sie eingestellt haben.

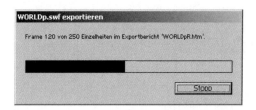

Abb. 8.20: Vorgang beim Exportieren

After Effects exportiert eine SWF-Datei und eine HTM-Datei, in die die SWF eingebettet ist.

Unterstützte Funktionen für das Exportieren als Macromedia Flash-SWF

Wenn Sie als SWF exportieren wollen, sollten Sie Folgendes berücksichtigen:

Es werden keine animierten Masken, 3D-Ebenen, 3D-Kameras, Lichter und Einstellungsebenen unterstützt.

Außer *Addieren* und *Differenz* werden keine Masken-Modi unterstützt.

Nur der Effekt *Pfadtext* wird unterstützt.

8.6 Zusammenfassung, Fragen und Übungen

Zusammenfassung

▶ Sie können jederzeit aus einer Komposition einen Film erstellen.

▶ In der Renderliste können Sie eine unbegrenzte Anzahl von Render-Elementen hinzufügen und nach Belieben rendern.

▶ In den Rendereinstellungen können die Qualität, die Auflösung, die Zeitspanne und die Framerate bestimmt werden.

▶ Für Ihre Projekte können Sie eigene Vorlagen für eigene Rendereinstellungen erstellen.

▶ In Ausgabemodul können Sie das Video-Format und das Audio-Format festlegen.

▶ Auch für das Ausgabemodul können Sie Ihre eigenen Vorlagen erstellen.

▶ Sie können jederzeit die Renderliste öffnen und Render-Elemente deaktivieren, verschieben oder sogar entfernen.

▶ Für Programme wie Adobe Photoshop können Sie einzelne Frames sogar mit Ebenen ausgeben.

▶ Unter die Exportmöglichkeiten können Sie sogar Macromedia Flash (SWF) ausgeben.

Fragen und Übungen

1. Wie können Sie Ihre eigenen Vorlagen für Rendereinstellungen speichern?

Fragen und Übungen

2. Können Sie einen Rendervorgang unterbrechen und später weiter rendern lassen?

3. Wenn Sie einen Rendervorgang anhalten, können Sie den bis dahin gerenderten Film noch anschauen?

4. Können Sie Dateien mit Alpha-Kanal ausgeben?

5. Erstellen Sie in einem neuen Projekt eine Komposition 300 x 40 und fügen Sie eine Text-Ebene mit Ihren eigenen Text hinzu. Bei diesem Text wählen Sie *Outlines erstellen*, animieren die Deckkraft dieser Ebene und exportieren dies als SWF-Datei.

Anhang

Adobe After Effects 6/6.5

A Anhang

A Anhang

A.1 Weitere Effekte

Um die Effekte darzustellen, sind hier drei Ebenen verwendet worden.

Abb. A.1: Drei Ebenen für die Effekte

Für viele Effekte ist die Darstellung in Graustufen nicht sinnvoll. Die Effekte werden im Folgenden sozusagen im Schnelldurchgang erläutert, damit Sie einen Überblick über die Möglichkeiten erhalten.

Anpassen

In Version 6.5 Auto-Farbe

Mit diesem Effekt können Sie den weißen und/oder schwarzen Anteil einer Ebene leicht verstärken. In Version 6.5 Auto-Kontrast

Mit diesem Effekt können Sie, ähnlich wie bei Auto-Farbe, den weißen und/oder schwarzen Anteil einer Ebene leicht verstärken. Hier jedoch werden die Farbunterschiede mehr verstärkt und damit der Gesamtkontrast und die Mischung der Farben.

In Version 6.5 Auto-Tonwertkorrektur

Mit diesem Effekt können Sie Glanzlichter und Schatten nach dem schwarzen und weißen Anteil einstellen.

In Version 6.5 Farbstabilisierung

Mit diesem Effekt werden feste Bereiche eines Frames als farbiger Anhaltspunkt verwendet und auf andere Frames angepasst.

In Version 6 Farbbalance

Mit diesem Effekt können Sie den Anteil von Rot, Grün und Blau auf einer Ebene ändern. Die Werte gehen von –100 bis 100, bei –100 wird die Farbe entfernt und bei 100 wird die Farbe verstärkt.

Abb. A.2: Farbbalance

Farbton/Sättigung

Mit diesem Effekt können Sie den Farbton, die Sättigung und die Helligkeit einzelner Farbkomponenten eines Bildes ändern. Dieser Effekt basiert auf dem Farbkreis. Die Veränderung des Farbtons entspricht der Richtung des Farbkreises; dies sind die Sättigung und die Helligkeit. Mit dem Kontrollkästchen *Färben* können Sie eine bestimmte Farbe über die gesamte Ebene hinzufügen.

Abb. A.3: Farbton/Sättigung

In Version 6.5 Fotofilter

Dieser Effekt simuliert die Filter, die vor ein Kameraobjektiv gesetzt werden können, um bestimmte Farben herauszufiltern oder eine gleichmäßige Farbigkeit zu geben.

Abb. A.4: Fotofilter

Helligkeit und Kontrast

Mit diesem Effekt können Sie die Helligkeit und den Kontrast der gesamten Ebene beeinflussen.

Abb. A.5: Helligkeit und Kontrast

Kanalmixer

Mit diesem Effekt können Sie jeden Farbkanal ändern, indem Sie die Mischung zwischen den drei Farbkanälen Rot, Grün und Blau untereinander verändern.

Abb. A.6: Kanalmixer

Kurven

Mit diesem Effekt können Sie den Tonwertbereich von Bildern anpassen. Sie können dabei drei Kanäle gleichzeitig verändern oder jeden Kanal für sich getrennt behandeln. Dies ist ähnlich wie die Tonwertkorrektur, aber mit genaueren Möglichkeiten.

In Version 6.5 Schatten/Glanzlicht

Mit diesem Effekt können Sie dunklere Bereiche aufhellen oder hellere Bereiche abdunkeln, indem die umliegenden Pixel kontrastreicher Bereiche entweder aufgehellt oder abgedunkelt werden.

Abb. A.7: Schatten/Glanzlicht

Schwellenwert

Mit diesem Effekt können Sie kontrastreiche Schwarzweißbilder erstellen.

Abb. A.8: Schwellenwert

Tontrennung

Mit diesem Effekt können Sie die Anzahl der Helligkeitswerte für alle drei Kanäle beeinflussen.

Tonwerte (Einzelne Steuerungen)

Mit diesem Effekt können Sie die Farbwerte für alle Kanäle gleichzeitig ändern oder für jeden Kanal einzeln bestimmen, wo die Tiefen, Lichter und der Gamma-Wert liegen sollen.

Tonwertkorrektur

Mit diesem Effekt können Sie die Farbwerte für alle Kanäle gleichzeitig ändern, ähnlich wie Tonwerte (Einzelne Steuerungen), aber nicht für jeden Kanal einzeln.

Audio

Diese Kategorie beinhaltet Effekte, die Sie auf Video-Ebenen mit Audio oder auf reine Audio-Ebenen anwenden können.

Bässe und Höhen

Mit diesem Effekt können Sie Bässe oder Höhen einer Audio-Datei in einer Ebene stärker oder leiser einstellen.

Rückwärts

Mit diesem Effekt können Sie eine Audio-Datei in einer Ebene rückwärts abspielen lassen.

Stereo-Mischpult

Mit diesem Effekt können Sie den linken und den rechten Kanal lauter oder leiser einstellen. Sie können auch den rechten und den linken Kanal miteinander mischen.

Verzögerung

Mit diesem Effekt können Sie dem Audio-Signal eine Art Echo verleihen.

Bild einstellen

Colorama

Mit diesem Effekt können Sie mit Hilfe einer eigenen Farbtabelle eine sehr große Anzahl von Farbkombinationen erzielen. Sie können zum Beispiel einen Sepia-Effekt erzielen, wobei das gewählte Bild in vergilbten Farbtönen angezeigt wird, wie aus alten Zeiten.

Einfärben

Mit diesem Effekt können Sie die schwarzen und/oder die weißen Pixel eines Bildes mit einer im Effektfenster ausgewählten Farbe ändern. Je höher die Stärke-Einstellung dieser Zielfarbe, desto intensiver werden die entsprechenden Pixel eingefärbt.

Farbbalance (HLS)

Mit diesem Effekt können Sie den Farbton (Hue), die Helligkeit (Lightness) und die Sättigung (Saturation) beeinflussen.

Farbe ändern

Mit diesem Effekt können Sie den Farbton, die Sättigung und die Helligkeit eines Farbbereichs nach einer Ausgangsfarbe ändern.

Abb. A.9: Farbe ändern

Farbverknüpfung

Mit diesem Effekt können Sie eine Ebene mit dem durchschnittlichen Farbwert einer anderen, in den Effekteinstellungen ausgewählten, Ebene färben.

Gamma/Pedestal/Zuwachs

Mit diesem Effekt können Sie den Grauwert (Gamma) von jedem der drei Farbkanäle ändern. Wie stark Sie dieses Gamma ändern können, wird durch den Regler *Pedestal* für den Anfangswert der Veränderung und den Regler *Zuwachs* für die Stufen der Veränderung bestimmt.

Grenzen erweitern

Mit diesem Effekt können Sie die Wirkung des darauf folgenden Effekts erweitern. Wenn ein Effekt die Form der Ebene an den Kanten ungleichmäßig verändert, können Sie den Effekt *Grenzen erweitern* verwenden, um den vorherigen Effekte über die Bildgrenzen zu erweitern.

Abb. A.10: *Grenzen erweitern* bei *Komplexe Wellen*

In Farbe ändern

Mit diesem Effekt können Sie eine gewählte Farbe eines Bildes durch eine andere Farbe ersetzen. Sowohl die Helligkeit als auch die Sättigung der Farbe können übernommen werden.

PS-Gradiationskurven

PS steht für Photoshop. Mit diesem Effekt können Sie die Helligkeitswerte durch dunklere oder hellere Töne verändern. Sie können über die Optionen gespeicherte Photoshop-Gradiationskurven laden.

Tonwertangleichung

Mit diesem Effekt können Sie eine gleichmäßigere Helligkeits- bzw. Farbverteilung eines Elements erreichen. Das Angleichen geschieht über die Farbkanäle oder die Helligkeit.

Kanäle

3D-Brille

Mit diesem Effekt können Sie ein dreidimensionales Bild erstellen. Mit entsprechenden 3D-Brillen können Sie das Bild in Stereo anschauen (Sie können unter *www.3d-brillen.de* große Mengen von 3D-Brillen bestellen. Wenn Sie nur einzelne Brillen brauchen, können Sie diese unter *www.3d-photo-shop.de* bestellen).

Abb. A.11: 3D-Brille

Arithmetik

Mit diesem Effekt können Sie mathematische Operationen unter den drei Farb-Kanälen wie Addieren, Subtrahieren, Multiplizieren und andere durchführen.

Berechnungen

Mit diesem Effekt können Sie die Farb-Kanäle einer Ebene mit den Kanälen anderer Ebenen kombinieren.

Abb. A.12: Berechnungen

Cineon-Konverter

Wenn Sie Cineon-Dateien importieren (Cineon-Dateien werden sehr oft bei der Digitalisierung von Filmen eingesetzt, da diese eine viel höhere Farbtiefe als herkömmliche Formate wie TIFF besitzen, nämlich 10 Bit pro Kanal), haben diese eine andere Farbtiefe als die, die im Programm eingestellt ist, dadurch ergeben sich farbliche Unterschiede. Mit diesem Effekt können Sie die Farben an Ihre Farbtiefe anpassen.

Ebenenübergreifende Berechnung

Bei diesem Effekt können Sie die Ebene mit der Farbinformation einer anderen Ebene kombinieren. Dabei werden die Pixel der im Effekt verwendeten Ebenen mathematisch gemischt, z.b. addiert, was ein helleres Bild ergibt.

Farb-Matte entfernen

Mit diesem Effekt können Sie Farbe an den Rändern einer Ebene mit Alpha-Kanal ändern, um die Ebene an die darunter liegenden Ebenen anzupassen. Damit können Sie den so genannten Halo entfernen.

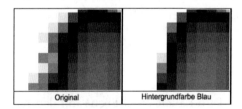

Abb. A.13: Farb-Matte entfernen

Kanäle festlegen

Mit diesem Effekt können Sie Farbkanäle aus bis zu vier Ebenen kombinieren. Damit können Sie für jeden Kanal eine Ebene auswählen, sogar für den Alpha-Kanal.

Kanäle kombinieren

Mit diesem Effekt können Sie die Farb-Kanäle untereinander kombinieren; als Quelle können Sie auch eine andere Ebene verwenden.

Kanäle vertauschen

Mit diesem Effekt können Sie die Farb-Kanäle und den Alpha-Kanal durch Kanäle anderer Ebenen ersetzen.

Abb. A.14: Kanäle vertauschen

Matte festlegen

Mit diesem Effekt können Sie Alpha-Kanäle aus anderen Ebenen verwenden oder den eigenen Alpha-Kanal umkehren.

Abb. A.15: Matte festlegen

Minimax

Mit diesem Effekt können Sie die Matte (Transparenz bzw. Alpha-Kanal) vergrößern oder verkleinern.

Abb. A.16: Minimax

Überblenden

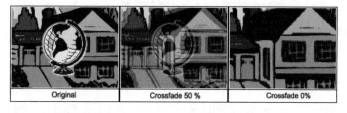

Abb. A.17: Überblenden

Umkehren

Mit diesem Effekt können Sie die Farbe nach einem bestimmten Farbraum oder Kanal umkehren. Sie können als Farbraum RGB, YUV, FHS oder jeden einzelnen Kanal wählen.

Vollton-Composite

Mit diesem Effekt können Sie eine Ebene in eine Farbfläche umwandeln.

Keying

Keying ist die Möglichkeit, eine Information eines Bildes (einen Farbbereich oder ein Differenzbild) durch ein anderes Bild zu ersetzen. Ein Verfahren, in dem Sie eine Farbe transparent machen, um mehrere Bilder miteinander zu kombinieren.

Color-Key

Mit diesem Effekt können Sie alle Pixel transparent machen, die eine bestimmte *Key-Farbe* haben oder, mit höherer Toleranz, ähnlich sind.

Abb. A.18: Color-Key

Farbbereich

Mit diesem Effekt können Sie ähnliche Resultate wie mit dem *Color-Key* erzielen; hier wird mit einem bestimmten Farbraum gearbeitet.

Luminanz-Key

Mit diesem Effekt können Sie alle Bereiche mit einer bestimmten Helligkeit auskeyen (ausblenden bzw. überdecken).

Abb. A.19: Luminanz-Key

Maleffekte

Malen

Mit dem Effekt *Malen* können Sie Farben und Transparenz auf einer Ebene im Ebenenfenster mit einem Mal-Werkzeug bearbeiten. Dieser Effekt kann während des Malens animiert werden.

Abb. A.20: Maleffekt

Perspektive

3D-Effekte

Mit diesem Effekt können Sie eine Ebene dreidimensional drehen und kippen.

Abb. A.21: 3D-Effekt

Alpha abschrägen

Mit diesem Effekt können Sie die Ränder einer Ebene mit Alpha-Kanal leicht mit einem Winkel abschrägen.

Kanten abschrägen

Mit diesem Effekt können Sie die Kanten einer Ebene nach innen leicht abschrägen.

Radialer Schatten

Mit diesem Effekt simulieren Sie eine Lichtquelle und den dazugehörigen Schatten, je weiter entfernt der Schatten, desto größer wird er.

Abb. A.22: Radialer Schatten

Schlagschatten

Mit diesem Effekt können Sie einen Schatten hinter der Ebene erzeugen, der genauso groß ist wie die Ebene.

Abb. A.23: Schlagschatten

In Version 6 Rauschen

Median

Mit diesem Effekt können Sie den Mittelwert von Pixeln im Bild finden und diese Farben über die Ebene nach einem festen Radius verteilen.

Abb. A.24: Median

Rauschen

Mit diesem Effekt können Sie alle Pixel auf der Ebene nach einem Zufallsprinzip durcheinander mischen.

Abb. A.25: Rauschen

Staub und Kratzer

Mit diesem Effekt können Sie Rauschen aus einer Ebene entfernen. Sie geben einen Radius und ein Schwellenwert ein, und der Effekt gleicht alle Farben in diesem Bereich an.

Störungen – Alpha

Mit diesem Effekt können Sie Störungen in Form von Rauschen der Ebene hinzufügen, diese Störungen machen die Ebene in diesem Bereich durchsichtig.

Störungen HLS

Mit diesem Effekt können Sie Störungen in einer Ebene erzeugen mit der Möglichkeit, über Farbton, Sättigung und Helligkeit zu arbeiten.

Störungen HLS Auto

Mit diesem Effekt können Sie, ähnlich wie bei Störungen HLS, Störungen auf einer Ebene mit Hilfe von Farbton, Sättigung und Helligkeit erzeugen, die Störungen sind aber automatisch animiert.

Rendering-Filter

4-Farben-Verlauf

Mit diesem Effekt können Sie einen Verlauf aus vier Farben erzeugen. Jede Farbe kann einzeln definiert und animiert werden.

Abb. A.26: 4-Farben-Verlauf

Audiospektrum

Mit diesem Effekt können Sie mit Hilfe einer Audioebene die ausgewählte Ebene in ein Audiosignal verwandeln. Sie können auch das Audiosignal entlang eines Pfades laufen lassen.

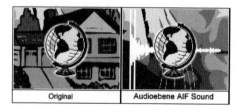

Abb. A.27: Audiospektrum

Audio-Wellenform

Dieser Effekt funktioniert wie *Audiospektrum*, nur die Form des Signals ist eine Welle oder sind Punkte.

Abb. A.28: Audio-Wellenform

Blendenflecke

Mit diesem Effekt können Sie die Lichtbrechung simulieren, die auf einem Kameraobjektiv erscheint, wenn das Licht direkt auf die Kamera fällt. Sie haben drei Objektive zur Verfügung.

Abb. A.29: Blendenflecke

Blitz

Mit diesem Effekt können Sie einen Blitzstrahl zwischen zwei festgelegten Punkten erzeugen.

Abb. A.30: Blitz

Ellipse

Mit diesem Effekt können Sie eine Ellipse nach eigenen Maßen erstellen.

Abb. A.31: Ellipse

Fraktal

Mit diesem Effekt können Sie bunte Strukturen wie eine Mandelbrot-Menge nach fest definierten Formeln erzeugen.

Abb. A.32: Fraktal

Füllen

Mit diesem Effekt können Sie eine geschlossene Maske mit einer bestimmten Farbe füllen.

Abb. A.33: Füllen

Füllwerkzeug

Mit diesem Effekt können Sie bestimmte Bereiche einer Ebene mit einer Farbe füllen.

In Version 6.5 Gewitter (Pro)

Mit diesem Filter können Sie mehrere Blitze in Form eines Gewitters über eine Ebene legen; diese Blitze können sogar animiert werden.

Abb. A.34: Gewitter

Kreis

Mit diesem Effekt können Sie einen Kreis oder einen Ring erstellen. Ähnlich wie der Effekt *Ellipse*.

Kritzeln

Mit diesem Effekt können Sie innerhalb einer geschlossenen Maske ungleichmäßige Linien erstellen, um den Eindruck von einem handgezeichneten Bild zu erzeugen.

Abb. A.35: Kritzeln

Pipettenfüllung

Mit diesem Effekt können Sie die ausgewählte Ebene mit einer Farbe füllen, die Farbe orientiert sich an der Position eines bestimmten Punkts in den Effekteingaben.

Radiowellen

Mit diesem Effekt können Sie kreisförmige Wellen erzeugen. Die Wellen können aus den Umrissen einer anderen Ebene erstellt werden. Sie sind automatisch animiert.

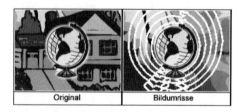

Abb. A.36: Radiowellen

Raster

Mit diesem Effekt können Sie ein Raster erzeugen, bei dem Sie die Breite und die Höhe bestimmen.

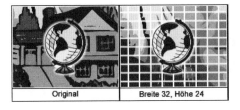

Abb. A.37: Raster

Schachbrett

Mit diesem Effekt können Sie ein Schachbrettmuster erstellen. Die Einstellungen sind ähnlich wie der Effekt *Raster*.

Strahl

Mit diesem Effekt können Sie eine laserstrahlähnliche Linie erstellen.

Abb. A.38: Strahl

In Version 6.5 Strich

Mit diesem Effekt können Sie anhand einer oder mehrerer Masken die Form der Maske nachzeichnen.

Abb. A.39: Strich

Vegas

Mit diesem Effekt können Sie auf der Ebene Linien entlang der Umrisse laufen lassen. Die Umrisse werden vom Effekt definiert; je größer der Kontrast im Bild, desto deutlicher die Umrisse.

Abb. A.40: Vegas

Verlauf

Mit diesem Effekt können Sie einen zweifarbigen Verlauf entlang der Ebene erstellen.

Abb. A.41: Verlauf

Zellmuster

Mit diesem Effekt können Sie ein Zellmuster auf der Ebene erstellen. Die Verteilung der Zellen basiert auf der Vergrößerung der am meisten vorhandenen Pixel.

Abb. A.42: Zellmuster

Simulation

Zertrümmern

Mit diesem Effekt können Sie die Ebene in kleine Einzelteile explodieren lassen.

Abb. A.43: Zertrümmern

Stilisieren

Farbe übrig lassen

Mit diesem Effekt können Sie alle Farben in Graustufen ändern bis auf die Farbe, die Sie auf der Ebene auswählen.

Farbrelief

Mit diesem Effekt können Sie die eindeutigen Kanten (durch Kontrast definiert) aus einem bestimmten Winkel schärfer darstellen. Um die Wirkung von Licht zu simulieren, wird an den Kanten Weiß hinzugefügt.

Abb. A.44: Farbrelief

Kanten aufrauen

Mit diesem Effekt können Sie die Kanten des Alpha-Kanals der ausgewählten Ebene ungleichmäßig verformen.

Abb. A.45: Kanten aufrauen

Konturen finden

Mit diesem Effekt können Sie die eindeutigen Konturen einer Ebene über einer weißen Fläche zeigen oder farbig über einer schwarzen Fläche.

Abb. A.46: Konturen finden

Malen animieren

Mit diesem Effekt können Sie Breite, Härte und Deckkraft eines Pinselstriches animieren. Dieser Effekt ist nicht so flexibel wie Malen in der Kategorie *Maleffekte*.

Mit Struktur versehen

Mit diesem Effekt können Sie die Konturen einer Ebene auf einer anderen Ebene leicht anzeigen lassen.

Mosaik

Bei diesem Effekt wird die Ebene mit farbigen Rechtecken gefüllt. Sie können damit eine niedrigere Auflösung simulieren. Die Farben der Rechtecke basieren auf den Farben auf der Ebene.

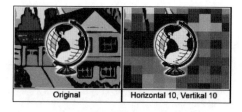

Abb. A.47: Mosaik

Motion Tile

Mit diesem Effekt können Sie die ausgewählte Ebene mehrmals wie Kacheln wiederholen.

Abb. A.48: Motion Tile

Pinselstriche

Durch diesen Effekt können Sie die Ebene wie mit Pinsel gemalt aussehen lassen.

Abb. A.49: Pinselstriche

Relief

Mit diesem Effekt können Sie wie mit dem Effekt *Farbrelief* die Kanten der eindeutigen Konturen der Ebene schärfer darstellen. Die Farben neben der Kontur werden aber grau dargestellt.

Stroboskop

Mit diesem Effekt können Sie eine Animation erstellen, indem die Ebene in kurzen Abständen immer wieder mit weißer oder einer ausgewählten Farbe gefüllt wird.

In Version 6.5 Störung und Körnung

Die neuen Effekte in Version 6.5 bieten die Möglichkeit, Störungen im Bild zu beeinflussen, entweder zu entfernen oder hinzuzufügen.

Fraktale Störungen

Mit diesem Effekt können Sie ein künstliches Muster nach festen Vorgaben im Bild anlegen.

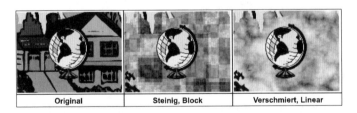

Abb. A.50: Fraktale Störungen

Körnung anpassen

Mit diesem Filter können Sie die Körnung eines Bildes an die Körnung eines anderen anpassen.

Abb. A.51: Körnung anpassen

Körnung entfernen

Mit diesem Filter können Sie Bildstörungen in einem von Ihnen festgelegten Bereich entfernen.

Abb. A.52: Körnung entfernen

Körnung hinzufügen

Mit diesem Filter können Sie Bildstörungen in einem von Ihnen festgelegten Bereich nach Filmtypen, die in der Filmbranche zum Standard gehören, hinzufügen.

Abb. A.53: Körnung hinzufügen

Median

Mit diesem Effekt können Sie den Mittelwert von Pixeln im Bild finden und diese Farben über die Ebene nach einem festen Radius verteilen.

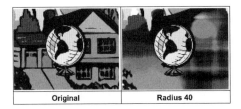

Abb. A.54: Median

Rauschen

Mit diesem Effekt können Sie alle Pixel auf der Ebene nach einem Zufallsprinzip durcheinander mischen.

Abb. A.55: Rauschen

Staub und Kratzer

Mit diesem Effekt können Sie Rauschen aus einer Ebene entfernen. Sie geben einen Radius und einen Schwellenwert ein, und der Effekt gleicht alle Farben in diesem Bereich an.

Störungen – Alpha

Mit diesem Effekt können Sie Störungen in Form von Rauschen der Ebene hinzufügen; diese Störungen machen die Ebene in diesem Bereich durchsichtig.

Störungen HLS

Mit diesem Effekt können Sie Störungen in einer Ebene erzeugen mit der Möglichkeit, über Farbton, Sättigung und Helligkeit zu arbeiten.

Störungen HLS Auto

Mit diesem Effekt können Sie, ähnlich wie bei *Störungen HLS*, Störungen auf einer Ebene mit Hilfe von Farbton, Sättigung und Helligkeit erzeugen; die Störungen sind aber automatisch animiert.

Text

Einfacher Text

Mit diesem Effekt können Sie Text auf der ausgewählten Ebene einfügen.

Pfadtext

Mit diesem Effekt können Sie Text auf der ausgewählten Ebene entlang eines Pfades einfügen.

Zahlen

Mit diesem Effekt können Sie Zahlen, Timecodes oder das Datum auf der ausgewählten Ebene einfügen.

Überblenden

Blockauflösung

Mit diesem Effekt können Sie die ausgewählte Ebene in Blöcken ausblenden. Die fertige Überblendung kann animiert werden.

Abb. A.56: Blockauflösung

Gradationsblende

Mit diesem Effekt können Sie eine Ebene über die Luminanz (Helligkeit) einer anderen Ebene überblenden.

Abb. A.57: Gradationsblende

Irisblende

Mit diesem Effekt können Sie eine Überblendung von einem Punkt aus erstellen. Die Form kann mit der Anzahl der Punkte so gewählt werden, dass Sie sogar eine sternförmige Überblendung anfertigen können.

Abb. A.58: Irisblende

Jalousien

Mit diesem Effekt können Sie eine Ebene in Streifen überblenden. Die Breite und Richtung der Streifen können eingestellt werden.

Abb. A.59: Jalousien

Lineare Blende

Mit diesem Effekt können Sie eine Ebene mit einer einfachen Linie von einer festgelegten Richtung ausblenden.

Abb. A.60: Lineare Blende

Radiales Wischen

Mit diesem Effekt können Sie eine Ebene mit einer kreisförmigen Überblendung ausblenden.

Abb. A.61: Radiale Blende

Verzerren

Komplexe Wellen

Mit diesem Effekt können Sie eine Ebene so verformen, als würden Wellen über sie laufen.

Abb. A.62: Komplexe Wellen

Kräuseln

Mit diesem Effekt können Sie auf der Ebene kleine konzentrische Wellen erzeugen.

Abb. A.63: Kräuseln

Polarkoordinaten

Mit diesem Effekt können Sie alle Punkte der Ebene zu einem Punkt verzerren.

Abb. A.64: Polarkoordinaten

Schmieren

Mit diesem Effekt können Sie mit Hilfe einer oder zweier Masken einen bestimmten Bereich einer Ebene verzerren.

Abb. A.65: Schmieren

Spiegeln

Mit diesem Effekt können Sie die Ebene entlang einer fest definierten Linie in sich spiegeln.

Abb. A.66: Spiegeln

Strudel

Mit diesem Effekt können Sie alle Pixel einer Ebene um einen Punkt mit einem bestimmten Radius drehen.

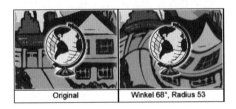

Abb. A.67: Strudel

Transformieren

Mit diesem Effekt können Sie die gleichen Eigenschaften wie bei einer Ebene, z.B. Ankerpunkt, Position, Skalieren, Drehung und Deckkraft, in einem Effekt vereinen.

Turbulentes Versetzen

Mit diesem Effekt können Sie eine Ebene mit verschiedenen eingestellten Verzerrungen wie Turbulenz, Wölben, Drehung, vertikale Versetzung und horizontale Versetzung verändern.

Abb. A.68: Turbulentes Versetzen

Verflüssigen

Mit diesem Effekt können Sie manuell aus zehn verschiedenen Werkzeugen Veränderungen auf einer Ebene direkt im Kompositionsfenster erstellen. Viele dieser Werkzeuge haben die gleiche Wirkung wie andere Verzerren-Effekte.

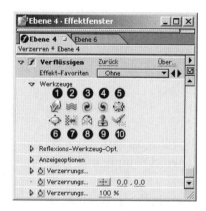

Abb. A.69: Verflüssigen-Werkzeuge

- (1) Verkrümmen-Werkzeug.
- (2) Turbulenz-Werkzeug.
- (3) Strudel-Werkzeug (im Uhrzeigersinn).
- (4) Strudel-Werkzeug (gegen Uhrzeigersinn).
- (5) Zusammenziehen-Werkzeug.
- (6) Aufblasen-Werkzeug (Wölben).
- (7) Pixel-verschieben-Werkzeug.
- (8) Reflexion-Werkzeug.
- (9) Kopierstempel-Werkzeug.
- (10) Rekonstruktion-Werkzeug.

Verkrümmen

Mit diesem Effekt können Sie eine Ebene verzerren bzw. deformieren. Sie haben 15 verschiedene Stile mit Verzerrung in unterschiedlichen Richtungen.

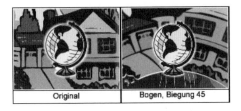

Abb. A.70: Verkrümmen

Verschieben

Mit diesem Effekt können Sie die ausgewählte Ebene in eine Richtung verschieben, die verschobenen Pixel werden auf der anderen Seite wieder angezeigt.

Abb. A.71: Verschieben

Wölben

Mit diesem Effekt können Sie die Ebene zu einer gewölbten Form verzerren.

Abb. A.72: Wölben

Zoomen

Mit diesem Effekt können Sie einen kreisförmigen Bereich der Ebene vergrößern.

Abb. A.73: Wölben

Video

Halbbildflimmern reduzieren

Mit diesem Effekt können Sie Flimmern durch zu hohe vertikale Frequenzen reduzieren. Videobilder mit sehr engen oder feinen horizontalen Linien können bei der Übertragung ein lästiges Flimmern verursachen.

Sendefähige Farben

Mit diesem Effekt können Sie Farben anpassen, die am Fernseh-Bildschirm nicht darstellbar sind.

Aus technischen Gründen ist die Anzahl der Farben, die am Computer-Bildschirm darstellbar sind, höher als die Anzahl, die Fernseh-Bildschirme darstellen.

Timecode

Mit diesem Effekt können Sie auf einer Ebene den Timecode oder die Frame-Nummer einblenden.

Weich- und Scharfzeichnen

Ebenenübergreifender Weichzeichner

Mit diesem Effekt können Sie aus den Luminanzwerten einer bestimmten Ebene die Pixel anderer Ebenen weichzeichnen.

Abb. A.74: Ebenenübergreifender Weichzeichner

Gaußscher Weichzeichner

Mit diesem Effekt können Sie Ebenen in vertikaler oder horizontaler Richtung weichzeichnen. Dies ist sehr hilfreich, um Flimmern auf vielen Ebenen zu unterdrücken.

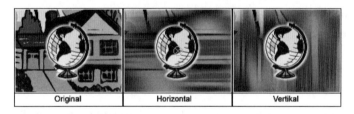

Abb. A.75: Gaußscher Weichzeichner

In Version 6.5 Feld weichzeichnen

Mit diesem Effekt werden Pixel eines Bildes nach einem bestimmten Radius weichgezeichnet; höherer Radius führt zu einem unschärferen Bild.

Abb. A.76: Feld weichzeichnen

Kanal-Weichzeichner

Mit diesem Effekt können Sie jeden Kanal einzeln weichzeichnen, sogar den Alpha-Kanal.

Radialer Weichzeichner

Mit diesem Effekt können Sie eine Ebene von einem Punkt aus kreisförmig oder strahlenförmig weichzeichnen.

Abb. A.77: Radialer Weichzeichner

Richtungsunschärfe

Mit diesem Effekt können Sie eine Ebene in einer beliebigen Richtung weichzeichnen.

Scharfzeichner

Mit diesem Effekt können Sie die Umrisse einer Ebene verstärken. Die Veränderungen der Farben einer Ebene werden verstärkt.

Schneller Weichzeichner

Mit diesem Effekt können Sie ähnliche Ergebnisse erzielen wie mit dem Gaußschen Weichzeichner. Dieser Effekt wirkt aber bei größeren Flächen wesentlich schneller als der Gaußsche Weichzeichner bei geringerer Qualität.

Unscharf maskieren

Mit diesem Effekt können Sie den Kontrast zwischen Farben verstärken. Damit werden Kanten verstärkt.

Zeit

Echo

Mit diesem Effekt können Sie Frames zu verschiedenen Zeitpunkten miteinander kombinieren.

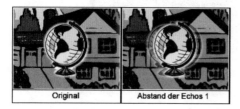

Abb. A.78: Echo

Zeittrennung

Mit diesem Effekt können Sie einer Ebene eine andere Framerate als die der Komposition zuweisen.

Zeitverschiebung

Mit diesem Effekt können Sie den Farbunterschied von zwei Ebenen herausfinden. Mit dieser Information können Sie Korrekturen vornehmen.

Lösungen

Kapitel 1

1. In After Effects können Sie einstellen, dass Sie bis zu bis 99 Schritte rückgängig machen wollen.
2. Sie brauchen nur die Registerkarte einer Palette in eine andere Palette zu ziehen.
3. Klicken Sie mit der Maus auf die Registerkarte der Werkzeug-Palette und ziehen Sie die Palette in die Info-Palette.
4. Die Standard-Paletten wie Werkzeuge, Info und Zeitsteuerungen können wieder auf die Anfangsposition zurückgesetzt werden. Wählen Sie *Fenster / Palettenpositionen zurücksetzen*.
5. Um die Timecodebasis zu ändern, wählen Sie *Datei / Projekteinstellungen...*, aus dem Pulldown-Menü können Sie die Timecodebasis ändern.

Kapitel 2

1. Sie können Adobe-Photoshop-Dateien als einzelne Datei mit allen Ebenen zusammengefügt oder als Komposition mit allen Ebenen in der Zeitleiste der Komposition importieren.
2. Wenn Sie Adobe-Illustrator-Dateien importieren. können Sie wählen, ob Sie die Datei als Komposition mit beschnittenen Ebenen importieren oder als normale Kompositon.
3. TIFF und TARGA.
4. Fehlenden Dateien werden durch Platzhalter ersetzt und können relativ einfach wieder importiert werden. Sie können aber auch

selbst einen Platzhalter in einem Projekt setzen, wenn Sie das endgültige Footage noch nicht haben und erst später einsetzen wollen.

5. AIFF und WAVE.

Kapitel 3

1. Wählen Sie die Ebenen, die Sie als Unterkomposition haben möchten, und wählen Sie *Komposition / Unterkomposition erstellen*.... Am besten aktivieren Sie *Alle Attribute in die neue Komposition verschieben* im Dialogfenster.

2. Sie können die Elemente direkt mit der Maus in das Kompositionsfenster ziehen, oder in die Zeitleiste.

3. Sie haben zwei Möglichkeiten, um den Namen der Komposition zu ändern. Einerseits können Sie *Komposition / Kompositionseinstellungen* wählen und den Namen im Dialogfenster ändern. Andererseits können Sie die Komposition im Projektfenster auswählen, die ⏎-Taste drükken und den neuen Namen eingeben, danach die ⏎-Taste noch einmal drücken.

4. Wählen Sie *Komposition / Neue Komposition...* und geben Sie Breite 200 und Höhe 50 ein.

5. Wählen Sie *Komposition / Hintergrundfarbe...* und wählen Sie eine grüne Farbe.

Kapitel 4

1. Wählen Sie die Ebene aus, drücken Sie die ⏎-Taste, geben Sie den Namen ein und drücken Sie die ⏎-Taste noch einmal.

2. Ziehen Sie die gewünschte Ebene mit der Maus nach oben oder nach unten.

3. Aktivieren Sie das 3D-Ebene-Kästchen in der Zeitleiste für die entsprechende Ebene.
4. Falls Sie keine neue Komposition haben, erstellen Sie eine neue, danach klicken Sie auf das Text-Werkzeug in der Werkzeug-Palette, klicken auf das Kompositionsfenster mit dem Text-Werkzeug und geben den Text ein.
5. Wählen Sie *Ebene / Neu / Farbfläche...* und geben Sie 340 in der Breite und 240 in der Höhe ein, als Farbe wählen Sie Weiß aus.

Kapitel 5

1. Zuerst brauchen Sie eine neue Komposition, falls Sie keine haben. Die Maske können Sie nur auf einer Ebene erstellen; wenn Sie keine haben, erstellen Sie eine neue Farbfläche. Wählen Sie das Rechteckige-Maske-Werkzeug aus der Werkzeug-Palette und ziehen Sie eine Maske über die Farbfläche.
2. Klicken Sie mit dem Zeichenstift-Werkzeug auf den letzten Scheitelpunkt der Maske, danach klicken Sie mit dem Zeichenstift-Werkzeug auf den ersten Scheitelpunkt der Maske, um diese zu schließen.
3. Ja, Sie können die Masken auswählen und in die Zwischenablage kopieren, danach können Sie die Masken auf jeder Ebene einfügen.
4. Mit dem Pausstift haben Sie die Möglichkeit, den Alpha-Kanal einer Ebene in eine oder mehrere Masken zu konvertieren. Sie können sogar einen der Farbkanäle für die Erstellung von Masken verwenden.
5. Wählen Sie den Pfad in Adobe Illustrator aus und kopieren Sie ihn in die Zwischenablage, danach können Sie den Pfad als Maske in After Effects einfügen.

Kapitel 6

1. Ihre Komposition muss mindestens zwei Sekunden lang sein. Wählen Sie die Farbfläche und platzieren Sie sie auf der linken Seite der Komposition, setzen Sie den Zeitpunkt auf 0:00:00:00 und starten Sie die Stoppuhr der Position-Eigenschaft der Farbflächen, gehen Sie zum Zeitpunkt 0:00:01:24 und verschieben Sie die Farbflächen ganz weit nach rechts in der Komposition, die Animation ist fertig.

2. Interpolation ist der mathematische Fachausdruck für die Berechnung eines neuen Wertes zwischen zwei schon vorhandenen Werten. In After Effects ist es die Berechnung zwischen zwei Keyframes.

3. Sie brauchen mindestens zwei Keyframes.

4. Sie müssen zuerst die Keyframes auswählen und in die Zwischenablage kopieren, danach können Sie diese Keyframes auf jeder Ebene einfügen.

5. In einer Text-Ebene erstellen Sie einen Pfad und im Masken-Modus schalten Sie *Ohne* ein, in den Pfadoptionen der Ebenen wählen Sie unter *Pfad* die gerade erstellten Masken aus, unter Zeitpunkt 0:00:00:00 starten Sie die Stoppuhr vom *Ersten Rand* unter den Pfadoptionen der Text-Ebene. Unter Zeitpunkt 0:00:01:00 setzen Sie den *Ersten Rand* einige Einheiten weiter.

Kapitel 7

1. Sie können den Effekt aus einer Ebene im Effektfenster auswählen und löschen oder die Eigenschaften der Ebenen in der Zeitleiste öffnen und den Effekt auswählen und löschen.

2. Einige der Unterschiede zwischen Text-Ebene und Effekt-Text sind:

- ▶ Auf eine Ebene mit Text-Effekt haben Masken keinerlei Wirkung.
- ▶ Der Textinhalt einer Ebene mit Text-Effekt kann nicht animiert werden.
- ▶ Animator-Gruppen sind nur in Text-Ebenen vorhanden.
- ▶ Ein Timecode kann nur mit Text-Effekt erstellt werden.
- ▶ Mit *Original kombinieren* kann nur im Text-Effekt eingestellt werden.
- ▶ Der Text-Effekt kann nur innerhalb der Breite und Höhe der Ebene sichtbar sein.

3. Wählen Sie die Ebene mit dem Effekt und öffnen Sie das Effektfenster, wählen Sie den Effekt aus und unter *Effekt-Favoriten* wählen Sie *Auswahl als Favorit speichern...*, speichern Sie den Effekt mit Ihrem eigenen Namen. Danach können Sie den Effekt unter *Effekt / Favorit* anwenden.

4. Unbegrenzt oder bis der RAM-Speicher voll ist.

5. Sie können mit einer Einstellungsebene mehrere Ebenen gleichzeitig mit einem einzigen Effekt beeinflussen.

Kapitel 8

1. Um eigene Vorlagen für die Rendereinstellungen zu erstellen, wählen Sie *Bearbeiten / Vorlagen / Rendereinstellungen...* und klicken auf die Schaltfläche *Neu*.

2. Ja, Sie müssen nur das Programm geöffnet lassen.

3. Ja, der Film wird auf der Festplatte bis zu diesem Zeitpunkt gespeichert.

4. Ja, Sie können den Film als Einzelbild-Sequenz in den Formaten TIFF, TARGA oder Photoshop speichern. Sie können den Film auch als QuickTime-Movie speichern.

5. Animieren Sie die aus den Outlines erstellten Farbflächen und nicht den Text, damit Sie die Ausgabe als Vektor speichern können.

Glossar

Aliasing
Aliasing wird der Treppeneffekt am Rand einer Linie oder einer Farbfläche bezeichnet, der entsteht, wenn sie als Anordnung einzelner Pixel angezeigt wird.

Alpha-Kanal
Vierter Kanal in einer Bilddatei, der die Transparenzen angibt. Entspricht einem Key. Dateien aus Computergrafik verfügen üblicherweise über einen Alpha-Kanal, der im Compositing verwendet werden kann.

Antialiasing
Antialiasing glättet den Treppeneffekt, der auftritt, wenn diagonale oder gekrümmte Linien oder Ränder auf Rasteranzeigen gezeichnet werden, die aus quadratischen oder rechteckigen Pixeln bestehen.

Auflösung
Unter Auflösung versteht man die Anzahl der Bildpunkte, die für ein vollständiges Bild zur Verfügung stehen. Die Auflösung wird definiert als die pro Zeile gleichzeitig darstellbare Anzahl von Bildpunkten multipliziert mit der Anzahl Zeilen des Bildschirms.

Bewegungspfad
Ein Bewegungspfad ist eine punktierte Linie, die eine Verbindung zwischen allen Position-Keyframes (Schlüsselbilder für die Positionsveränderungen) einer Ebene erstellt.

Bézier
P. Bézier – französischer Ingenieur, der Kurven für die computergestützte Modellierung im Automobildesign entwickelt hat.

Bézier-Kurven
Bézier-Kurven sind Kurvenverläufe, die durch zwei Endpunkte einer Kurve und die Besonderheiten der an ihnen angelegten Tangenten definiert werden. Durch Unterteilung von Kurvenzügen lassen sich alle Kurven als Bézier-Kurven darstellen.

Bluescreen
Ein Aufbau, der für einen monochromatischen Hintergrund bei einer Aufnahme für ein Chroma-Key-Compositing sorgt. Üblicherweise ist der Aufbau grün oder blau gestrichen oder mit Tuch bespannt.
Trickverfahren, bei dem die Bilder zweier Kameras zu einem kombiniert werden. Zum Beispiel nimmt Kamera 1 eine Person vor intensiv blauem Hintergrund auf, Kamera 2 eine Landschaft; bei der Kombination werden alle blauen Bildsignale von Bild 1 eliminiert; die Person scheint in der Landschaft zu stehen.

Cache
Als Cache bezeichnet man allgemein einen schnellen Zwischenspeicher, der wichtige oder häufig benötigte Daten puffert und so den Zugriff darauf be-

schleunigt. Cache-Speicher befindet sich im Prozessor (Level 1 Cache) und zwischen Prozessor und Hauptspeicher (Level 2 Cache), kommt aber auch beispielsweise bei Festplatten zum Einsatz.

Chrominanz

Die Chrominanz (U und V) beschreibt die Farbart eines Bildes, die sich aus Farbton und Farbsättigung zusammensetzt. Der Farbton wird durch den Anteil des Lichts bestimmt, den ein Objekt reflektiert.

Compositing

Bearbeitungsprozess einer Filmszene, um Spezialeffekte aus unterschiedlichen Ebenen zusammenzusetzen. Das Compositing ist üblicherweise Teil der digitalen Postproduktion.

Compositing (Multilayer)

Im Compositing lassen sich beliebig viele Layer durch multiple Composites zu einem Gesamtbild kombinieren. Dies nennt man Multilayer Composite. Eine geschickte Verwendung und Wiederverwendung von Keys spielt hier eine wichtige Rolle.

Farbraum

Farben lassen sich durch Mischung bestimmter Grundfarben darstellen. Ein Farbraum entsteht durch die Wahl bestimmter Grundfarben als Basis der Farbdarstellung, woraus sich ein Koordinaten-System ergibt. Die Wahl der Basisfarben, die Anzahl ihrer möglichen Abstufungen sowie die maximal mögliche Intensität bestimmen die darstellbare Farbpalette. Rot, Grün und Blau ergeben etwa den RGB-Farbraum, mit dem Monitore arbeiten, während Cyan, Magenta, Gelb und Schwarz (Kontrast) den CMYK-Farbraum definieren, mit dem Drucker arbeiten.

Farbtiefe

Die Farbtiefe bezeichnet die Anzahl der Farben, die zur Darstellung verwendet werden. Sie wird in Bit oder mit der Zahl der möglichen Farbabstufungen angegeben. Eine Farbe wird als Kombination der drei Grundfarben (z.B. Rot, Grün und Blau bei Monitoren) gespeichert. Mit 24 Bit, also jeweils 8 Bit je Grundfarbe, lassen sich zum Beispiel etwa 16,7 Millionen Farben darstellen.

FireWire

FireWire ist der von Apple geprägte Name für die Schnittstellen- und Protokollspezifikation IEEE 1394, die für den schnellen Datenaustausch zwischen Multimedia- und anderen Peripheriegeräten eingesetzt wird. Sie wurde ursprünglich von Apple als Nachfolger für SCSI entwickelt, lässt sich aber dank der hohen Übertragungsrate auch als Alternative zu Ethernet nutzen (IP over FireWire). Es gibt drei Geschwindigkeitsklassen: 100, 200 und 400 MBit/s. Maximal sind 63 Geräte pro Bus möglich. Der maximale Abstand zwischen zwei Geräten ist 4,5 m, die maximale Länge des Busses beträgt 72 m.
Seit 2003 gibt es den Nachfolger FireWire 800 oder IEEE 1394b. Dieser bietet Übertragungsraten bis zu 800 MBit/s oder mit entsprechenden Ka-

beln sogar 3,2 GBit/s. Auch die maximale Kabellänge ist hier deutlich größer.
Eingesetzt wird FireWire heute vor allem zur Übertragung von digitalen Videodaten, z.b. zwischen DV-Camcorder und PC, aber auch zum Anschluss externer Massenspeicher wie DVD-Brenner, Festplatten etc.

Footage
Allgemein gebräuchlicher englischer Begriff für Rohmaterial beim Film oder Video.
Englisch für „Filmmeter", Länge bzw. Menge des benötigten Film-/Bandmaterials, meist in der Maßeinheit foot bzw. feet gemessen.

fps Framerate
„Bilder pro Sekunde" (frames per second). Videos und Bewegungsabläufe erscheinen ab etwa 15 fps flüssig. Kinofilme laufen mit 24 fps, das Fernsehen arbeitet mit 25 fps. Je höher die fps, desto flüssiger die Darstellung der Grafik im Spiel.

Frame
Frame bezeichnet ein einzelnes Videobild bzw. ein Einzelbild in Animationsprogrammen.

GUI
Englisch „Graphical User Interface". Deutsch: grafische Benutzeroberfläche. Das GUI bietet dem Computernutzer eine visuelle Oberfläche mit Symbolen (englisch: icons) für verschiedene Arbeitsmittel und Programme. Zusätzlich enthält es die Bedien- und Anzeigeelemente eines Programms oder Betriebssystems (neben Icons auch Dialogfelder, Menüs und Fenster), die dem Anwender die Benutzung wesentlich erleichtern.

Interlaced
Ein Bild (Vollbild) wird in zwei so genannte Halbbilder aufgespalten, die nacheinander dargestellt werden. Ein Halbbild enthält die geraden und das andere die ungeraden Zeilen. Die Halbbilder sind zeitlich um die halbe Bildwiederholrate versetzt. PAL: 25 Vollbilder pro Sekunde mit 50 Halbbildern pro Sekunde (wird auch als 50i bezeichnet). Durch dieses Verfahren wird die Datenrate bei der Bildübertragung vermindert.

Interpolation
Interpolation ist der mathematische Fachausdruck für die Berechnung eines neuen Wertes zwischen zwei schon vorhandenen Werten. Wenn ein Bild vergrößert werden soll, muss ein TFT-Monitor neue Bildpunkte erzeugen. Das macht er, indem es aus mehreren benachbarten Punkten einige neue Punkte zusätzlich berechnet (interpoliert) und sie als Bild anzeigt.

Key
Ein Key ist die Maske eines Objkts, die in einem Bildbearbeitungseffekt als Key Out generiert wurde. Eine solche Maske dient normalerweise zur Begrenzung von Effekten. Der Key besteht aus einem Kanal, der üblicherweise in einem Schwarz-Weiß-Spektrum dargestellt wird. Keys können auch als vierter Kanal in einem Farb-

bild enthalten oder die Luminanz eines Videosignals sein.

Luminanz
Gewichtete Helligkeit eines Farbbildes. Die Farbkanäle werden mit unterschiedlichen Faktoren behaftet gemittelt. Die Luminanz geht als „Y" in die YUV-Kodierung ein.

Maske
Eine Maske in der digitalen Nachbearbeitung ist eine Bitmap-Grafik, die nur aus Graustufen besteht und mit deren Hilfe man einzelne Bereiche einer Grafik gegen Bearbeitung schützen kann. (Festlegung der Transparenzen) Eine Maske wird als separater Kanal gespeichert, wobei schwarze Bereiche der Maske die zugeordnete Grafik an diesen Stellen gegen Bearbeitung schützen, während weiße Bereiche bearbeitet werden können. Graustufen innerhalb einer Maske bedeuten, dass die entsprechende Grafik nur teilweise beeinflusst wird, was man u.a. für Überblendungseffekte nutzen kann. Neben den digitalen Masken gibt es auch Masken, die mittels hoch kontrastreichem Filmmaterial (HiCo) erstellt werden.

Motion Tracking
Extraktion der Kamerabewegung aus einer Bildsequenz. Üblicherweise wird die Bewegung markanter Punkte natürlichen oder künstlichen Ursprungs (Marker) durch Tracking verfolgt, um daraus die Kamerabewegung abzuleiten. Die extrahierte Kamerabewegung kann im Compositing mit Motion Control oder Computergrafik kombiniert werden.

NTSC
Die Abkürzung steht für National Television Standard Comitee; Fernsehnorm, die in den USA und in Japan verbreitet ist, mit 525 Bildzeilen und einer Bildwiederholfrequenz von 30 Hz.

OpenGL
Abkürzung für „Open Graphics Language". Standardisierte 3D-Befehlsbibliothek (3D-API), die von SGI entwickelt wurde. 3D-Software-Schnittstelle (3D-API), die ab Windows NT fester Bestandteil von Windows ist (für Windows 95 ist ein entsprechender Nachtrag verfügbar). OpenGL basiert auf Iris GL von Silicon Graphics (SGI) und wurde von Microsoft lizenziert.

Overscan
Englisch: Schaltung an Monitoren, bei der das Videobild größer ausgeschrieben wird, also Bildteile an den Rändern verloren gehen. Gegenteil: Underscan.

PAL
Steht als Abkürzung für Phase Alternating Line; in Europa weit verbreitete Fernsehnorm mit 625 Bildzeilen und einer Bildwiederholfrequenz von 50 Hz. Das System arbeitet nach dem Zeilensprungverfahren: Es werden pro Sekunde 50 Halbbilder übertragen. Das erste Halbbild enthält alle Zeilen mit ungeraden Nummern, das zweite Halbbild die mit geraden Nummern. Ohne diese Methode würde das Bild

bei einer Bildwiederholfrequenz von 25 Hz (25 Vollbilder) flimmern.

Pixel
Ein Bildpunkt. (Bemerkung: Ein Pixel muss nicht unbedingt quadratisch sein; beispielsweise hat PAL 720 x 576 Bildpunkte bei einem Seitenverhältnis von 4:3.) Ein Pixel hat üblicherweise die Farbe, die dem Mittelwert in dem Bereich des realen, unendlich genauen Bildes entspricht, den das Pixel überdeckt. Werden Berechnungen durchgeführt, die diese Tatsache berücksichtigen, so spricht man von Subpixelgenauigkeit.

Postproduktion
(hier insbesondere digitale Postproduktion): Nachbearbeitung der Bilder, die aus Dreharbeiten und 3D-Grafik vorliegen. Darunter fällt beispielsweise: Compositing der Spezialeffekte, Schnitt, Vertonung, Titel etc.

Premultiplied
Das Bild eines Objekts mit zugehörigem Key dargestellt auf einem einfarbigen Hintergrund wird auch „premultipied mit dieser Farbe" genannt. Um ein Composite durchzuführen, wird dieses Bild, dessen Key und ein Hintergrundbild benötigt. Mittels des Keys werden dann Vordergrundobjekt und Hintergrund überlagert. Bei einer einfachen Mischung aus Vordergrundbild und Hintergrundbild wird jedoch an teilweise transparenten Stellen die Premultiply-Farbe sichtbar, da sie im Vordergrundbild dort ebenfalls vorhanden ist und anteilig in das Composite eingeht. Dies kann ein Composite-Verfahren bei korrekter Einstellung der Farbe vermeiden. Normalerweise wird Schwarz vorausgesetzt.

RAM – Random Access Memory
Ein Speichertyp mit synchronem Interface und zwei im Interleave-Verfahren betriebenen Speicherbänken. SDRAMs besitzen 16 Datenleitungen (x 16 Organisation). SGRAMs (synchrone Grafik-RAMs) sind x 32 organisiert und beherrschen spezielle Schreibbefehle (Block, Mask, Write).

Rendering
Der Begriff Rendering kommt aus dem Englischen und bedeutet „Übersetzung" oder „Übertragung". Er bezeichnet den Rechenprozess für die Darstellung einer 3D-Szenerie, bei dem Position und Farbe jedes Punktes im Raum bestimmt werden.

RGB-Farbraum
Monitore bilden aus den Farben Rot, Grün und Blau per additiver Mischung ein Bild mit unendlich vielen Farben. Die Verarbeitung von Bildinformationen erfolgt deshalb mit den Daten für die RGB-Farben. Die drei Farbvektoren bilden einen Farbraum, in dessen Ursprung der Wert für Schwarz und in der gegenüberliegenden Ecke der Wert für Weiß beschrieben wird.

Rotoskoping
Erstellen und Anwenden von per Hand erstellten Masken. Diese können in guten Postproduktions- und Effektprogrammen auf vielfältige Weise erzeugt werden: Rechtecke, Ovale, Polygone, Bézier-Kurven, gemalte Masken. Wer-

den diese Masken als Key-In einem Chromakeyer zugeführt, so kann man damit sowohl Objekte wegretouchieren, als auch schützen. Der Vorteil dieser Art von Masken liegt darin, dass sie vollkommen unabhängig vom Bild sind; der Nachteil liegt in der aufwendigen Handarbeit. (Bemerkung: Bei sehr guten Programmen lassen sich die Kontrollpunkte für geometrische Masken mit Bilddaten kombinieren, beispielsweise durch Tracking.)

Sample-Rate/Sampling-Rate

Die Abtastrate bestimmt beim Digitalisieren von Musik oder Geräuschen, wie oft das anliegende Audiosignal pro Sekunde von der Soundkarte abgetastet werden soll. Bei einer Sample-Rate von 44,1 kHz (Sample-Rate einer Audio-CD) wird das Audiosignal pro Sekunde 44.100 Mal abgetastet. Generell gilt: Je höher dieser Wert ist, desto besser ist das gesampelte Ergebnis. Allerdings steigt der Speicherbedarf bei höherer Sample-Rate immens an.

Sample

Ein Sample ist das digitale Abbild eines akustischen Ereignisses – sei es ein Geräusch, Musik oder Sprache. Unter „Sampeln" versteht man die digitale Aufzeichnung.

Sättigung

Definition für die Reinheit einer Farbe. Die Sättigung einer Farbe beeinflusst ihre Intensität. Je höher die Sättigung, desto intensiver ist die Farbe. Farben mit niedriger Sättigung sehen ausgeblichen aus.

SMPTE

Society of Motion Picture and Television Engineers; Zeitcode für die Steuerung der Synchronisation von Bild und Ton.

Storyboard

Ein Präsentationsmittel bzw. eine Grundlage für die Herstellung eines TV- oder Kinofilms oder eines Werbefernsehspots. Dabei werden auf der Grundlage eines Drehbuchs die Szenen in Form von Standbildern oder Zeichnungen skizziert bzw. dargestellt. Das Storyboard enthält auch eine verbale Beschreibung der Szenen, Regieanweisungen, den gesprochenen Text sowie Angaben zu Musik- und Geräuschuntermalungen. Auf der Grundlage des Storyboards wird dann Szene für Szene abgedreht, geschnitten und nachbearbeitet.

YUV

Hochwertiges Videosignal, das zumeist von guten DV-Spielern, High-End-Fernsehgeräten oder Projektoren verarbeitet werden kann. Eine Komponentenvideo-Verbindung wird mit drei Kabeln hergestellt. Die Farbinformation wird im YUV-Farbformat gespeichert: Y beinhaltet das Helligkeitssignal (Luminanz), U und V beinhalten die Farbinformation (Chrominanz). In dieser Kodierung werden ein Helligkeitssignal (Y – Luminanz) und zwei Farbdifferenzsignale (U und V) aufgezeichnet. Die Farbdifferenzsignale sind die gewichteten Differenzen zwischen Y und Blau (B) bzw. Rot (R#).

Index

3D-Ansichten   108
3D-Umgebung   102

A

Absatz-Palette   36
Adobe Illustrator   90
Adobe Photoshop   88
Adobe Premiere   91
Aktueller Zeitpunkt   106
Alpha-Kanal   83
Animationsvorgaben   260, 269
Animator-Gruppe   236
Animieren
   Animation glätten   232
   Bereichauswahl   238
   Bewegung mit Spuren   235
   Bewegung skizzieren   231
   Bewegungspfad   222, 223
   Bewegungspfad aus
      Photoshop   223
   Bewegunspfad aus
      Illustrator   223
   Drahtgitter-Vorschau   234
   Ebeneneigenschaften   215
   Effekte animieren   284
   Keyframe-Geschwindigkeit   259
   Keyframe-Indizes   217
   Keyframe-Interpolation   257
   Keyframe-Navigator   220
   Keyframes   217
   Keyframes kopieren   225
   Keyframe-Symbole   217
   Masken als Animationsziel   249
   Masken Frame für Frame   252
   Maskenform   246
   RAM-Vorschau   233
   Stoppuhr aktivieren   216
   Storyboard   217
   Text animieren   236
   Text entlang eines geschlossenen
      Pfades   244
   Text entlang eines offenen
      Pfades   241
   Text entlang eines Pfades   241
   Vorschau   233
   Zeitdehnung   227
   Zeitverzerrung   228
Ansichten   109
Ansichtsbereich   117, 122
Arbeitsbereich   117, 123
Ausrichten-Palette   42

B

Bewegung skizzieren-Palette   41
Bewegungspfad   50
Bewegungsunschärfe   101

C

Compositing   13
   Compositing-Programm   17

D

Disk-Cache   55
Drahtgitter   108

E

Ebenen
　2D-Ebene　31, 101, 115
　3D-Ebene　31, 101, 115, 165
　animieren　215
　duplizieren　142
　Ebenenmodi　115
　Ebenenschalter　115
　Effekte auf
　　Einstellungsebene　284
　Einstellungsebene　164
　Farbflächen　161
　Frame-Überblendung　231
　In-Point　32
　Kameras　167
　Licht　169
　Lichtart　170
　Out-Point　32
　Stoppuhr　216
　umbenennen　143
　ungültiges Objekt　165
Ebeneneigenschaften　149
　Ankerpunkt　150
　Deckkraft　152
　Drehung　151
　Position　150
　Skalierung　151
Ebenenfenster　154
　Registerkarte　154
Effekte　267
　auf anderen Ebenen　279
　auf Masken　277
　Ebeneneigenschaften　275
　Effektfenster　268, 270
　Einfacher Text　288
　Favorit　268
　hinzufügen　270
　Pfadtext　290
　Photoshop Effekte　277
　Text　288
　Zahlen　292

Effekte und Vorgaben　35
Effekt-Palette　35
Einstellungsebene　284

F

Fenster
　Audio-Palette　33
　Info-Palette　32
　Projektfenster　27
　Werkzeug-Palette　29
　Zeitsteuerungen　33
Film erstellen　299
　Ausgabemodul　309
　einzelne Frames erstellen　314
　Filme exportieren　316
　Flash exportieren　317
　Rendereinstellungen　302, 303
　Renderliste　300
　Rendervorgang　313
　Video rendern　300
　Vorlage für das
　　Ausgabemodul　313
　Vorlage für
　　Rendereinstellungen　307
　Vor-Rendern　315
Flussdiagrammansicht　65
Footage　63
Footage-Element　63, 67

G

Glätten-Palette　41
GUI-Farben　57

H

Hintergrundfarbe　103

I

In-Point 69
Installation
 Installationstyp 22
Interpolation 215, 254, 255
 Keyframe-Symbole 255

K

Keyframe 215
Komposition 97
Kompositionseinstellungen 97
Kompositionsfenster 104
Kompositionsmarken 123
Kopierstempel-Werkzeug 37

L

Lineale 105

M

Malen-Palette 37
Malen-Werkzeug 37
Masken 106, 179
 Alpha Matte 197
 Alpha-Kanal 196
 Anfangsscheitelpunkt 182
 aus Illustrator 206
 aus Photoshop 206
 aus Text erstellen 202
 Begrenzungsfeld 187
 Bézier-Kurven 183
 Ebeneneigenschaften 186
 Elliptische-Maske-Werkzeug 180
 Endscheitelpunkt 182
 erstellen 179
 kopieren 204
 Maskenamen 194
 Maskenausweitung 191
 Maskendeckkraft 191
 Maskenform 187
 Maskenmodi 192
 mehrmals verwenden 209
 öffnen 185
 Pausstift 199
 Pfadsegmente 182
 Rechteckige-Maske-
  Werkzeug 180
 RotoBézier-Maske 186
 Schalter/Modi 196
 Scheitelpunkt-hinzufügen-
  Werkzeug 188
 Scheitelpunkt-löschen-
  Werkzeug 189
 schließen 184
 Übergangspunkte 182
 Vektorform 179
 verschieben 210
 Weiche Maskenkante 190
 Zeichenstift-Werkzeug 181
Montagefläche 50, 105

N

Normalsicht 108
Null-Objekt 165

O

Out-Point 69

P

Pinselspitzen-Palette 37, 40
Platzhalter 70, 71
Projekt 64

Projekt reduzieren 127
Projektfenster 63
Protokoll 45

Q

Quelldateien 76

R

Radiergummi-Werkzeug 37
RAM-Vorschau 107
Registerkarten 27, 46
Relevante Region 68
Renderliste 43
Rohmaterial 63
RPF 82

S

Scheitelpunkt-konvertieren-
  Werkzeug 189
Schnappschuss 68
Sequenz-Footage 51
Sicherer Titelbereich 106
  aktionssicher 106
  titelsicher 106
Sprache
  Installation 19
  Lizenzvertrag 22
Standbild-Sequenz 84
Stellvertreter 71
Storyboard 217
Systemfarbwähler 47

T

Timecodebasis 28
Transparenzraster 68

Trimmen 144

U

Überlaufvolumes 52
Unterkompositionen 131

W

Werkzeuge
  Ausschnitt-Werkzeug 30, 150
  Auswahl-Werkzeug 30
  Drehen-Werkzeug 151
  Dreh-Werkzeug 30
  Elliptische-Masken-Werkzeug 31
  Hand-Werkzeug 30
  Horizontales-Text-Werkzeug 31
  Kamera-Dreh-Werkzeug 30
  Kopierstempel-Werkzeug 31
  Lokalachsenmodus 32
  Pinsel 30
  Radiergummi-Werkzeug 31
  Rechteckige-Masken-
    Werkzeug 31
  Scheitelpunkt-hinzufügen-
    Werkzeug 31
  Scheitelpunkt-konvertieren-
    Werkzeug 31
  Scheitelpunkt-löschen-
    Werkzeug 31
  Sichtansichtsmodus 32
  Text-Werkzeug 156
  Vertikales-Text-Werkzeug 31
  Weltachsenmodus 32
  XY-Kamera-verfolgen-
    Werkzeug 30
  Zeichenstift-Werkzeug 31
  Z-Kamera-verfolgen-
    Werkzeug 30
  Zoom-Werkzeug 30

Z

Zeichen-Palette 35, 36
Zeitdehnung 145
Zeitdiagramm 122
Zeitleiste 32
Zeitlineal 117, 123
Zeitmarke 117, 123
Zeitsteuerungen
   Abspielen 34
   Audio 34
   Erster Frame 34
   Jog 34
   Letzter Frame 34
   Nächster Frame 34
   RAM-Vorschau 34
   Schleife 34
   Shuttle 34
   Voriger Frame 34
   Zeitanzeige 34
Zeitsteuerungen-
   Schaltflächen 33